跨越斷層 THE GREAT DISRUPTION

法蘭西斯・福山 FRANCIS FUKUYAMA

張美惠 譯

HUMAN NATURE
AND THE RECONSTITUTION
OF SOCIAL ORDER

目次 Content

謝辭 005

PART 1 大斷裂

第一章 按牌理出牌 011
第二章 犯罪、家庭、信任：問題探究 041
第三章 原因探討：傳統論點 089
第四章 原因探討：人口、經濟與文化 111
第五章 婦女的特殊角色 133
第六章 大斷裂的影響 159
第七章 大斷裂無法避免嗎？ 179

PART 2 道德系譜學

第八章　規範的生成　197
第九章　人性與社會秩序　213
第十章　合作的起源　231
第十一章　自我組織　257
第十四章　科技、網絡與社會成本　267
第十三章　自發秩序的限制與層級的必要　289
第十四章　七十六洞之外　313

PART 3 大重建

第十五章　資本主義將耗盡社會資本嗎？　333

第十六章　重建之路：過去、現在與未來　351
參考資料　401
附錄　415

謝辭

本書有部分內容曾發表於一九九七年牛津大學布雷奇諾斯學院（Brasenose College）的「檀納講座」（Tanner Lectures）。第十二章的版本「科技、網絡與社會資本」曾發表於一九九七年二月的「克拉斯諾夫講座」（Krasnoff Lecture），位於紐約大學斯特恩商學院（Stern School of Business）。檀納講座之內容曾於英國付梓，由社會市場基金會（Social Market Foundation）出版為一小冊，書名為《秩序的終結》（*The End of Order*）。我要感謝檀納基金會、布雷奇諾斯學院諸君、斯特恩商學院以及社會市場基金會對於這些工作的支持。

我深深獲益於由我共同主持的兩場學術系列研討會，第一場是關於科學的新議題，第二場則是關於資訊科技與生物學的雙重革命。第一場系列研討會舉辦於約翰霍普金斯高等國際關係研究院（Johns Hopkins School of Advanced International Studies）的外交政策中心，第二場則辦在蘭德公司（RAND Corporation）與喬治梅森大學（George Mason University）。有許多人曾對於我的計畫給予意見與評論，包括講座階段乃至成書時期，以下列出我要感謝的人，這是一長串名單，但需要感謝的人名絕不止於此：Karlyn Bowman、Dominic Brewer、Leon Clark、Mark Cordover、Tyler Cowen、Partha Dasgupta、John DiIulio、Esther Dyson、Nick Eberstadt、Jean Bethke Elshtain、Robin Fox、Bill Galston、Charles Griswold、Lawrence Harrison、George Holmgren、Ann Hulbert、Don Kash、Michael Kennedy、Tjoborn Knutsen、Andrew Kohut、Jessica Korn、Timur Kuran、Everett Ladd、S. M. Lipset、John L. Locke、Andrew Marshall、Pete Molloy、David Myers、David Popenoe、Bruce Porter、Wendy Rahn、Marcella Rey、Steve Rhoads, Richard Rose、Abe Shulsky、Marcelo Siles and the Michigan State Social Capital Interest Group、Lord Robert Skidelsky、Tom Smith、Max Stackhouse、Neal Stephenson、Richard Swedberg、Lionel Tiger、Eric Uslaner、Richard Velkley、Caroline Wagner、James Q. Wilson、Clare Wolfowitz、Michael Woolcock、Robert Wright。

本書所使用的犯罪與家庭相關數據，是由諸多美國的統計機構所提供。我要感謝這些機構的諸君，他們友善地幫忙我、回應我的請求，供應一疊又一疊有用的資料。

我要感謝本書的研究助手們：David Marcus、Carlos Arieira、Michelle Bragg、Sanjay Marwah、Benjamin Allen和Nikhilesh Prasad。David Marcus 慷慨地志願幫忙：本書最後五章則是受到布萊德利基金會（Lynde and Harry Bradley Foundation）的補助。

我也很感激我的助理們：Lucy Kennedy與Kelly Lawler，感謝他們在手稿準備期間的幫忙；謝謝 Cynthia Paddock、Richard Schum、Danilo Pelletiere 在科學研究組方面的協助。我要向自由出版社（The Free Press）前任職員 Adam Bellow 致謝，他是最初簽下這本書的人，亦感謝現今的出版社職員 Paul Golob，他承繼該計畫直到其完成，還給予編輯方面的好意見。英國 Profile Books 出版社的 Andrew Franklin 是位長年好友，也是一位能幹的編輯，他協助了我現今及從前的兩本書。Esther Newberg 及 Heather Schroder of International 以其一如既往的傑出能力，在類似的時段之內處理好商業端事宜。

我的太太 Laura 耐心地讀過每個版本的手稿，而根據編輯的說法，她的判斷比我自己的還要更明確。

這份手稿多數是靠一台自己組裝的雙處理器 NT machine 完成，它擁有 232 megs 的 RAM以及快速的 open-GL 圖形加速器。這套配置對於文字處理來說有點殺雞用牛刀了，但若在背景運行 AutoCAD 和 3D Studio MAX 時，它的表現真的很棒。

PART 1

大斷裂

The Great Disruption

CHAPTER 1

第一章

按牌理出牌

工業時代以後

過去半個世紀裡，美國與其他經濟發達國家漸漸步入所謂的「資訊社會」、「資訊時代」或「後工業化時代」[1]。未來學家托佛勒（Alvin Toffler）稱之為「第三波」（the "Third Wave"），將其重要性提升至與人類歷史上前兩個波段相提並論。集體狩獵時代到農業社會為第一波，農業社會進入工業時代為第二波。[2]

這一改變可以從很多層面來看。在經濟上，服務業逐漸取代製造業成為財富的來源，資訊社會中典型的工人不是在鋼鐵廠或汽車廠工業，而是在銀行、軟體公司、餐廳、大學、社會服務機構等。蘊含在人腦及有智慧的機器內的資訊與智識，日益顯得重要；勞心的工作逐漸取代勞力的工作。進步的科技使資訊得以低成本輕鬆跨國流通，促成全球化生產的趨勢。電視、收音機、傳真機、電子郵件等快捷通訊更打破了長久形成的文化藩籬。

現代人最珍視的兩樣東西——自由與平等，都因資訊經濟而更豐富。選擇的自由幾乎可以爆增來形容，不論是有線電視頻道、低成本購物點、網際網路上的朋友都給人無數的選擇。各種傳統層級逐漸不符需求而紛紛瓦解，那些龐大僵化的官僚體系不能再以各種規定或威脅的方式控制一切，因為現代的知識經濟讓人們因掌控資訊而更有能力。

在企業界，IBM與美國電報電話公司（AT&T）逐漸被更輕薄短小的競爭者追趕過去，而政治界，蘇聯與東德也因無能再控制更有知識的人民而瓦解。

論者幾乎無不禮讚資訊社會的來臨，吉爾德（George Gilder）、金瑞契（Newt Gingrich）、高爾（Al Gore）、托佛勒與海蒂（Alvin and Heidi Toffler）、尼葛洛龐帝（Nicholas Negroponte）等人雖是政治立場互異，卻一致認為這項改變有利經濟繁榮。有利民主自由，總之對社會整體是好的。資訊社會當然有很多優點，但結果毫無例外都是正面的嗎？

談到資訊時代，人們立刻聯想到一九九〇年代出現的網際網路，事實上，告別工業時代的年代可以追溯到更早。一九三〇、一九四〇年前美國製造業重鎮產業開始去工業化（deindustrialization），其他工業國家也逐步走出以製造業為重心的經濟；然而，這段期間（大概是一九六〇年代中到一九九〇年代初），多數工業化國家也出現社會情勢嚴重惡化的問題。犯罪與社會脫序行為攀升，導致富國的貧民區幾乎不適人居。親屬的社會聯繫功能在過去兩百年逐漸降低，但在二十世紀後半更是急速遞減。日本與多數歐洲國家的生育率降到極低，若不增加移民，到下世紀人口將呈負成長，結婚與生育的人愈來愈少、離婚率大幅提高、非婚生子愈來愈普遍（美國每三個孩子就有一個，北歐更高達半數）。最後，人們對機構的信賴與信心也是一九四〇年來逐步走低。一九五〇年代歐美大多數人對政府與人們有信心，到一九九〇年代初卻只剩極少數的人。人與人的交往方式也產生改變，雖無證據顯示人際聯繫減少，但聯繫的方式顯然變得較短暫、脆弱且範圍較小。

這樣巨大的改變幾乎同時發生在許多同類型的國家，與二十世紀中期工業時代的情形相近似，我們姑且統稱之為社會價值的大斷裂，這正是本書第一部探討的主題。多種社會指標會同時快速上揚是很少見的，即使發生的原因無法確定，不同指標之間是否有關還是很值得探究。保守派人士如貝內特（William J. Bennett）常被譏諷老是談道德衰微，但事實確是如此：社會秩序的崩解不是對舊時代虛偽價值觀的懷舊、記憶美化或無知，而是具體表現在犯罪、單親孩子、教育品質下降、信賴度降低等各類統計數字上。

上述社會問題的出現恰與經濟上步入資訊時代的時間重疊，這是純屬巧合嗎？本書的觀點認為兩者是息息相關的，資訊經濟雖帶來很多好處，對人類社會與道德卻也造成一定的傷害。剖析兩者的關係包括科技、經濟與文化層面。現代工作逐漸以勞心取代勞力，促使無數婦女走入職場，連帶動搖了傳統家庭觀。醫學的進步促成避孕藥的發明與壽命的延長，卻也降低了生殖與家庭的重要。個人主義發揮在市場與實驗室能帶來創新與成長，蔓延到社會規範的領域幾乎使所有權威產生動搖，也侵蝕了家庭、社區與國家的凝聚力。當然實際問題比這裡所說的要更為複雜，各國的情形也不盡相同。基本上，技術的改變造成經濟學家熊彼得（Joseph Schumpeter）所謂市場的「創造性毀滅」，我認為在社會關係上也有同樣的影響。

然而情況也不盡是悲觀的：社會秩序破壞後通常都能再生，從各種跡象來看這個過程已經開始了。我們樂觀的理由很簡單：人類天生是社會性的動物，能夠憑本能創造道德規範凝聚整個社會。人類天生也是理性的，能創造不同的方式自發地彼此合作。宗教有助於社會秩序的再生，但不是如保守派所認為的，是社會秩序的必要條件；或如左派所說的，強大的政府是社會秩序的要素？我想也不是。人類的自然狀態並不是如霍布斯（Thomas Hobbes）所說的「所有人都彼此為敵」，而是以道德規範建構秩序的公民社會（civil society）。這項觀點可以從生命科學的許多發現得到印證，而且證據廣泛遍及各個領域——神經生理學、行為基因學、進化生物學、人類行為學，以及從生物學觀點解讀的心理學與人類學。當代最重要的一項學術發展就是研究社會秩序的起源，這裡所說的不是政治或宗教從上而下的層級（hierarchical）權威，而是分散的個人自我組織的結果。本書第二部將暫時放下大斷裂引起的社會問題，先探討較普遍性的觀念，包括社會秩序的起源與隨著環境改變的演化軌跡。

一般多認為社會秩序必來自中央化、理性的官僚階級，這個觀念的形成與工業時代的歷史背景有關。社會學家韋伯（Max Weber）觀察十九世紀的工業社會認為，理性的官僚是現代生活的根本精神。但我們知道在資訊社會裡，政府或企業都不再完全倚賴官僚規定來管理；反而透過權力的下放，倚賴那些表面被管理的人去自我組織。這種自我組織必須建立在內化的行為規範，也就是說，二十一世紀將是講求非正式規範的時代。資訊社會的來臨或許造成社會規範的瓦解，但沒有了社會規範，現代的高科技社會也無法往前走，由此便產生創造規範的強烈動力。

本書第三部將透過回顧與前瞻來追尋社會秩序的起源。過去一直有人認為社會的道德秩序有長期走下坡的趨勢，尤其是保守派人士。英國政治家柏克（Edmund Burke）認為，以理性取代傳統與宗教啟蒙運動是問題的根源，柏克的現代門徒則認為，現實的人本主義是現代社會問題的元兇。近半世紀以來社會道德的敗壞確是不爭的事實，但保守派人士常忽略了社會秩序不只會走下坡，在長期的循環裡也有往上走的時候，例如十九世紀的英、美。十八世紀末到十九世紀中，英、美兩國的社會風氣明顯變壞，幾乎所有大都市犯罪率都提高，家庭破裂、非婚生子比率增加、人際關係疏離、每人酒精消耗量大增（尤其是美國，一八三〇年的消耗量約為今天的三倍）。但十九世紀中期之後，上述社會指標幾乎一一轉正：犯罪率下降、家庭結構日趨穩定、戒酒的人愈來愈多、人們從許多新興的志願組織找到社會歸屬感。

今天類似的徵兆告訴我們大斷裂（一九六〇年代到一九九〇年代）已開始退潮。在美國與其他治安敗壞的國家，犯罪率已大幅下降。離婚率從一九八〇年代開始遞減，非婚生子比率（至少在美國）也能維持不再增加。人們對大機構的信賴感正逐漸恢復，公民社會似乎也在蓬勃發展。根據一些非正式的證據顯示，較保守的社會規範有捲土重來之勢，出現於七〇年代的極端個人主義則不再受歡迎。若說上述社會問題都已遠去，現在尚言之過早。但若是認定人類社會無法因應資訊時代的科技與經濟變化，則又太過悲觀。

社區（Gemeinschaft）與社會（Gesellschaft）

技術的進步造成社會秩序的瓦解在歷史上早有先例，尤其是工業革命以來，人類社會便因新舊生產模式的遞嬗而經歷現代化的無情洗禮[3]。十八世紀末十九世紀初英、美的社會失序，可說直接受第一次工業革命，蒸氣與機械化創造了紡織、鐵路及其他新行業的影響。不過百年的時間，農業社會轉型成都會工業社會，過去累積的鄉村社會規範與習俗不復存在，代之而起的是工廠與城市的節奏。

這種社會規範的轉變孕育了社會學一極有名的觀念——滕尼斯（Ferdinand Tönnies）所說的社區（Gemeinschaft）與社會（Gesellschaft）的分野[4]。滕尼斯以典型的前現代歐洲農村為例，指出其社區特色是稠密的人際關係網，以親屬及面對面直接接觸為基礎。社會規範多是不成文的，人與人之間，聯結成互相倚賴的網絡，這樣的關係表現在生活的每個層面，從家庭、工作到休閒。所謂的社會，則是指工業大城特有的法律架構與正式的規範，人際關係較正式而不講人性，互相倚賴的程度較淺，道德的約束自然也較少。

此後，現代社會學理論的一大重點就是認為，非正式的規範與價值終將被理性正式的法律規範取代。英國法律理論家梅因爵士（Sir Henry Maine）認為在前現代社會裡，人與人的關係是一種因「地位」而生的關係。無論一個父親與家人的關係或一個地主與奴隸的關係，都包含一套非正式、未明言，甚至是模糊的權利義務。即使一個人不喜歡這樣的關係，也不能任意脫離。相反的，現代資本主義社會裡人際關係是建立在「契約」上，例如勞資契約就是明載勞方應提供多少勞力，資方應給多少報酬。白紙黑字說得明明白白，因而可以透過政府來保障契約的執行。勞資雙方是交易的關係，並未附帶任何傳統的義務或責任。換句話說，地位的關係有道德意涵，契約關係則無，只要合乎契約規定，任何一方都可隨時終止。[5]

從農業社會過渡到工業社會，社會規範隨之產生大變動，並因而催生出一門新的科學來專門敘述分析這些變動——即社會學。十九世紀末的重要社會思想家——滕尼斯、梅因、韋伯、涂爾幹（Emile Durkheim）、齊美爾（Georg Simmel）——無不致力闡明這段過渡期的特色。美國社會學家尼斯貝特（Robert Nisbet）甚至認為，社會學的精髓就是為社區與社會做一冗長的註解。

翻閱二十世紀中寫成的很多社會學教科書，你會以為從社區到社會轉型是一次完成的——社會只有兩種，不是傳統就是現代，而後者是社會發展的盡頭。然而，社會的進化並不是到一九五〇年代的中產美國社會就停滯了，工業社會很快地又轉型為貝爾（Daniel Bell）所謂的後工業社會，或通稱的資訊社會。如果這項轉變和上一次同樣劇烈，社會價值所受的衝擊當然也就不容忽視。

社會秩序對自由民主發展的重要

現代民主國家面對的一大挑戰，是如何在科技與經濟的變動下維持社會秩序。從一九七〇年代初到一九九〇年代初，拉丁美洲、歐洲、亞洲、前共產世界突然興起許多新的民主政體，形成杭亭頓（Samuel Huntington）所謂的另一種第三波[6]。我在《歷史之終結與最後一人》（*The End of History and the Last Man*）裡談到，現代政治會走向自由民主其實是很合乎邏輯的，這個邏輯就是經濟發展與穩定民主間相輔相成的關係[7]。就全世界經濟最發達的國家來看，政治與經濟都有逐漸合流的趨勢，而除了現在我們所看到的體制，似乎也很難找到其他的可能替代了。

但是在道德與社會發展方面卻未必有同樣的發展。淪入過度個人主義的陷阱可能是自由民主社會最大的弱點，尤以個人主義最囂張的美國為最。現代自由政體的基本理念是：為維護政治和平，當不同宗教與傳統文化提出不同道德訴求時，政府應保持中立。宗教與政治應分開；關於什麼是善等最重要的道德議題，社會應容許多元的意見。總之，寬容是最高的美德。我們需要的不是道德的共識，而是透明的法律架構與可以創造政治秩序的體制。這樣的政治體制不要求人們要特別有道德感，重點是要依個人的最佳利益維持理性與遵循法律。同樣的，市場導向的資本主義經濟體制也不以道德為尊，而是要求人們要依循長期的個人利益，共創最佳的生產與配銷成果。

根據這種個人主義所建立的社會似乎相當繁榮，到二十世紀結束前似乎也找不到比自由民主及市場資本主義更佳的替代制度。以個人的利益作為社會的基石，雖不如以道德為基石來得高尚，卻是相對較穩定的。法治社會是西方文明最驕傲的成就，任何人只要與蘇俄或中國等國家打過交道，就能深深體會法治的可貴。

正式的法律、穩定的政治與經濟體制雖然很重要，但還不足以構成理想的現代社會。自由民主永遠必須建立在某些共同的文化價值上，這一點可以從美國與拉丁美洲的對比看出來。墨西哥、阿根廷、巴西、智利等拉丁國家在十九世紀獨立後，很多都是依據美國模式建立正式的民主憲政與法律體系。但沒有一個國家能享有美國的政治安定、經濟成長與民主憲政的效率，儘管一九八〇年代末多數國家又回歸民主政治。

這個問題牽涉很多複雜的歷史因素，但最重要的還是文化因素：美國最早的移民來自英國，因此不僅承襲了英國的法律，也繼承了英國的文化，拉丁美洲則是承繼了伊比利半島的不同文化。美國憲法雖強調政教分離，但美國文化在形塑期間卻深受新教影響。新教不但強化了美國的個人主義，也帶動了托克維爾（Alexis de Tocqueville）所謂的「自發結社」（art of association），亦即美國人會透過各種志願團體與社區發揮自我組織的能力。美國民主憲政的穩固、經濟的蓬勃發展與公民社會的活力很有關係。相反的，西班牙和葡萄牙的帝制與拉丁天主教傳統強化了超大中央化的機構——如政府與教會，也就削弱了獨立公民社會的力量。同樣的對比也出現在南歐與北歐，受到宗教與文化傳統的影響，南北歐在實施現代制度的成效便有截然不同的結果。

現代自由民主國家最大的問題是必須仰賴特定的文化條件，以最成功的美國為例，能夠兼具穩固的正式機構與柔軟的非正式文化其實是很幸運的。但光有正式的制度並不能保證在科技、經濟與社會變遷下，社會仍能保有適當的文化價值與規範。事實往往恰好相反：正式機構固有的個人主義、多元主義與寬容觀念會帶動文化的多元化，也就可能顛覆傳統的道德價值。不斷變動創新的現代經濟本質上就有破壞社會關係的潛力。

大型的政治經濟機構也許是依循長遠的世俗路徑演化，社會的演變則可能是循環的。一種社會規範也許適合某一段時期，但隨著科技與經濟的進步而遭破壞，這時社會便須因應新情勢趕快重建新規範。

規範的重要

資訊時代的來臨與社會失序現象有文化的關聯，這可以從一九九六年夏季奧運的電視廣告一窺端倪。廣告由美國某大電訊公司贊助，內容是一群運動健將表現各種特技，諸如沿著建物牆壁奔跑，從懸崖躍下萬丈峽谷，從一座摩天大樓屋頂跳到另一個屋頂。最後打出廣告主題：「超越極限（No Limits）。」不知是有意還是巧合，這名運動員的超凡體力總讓人聯想到尼采的超人，一個不受日常道德規範限制的半神半人。在納粹製片萊芬斯坦（Leni Riefenstahl）眼中看來，廣告中的運動員必然是最佳男主角不二人選。

這則廣告顯然要傳達一個積極、正面、未來感十足的訊息：資訊科技的新時代裡，舊規範正在瓦解，而贊助廣告的電訊公司則是站在時代的尖端。暗示的訊息是：網際網路之前電訊壟斷時代的舊規範是不必要的障礙，不但遏阻電訊事業的發展，也限制了人類心靈的成長。障礙清除之後，人類的成就不可限量，而贊助廠商非常樂意帶領人們走向未來的美麗新世界。就像廣告中的運動員一樣，我們都可以變成半神半人。

不知製作廣告的人是否有意，這則廣告反映出一個重要的文化主題：讓個人從不必要的社會規範桎梏解脫出來。自一九六〇年代以來，西方國家經歷了一連串的解放運動，目的都是掙脫傳統社會規範與道德的限制。性革命、女性解放與女性主義運動、爭取同志權益的運動等都在西方世界進展得轟轟烈烈。每一種運動的宗旨都在擺脫社會或法律的限制，擴展個人的選擇與發展機會——包括年輕人選擇伴侶的機會，女人的事業發展機會，同志獲取認同的權利等。大眾心理學則努力幫助人們擺脫社會的壓迫，從一九六〇年代的潛能開發運動到一九八〇年代的自尊提昇運動都是。這些運動都有一個共同的目標，就是「超越極限」。

在這個追求自由的過程裡，左右兩派都未缺席，但重點各不相同。簡單地說，左派關注的是生活形態，右派關注的是金錢。左派席望任何弱勢族群都能擺脫不必要的傳統價值束縛，不管是婦女、少數族群、同性戀、無家可歸者、犯罪被告等。右派則希望社會容許人們自由運用其財產（美國的例子較特殊，所謂財產還包括槍枝）。無怪乎上述奧運廣告的贊助廠商會是以營利為最高目的的民間高科技企業。現代資本主義的繁榮本是建立在打破規範的原則，無論是人際關係、社區、技術，只要出現更有效率的新版本，舊的都可以丟棄。左右兩派都指責對方過度沉溺個人主義。支持生育選擇權的人通常反對槍枝購買的自由，大聲鼓吹自由競爭的人若在前往低價超市途中被歹徒搶劫，往往為社會的過度自由大驚失色。但兩派人馬為了限制對方都不願做些許讓步。

人們很快便警覺，毫無限制的個人主義會衍生嚴重的問題，打破規則幾乎成了唯一的規則。人們體認到，道德價值與社會規範不只是任意對個人的選擇作限制，而是任何合作行為的必要條件。最近社會學甚至流行使用一個名詞「社會資本」來代表一個社會共有的價值。就創實體資本（土地、建物、機器）或人力資本（技術與知識）一樣，社會資本同樣能創造財富，因此對國家也具有經濟價值。此外，現代社會所有合作行為——不管是經營小雜貨店、遊說國會或養育小孩，社會資本都是不可或缺的要素。當人們自願犧牲個人自由而遵循合作規範，彼此溝通協調，結果往往使個人的力量因團隊的成就而得以擴大。誠實、互惠、守信等社會美德不只具道德上的意義，同時也具有經濟上的效益，有助於團體共同目標的達成。

個人主義氾濫的第二個問題是破壞社區的凝聚。所謂社區並不是一群人產生互動就叫社區，真正的社區是成員之間因共同的價值、規範與經驗而凝聚在一起。共有的程度愈深刻強韌，凝聚力愈強。但有些人似乎並未體認到社區意識與個人自由間必須有所取捨。人們一一擺脫各種傳統的束縛——配偶、家庭、鄰里、職場、教會，一方面卻仍冀望擁有社會聯繫感，而且是自己選擇的聯繫。事實是人們開始發現，這類可自由進出的社會關係讓人產生孤獨與迷失的感覺，因而開始渴望較深刻長久的關係。

可見所謂超越極限的觀念大有問題。我們當然希望打破不公、不義、瑣碎或過時的規範，同時也希望追求個人最大的自由。另一方面，我們也不斷需要另立新的規範以配合新的合作方式，並維持人與人之間的聯繫感。這些新規範總是會對個人自由造成些許限制。一個社會若是為了個人自由而不斷顛覆既有的規範，必然會愈來愈混亂、孤立、欠缺合作的能力。一個社會若是追求「超越極限」的科技創新，通常也會造成「超越極限」的個人行為，接踵而來就是犯罪率提高、家庭崩解，父母不顧子女、鄰里互不相助，人民對公共事務冷漠。

社會資本

即使我們都同意，人類社會基本上需要某些限制與規範，接下來馬上面臨的問題是：「應該採用誰的規範？」

美國二十世紀末建立的富裕、自由、多元的社會裡，「文化」一詞總是與選擇聯想在一起。也就是說，文化是藝術家、作家及其他有創意的人根據內在的聲音創造出來的。至於比較不具創意的人，文化則是他們選擇去消費的東西，不管是藝術、美食或娛樂。美食常被視為文化的一種代表（雖然只是很表層的意義），尤其是具有民族特色的美食。能夠在中國菜、義大利菜、希臘菜、泰國菜、墨西哥菜裡自由選擇，這就是多元文化的意義。當然，多元文化還包括更嚴重的內容，就像伍迪・艾倫在電影中得知自己罹患癌症末期，開始從佛教、訖里什那教派、天主教、猶太教中瘋狂尋找一種心靈的慰藉。

我們更學會了在做文化選擇時絕不評斷高下。在道德層級裡，寬容是最高的美德，依據自己的道德或文化標準評斷他人則是萬惡之最。品味是沒有道理的，就像每個人喜好的食物不一樣，不同的道德規範根本無高下之分。這種互相尊重的觀念似乎已經是社會的共識，不僅是主張多元文化的左派人士大力宣揚，即便是將所有人類行為都化約為追求個人「偏好」的右派自由主義經濟學家也同樣支持。[8]

為了避免文化相對論的問題，本書的重點不是放在大型普遍的文化規範，而是足以構成社會資本的小型規範。「社會資本」可定義為促使團體成員合作的共通非正式價值或規範。當團體成員預期其他成員的行為都是誠實可靠的，自然就能彼此信賴，而信賴是使任何團體或組織運作順暢的潤滑劑。

擁有相同的價值觀與規範並不必然就能產生社會資本，因為這個價值觀可能是錯的。例如義大利南方確實存在強烈的社會規範，但這裡也是世界上最缺乏社會資本、人與人之間最缺乏互信的地方。社會學家甘貝塔（Diego Gambetta）說過一個故事：

> 一個退休的黑社會老大回憶年幼時他的父親（黑手黨員）要他爬到牆上跳下來，承諾會將他接住。起先他不肯跳，經不起父親一再催促，最後還是跳了下去——結果摔了個鼻青臉腫。他的父親藉此教導他一個道理：永遠不要相信別人，包括你的父母。[9]

黑手黨以極嚴格的內部行為準繩著稱，每個人都可以做到一言九鼎。但這套規範僅適用於黑手黨的小圈子，整個西西里社會盛行的規範是「盡可能占別人便宜（自家人除外），否則倒楣的是自己。」有時候甚至連自家人都不太可靠，就像上述故事所說的。這樣的規範當然無助於社會合作，對廉能政府與經濟發展的負面影響更是見諸各種研究[10]。義大利政界貪汙問題嚴重，尤以南方為最，事實上這也是南歐最貧窮的地區之一。

能創造社會資本的規範必然包括誠實、善盡義務、互惠等德性。這些德性恰與清教徒的很多價值觀重疊，韋伯在《新教倫理與資本主義精神》（*The Protestant Ethic and the Spirit of Capitalism*）裡便認為，清教價值觀對西方資本主義發揮了關鍵影響力。

每一個社會都有社會資本，真正的差異應該是所謂的「互信範圍」（radius of trust）[11]，只有範圍裡的人始能分享誠實互惠等社會規範。家庭顯然在任何社會裡都是社會資本的重要來源，美國人儘管對自家的青少年子女多有微詞，談到信賴與合作事業還是寧可選擇自家人。這也是為什麼多數事業開頭都是家族事業。

但家庭的凝聚力各國不同，與其他社會凝聚力相比較家庭的重要性也不同。有時候我們會發現，信賴與互惠規範在家庭內外的強弱似乎是呈反比的，內強則外弱，反之亦然。例如中國與拉丁美洲的家庭凝聚力很強，但不易信任陌生人，公共領域的誠實與合作程度顯得較低，結果便造成派閥主義與貪汙腐敗。韋伯認為，新教改革最重要的意義不是鼓勵個人重視誠實、互惠、節儉等美德，而是使這些美德首度得以在家庭之外被廣泛實踐。[12]

成功的組織未必都需要社會資本，也可建立在正式的協調機制如契約、階級、憲法、法律體系等。但非正式規範可使經濟學家所謂的交易成本大幅降低——亦即監督、訂約、裁定、執行正式協議等的成本。在某些情況下，社會資本也有助於創新與應變。

當然社會資本的效益絕不限於經濟層面，也是創造健康公民社會的關鍵。所謂公民社會，是指家庭與政府之間的各種組織。自柏林圍牆倒塌後，前共產國家對公民社會產生很大的興趣，一般也認為這是民主政治成功的要素。複雜的社會裡有各式各樣的團體，社會資本使不同的團體得以組織起來護衛自己的利益，以免被強勢的政府忽略[13]。很多學者注意到公民社會與自由民主的密切關係，已故的葛爾納（Ernest Gellner）甚至認為自由民主是公民社會具體而微的表現。[14]

專家在討論社會資本與公民社會總是充滿正面的形容詞，事實上兩者也不盡都是有益的。任何社會活動不論好壞都需協調。柏拉圖的《理想國》敘述蘇格拉底與朋友討論正義的問題。蘇格拉底指出，即使一群搶匪對待彼此也會有正義感，否則就無法合作犯案。黑手黨與三K黨是美國公民社會的一部分，兩者都具有社會資本，但都對廣大社會有害。再就經濟層面而言，團體協調是生產活動的必要條件，但隨著技術或市場的改變，協調方式往往也必須隨之改變。過去適用的社會聯結方式對現在的生產活動可能反而是阻礙，就像一九九〇年代很多日本企業的情形。如果我們再繼續上面的經濟學比喻，社會資本也會有老舊的時候，屆時就必須從國家的資本帳上折舊。

雖然社會資本可用在不利社會的方面，而且有老舊的可能，但一般觀念總認為社會資本就是好的。事實上，實體資本也不見得都是好的。實體資本不但會過時，還可用以製造槍枝、不良藥物、品味低俗的娛樂等。但社會自有法令約束人們製造出有害社會的東西，我們有足夠的理由相信，社會資本的使用不會比實體資本更不堪。

抱持上述觀念的人不在少數。第一個使用「社會資本」一詞的是漢尼芬（Lyda Judson Hanifan），在一九一六年用以敘述鄉村的學校社區中心[15]，其後有珍．雅各（Jane Jacobs）的經典作品《偉大城市的誕生與衰亡：美國都市街道生活的啟發》（*The Death and Life of Great American Cities*），文中談到都市中舊式綜合用途的社區有綿密的社會網絡，形成極有助於公共安全的社會資本[16]。一九七〇年代則有經濟學家羅瑞（Glenn Loury）及社會學家萊特（Ivan Light）以此分析大都市中心貧窮地區（inner-city）經濟發展的問題。他們認為黑人不像亞裔或其他少數族群在自己的社區裡有很強的信賴與社會聯繫，這也是為什麼黑人在中小企業方面的發展很有限[17]。一九八〇年代，受到社會學家柯爾曼（James Coleman）[18]與政治學家帕特南（Robert Putnam）的影響，「社會資本」一詞再度被廣泛運用，後者的論點在義大利和美國更引起激烈的辯論。[19]

有一個人從未用過社會資本這個名詞，卻可能是闡述這個觀念最清楚的人，那就是法國貴族兼旅行家托克維爾。托克維爾在《民主在美國》（*Democracy in America*）裡提到美國與法國一個極大的差異，即美國人展現出豐富的「自發結社」，人們習於為各種或輕鬆或嚴肅的目的形成自願組織。美國式民主與有限政府之所以能成功，就是因為美國人善於為公民或政治目的而聯結。人民既有足夠的自我組織能力，政府不須用由上而下的層級形式維持秩序，人民更能從自我管理中學到合作的習慣，並將這樣的習慣帶入公共生活領域。我想托克維爾一定會同意我們的結論：沒有社會資本就沒有公民社會，沒有公民社會就沒有成功的民主政治。

如何測量社會資本？

近年來「社會資本」一詞逐漸被廣泛使用，但這是社會學家與經濟學家都不樂意見到的現象。前者認為這代表社會科學的領域又有一部分被經濟學占領，後者則認為這個名詞太模糊，模糊到難以測量。的確，如果我們定義社會資本是依據誠實互惠等規範建立的合作性社會關係，要衡量出一個總和確非易事。如果我們要說大斷裂對社會資本造成衝擊，就必須先找出可資衡量的標準。

帕特南認為義大利不同地區的管理品質與其社會資本有關，美國的社會資本則是從一九六〇年代以後就持續減少。關於美國的部分下一章會深入探討。這裡要說的是，帕特南的研究突顯出衡量社會資本的困難。他採取兩種標準，第一種包括組織數、組織參與率以及政治參與率，所謂的組織涵蓋範圍極廣，從運動俱樂部、合唱團到利益團體、政黨都是，政治參與率則指投票率、報紙閱讀率等。除此之外，還包括人們如何運用時間的各種調查。帕特南的第二種標準是調查研究，如美國的一般社會調查，涵蓋四十餘國的全球價值觀調查等。

然而，美國的社會資本在過去一九六〇年裡一直在減少嗎？這個問題引起各方激烈爭辯。有人提出資料證明民間組織與組織參與率都在增加，但也有人指出這些資料互相衝突，有些則認為不足以反映美國這種高度複雜社會的組織情形[20]。這些問題會在第二章詳細討論。

除了資料完整性的問題，關於社會資本的測量至少還有三個問題。第一，社會資本有質與量兩個面向，二者不能偏廢。如托克維爾所說的，一個保齡球俱樂部或園藝俱樂部也許有助於促進合作與社會活潑風氣，但在行為表現上顯然與美國海軍陸戰隊或摩門教有很大的差異。例如保齡球俱樂部能動員會員搶攻海灘嗎？測量社會資本必須將一個組織能夠發起的集體行為列入考量，包括發起的困難度、組織的影響力、在困境中是否也能發揮影響力等。

第二個問題是經濟學家所謂的正面的外部性（externality），或可稱為「信賴範圍」。所謂外部性是指一項活動對參與者之外的人所產生的利益或成本，整理自家庭園房舍就是正面外部性的例子，鄰居也會跟著受益。汙染則是典型的負面外部性，沒有製造汙染的人也要跟著受害。基本上，所有的組織都需要社會資本才能運作，但有些還能在成員之外建立信賴的網絡，從而創造社會資本。韋伯便指出，基督教義宣揚的誠實不只是針對教會成員，而是遍及全人類。相反的，有些組織的互惠規範只限於一小撮人共享。例如美國退休人員協會成員超過三千萬，但你不會認為成員之間都能互相信賴或表現出共同的行為，雖然他們固定繳年費給同一個組織。

最後一個問題與負面外部性有關。有些組織大力宣揚對非會員採取不寬容、仇恨甚至暴力的態度，例如三K黨、伊斯蘭國家組織、密西根義勇軍等組織雖也有社會資本，但一個社會如果有太多這類組織恐怕不會太可愛，甚至可能變得不民主。這類組織之間彼此很難合作，往往因強烈的排他性而自絕於外在環境的變遷。

以美國這樣龐大而複雜的社會，要找出一個可信的組織級數來代表社會資本幾乎是不可能的。目前雖有部分組織的統計，但可信度不一，也沒有一個標準可衡量質的差異。

那麼一個社會的社會資本是增、是減要如何衡量？一個方法是偏重前面提到的第二個資料：關於信賴度與價值觀的調查。很多長期進行的調查會直接詢問受訪者各種問題，諸如是否相信別人、是否願意受賄、是否會為了自身利益說謊等。當然這類調查也有很多問題，包括問卷的設計與發問單位可能影響答案，很多國家很多時期都缺少一致的調查等。有一個問題是問卷中常出現：「一般而言，你認為多數人都可信嗎，或認為防人之心不可無？」這樣的問題其實無法精確了解受訪者的信賴範圍，或受訪者與家人、同種族的人、同宗教的人、陌生人的合作可能。然而這些資料確實存在，只要對整體趨勢的掌握有幫助，本書仍會斟酌運用。

還有另一個方法是正面表列，從傳統社會失能的標準來評估社會資本的缺乏會更容易些，包括犯罪、家庭崩解、吸毒、訴訟、自殺、逃稅等。我們的理論根據是：社會資本既能反映合作規範的存在，社會失序應能反映社會資本的匱乏。這些指標雖然不是毫無問題，但資料非常豐富，也非常方便比較。美國的國家民間重生委員會也是運用這些指標來衡量民間社團的參與[21]。

運用負面表列法要特別注意一個問題：實際分布情形無法計入考量。就好像一個社會的實質資本常是分布不均的（以財富及收入為標準），社會資本也有類似的情況：可能有些人是高度社會化且具備自我組織能力，但同時存在一些極端分裂與社會病態的角落。這就像運用貧窮的指標來衡量國家整體財富一樣，依此標準美國可能是已開發國家裡最貧窮的。

將上述問題列入考量後，本書將檢視三大類的資料，據此探討已開發國家自一九五〇年代以後的社會資本趨勢：（一）犯罪資料——主要是根據國家相關機構自行通報的結果。（二）家庭資料——包括生育、結婚、離婚、非婚生子等等，同樣採用國家統計資料。（三）關於信賴、價值觀、公民社會等的調查。這些資料將在第二章陳述，第三章則是探討大斷裂成因的傳統解釋，第四、五章再就個別現象進一步探討。

將家庭資料列為社會失能的指標恐怕會引起爭議，很多人認為根本沒有所謂「正常的」家庭形態，一九五〇年代以來家庭結構的劇變不過是轉換形態而已。家庭是社會資本的重要來源，但就如前述的拉丁天主教國家與中國社會，家庭也可能構成家庭之外的合作障礙。我認為家庭規範不但是社會資本的來源，也會影響社會資本的傳承，而單親家庭的快速增加是很負面的現象。這些論點會在第六章詳細申述。

本書並未採用部分指標，例如訴訟。美國人愛打官司是有名的，律師占人口比率比其他已開發國家高出許多，有些小爭執明明可以握手言和，卻常要鬧到對簿公堂，甚至到了荒謬的程度。例如一個女人就曾因麥當勞的咖啡燙到她的手而獲得巨額賠償，這種瑣碎的訟案顯示社會信賴度極低，更不必提多麼缺乏常識。

只可惜訴訟的比較資料不易取得，加上法律制度的不同也增加解讀的困難。換另一個角度來看，美國訴訟增加也不見得代表社會資本減少。例如美國的民事訴訟往往能補政府規範的不足：政府不必特別設立單位監督公共泳池的安全，發生事情時，人民會控告泳池管理單位並索賠巨款，無形中發揮了維持公共安全的監督力量。由此觀之，訴訟的增加反倒反映出社會資本的提高：人民無須倚賴層級權威來解決紛爭，而會自行協議出合理的方案，只不過卻也因此便宜了高薪的律師。

關於比較方法

書中主要使用美國、英國、瑞典、日本的社會資料，其他提到相關資料的約有十個已開發國家，包括加拿大、澳洲、紐西蘭、法、德、荷、義、西班牙、挪威、芬蘭、韓國等。選擇前面四國只是為了方便說明，對其他國家的資料有興趣的讀者可參閱附錄。（這些國家都是經濟合作暨發展組織〔OECD〕的會員。）

研究社會規範的突然變化時，比較不同國家的資料非常重要。但社會科學不像自然科學，不能在嚴格控管的條件下進行實驗，以精確分析出因果關係，最多只能找出各方面都很相似，但特定領域相異的國家作比較。例如要了解低稅率對經濟成長的影響，可以比較一九八〇年代的紐西蘭與澳洲。拿紐西蘭與巴布亞新幾內亞比較便沒有意義，兩個不但文化互異，社會經濟發展層次也極不相同，其經濟成長的差異幾乎是早已底定了。

比較方法在社會科學的運用有很長的歷史，最早可溯及涂爾幹的經典研究《自殺論》（*Suicide*），文中比較十九世紀末歐洲各國的自殺率，並發展出脫序（anomie）的概念。比較相似國家的經驗，我們才可能為複雜的社會現象找出原因，而避免陷入狹隘的本位主義。例如美國人常認為，人們愈來愈不尊重權威，導因於越戰或水門事件等美國經驗。這些經驗可能有部分影響，但如果我們知道其他已開發國家也都有相同的現象，當然就必須尋找更普遍的原因。

很多社會現象都與社會的發展程度（以國民生產毛額計）密切相關，拿已開發國家作比較自是較有意義。然而，有些亞洲國家發展到英、法的程度時，卻出現不同的社會問題，這顯然是受到文化因素的影響。這也是為什麼本書未討論開發中國家的資料，並不是他們的經驗不足一談，而是與書中其他國家太不相同，並列在同一本書裡討論實不恰當。

註釋

1 Daniel Bell, *The Coming of Post-Industrial Society: A Venture in Social Forecasting* (New York: Basic Books, 1973).

2 關於「資訊社會」特質的概論，可參見 Alvin Toffler, *The Third Wave* (New York: William Morrow, 1980)，以及 Manuel Castells, *The Rise of the Network Society* (Malden, Mass.: Blackwell Publishers, 1996).

3 第一次重大的科技斷裂，乃是農業的發明。漁獵採集社會變化為農業社會，其速度遠遜於工業革命以降的經濟變遷，但是我們對於前者的了解卻遠較後者更為稀少。

4 Ferdinand Tönnies, *Community and Association* (London: Routledge and Kegan Paul, 1955).

5 Sir Henry S. Maine, *Ancient Law: Its Connection with the Early History of Society and Its Relation to Modern Ideas* (Boston: Beacon Press, 1963; originally published 1861), pp. 163–164; 亦有同類型的討論，可見於 Max Weber, Economy and Society (Berkeley: University of California Press, 1978), 1: 40–46; 以及 Robin Fox, *Reproduction and Succession: Studies in Anthropology, Law, and Society* (New Brunswick, N.J.: Transaction Publishers, 1997), pp. 96–100.

6 Samuel P. Huntington, *The Third Wave: Democratization in the Late Twentieth Century* (Oklahoma City: University of Oklahoma Press, 1991).

7 Francis Fukuyama, *The End of History and the Last Man* (New York: Free Press, 1992); 亦可參見 "Capitalism and Democracy: The Missing Link," *Journal of Democracy* 3 (1992): 100–110.

8 例如此書之導論，James M. Buchanan, *The Limits of Liberty: Between Anarchy and Leviathan* (Chicago: University of Chicago Press, 1975).

9 Diego Gambetta, *The Sicilian Mafia: The Business of Private Protection* (Cambridge: Harvard University Press, 1993), p. 35.

10 例子可參見 Edward C. Banfield, *The Moral Basis of a Backward Society* (Glencoe, Ill.: Free Press, 1958), and Robert D. Putnam, *Making Democracy Work: Civic Traditions in Modern Italy* (Princeton, NJ: Princeton University Press, 1993).

11 據我所知，第一個使用此詞彙的人是 Lawrence Harrison in *Underdevelopment Is a State of Mind: The Latin American Case* (New York: Madison Books, 1985), pp. 7–8.

12 根據韋伯所言：「倫理性宗教的重大成就——尤其是基督新教當中倫理性與禁慾性較高的教派——是打破親族關係的束縛」，Max Weber, *The Religion of China* (New York: Free Press, 1951), p. 237.

13 參見公民社會之討論，收錄於 Larry Diamond, "Toward Democratic Consolidation," *Journal of Democracy* 5

(1994): 4–17.

14 該論點見於 Ernest Gellner in *Conditions of Liberty: Civil Society and Its Rivals* (London: Hamish Hamilton, 1994).

15 Lyda Judson Hanifan, "The Rural School Community Center," *Annals of the American Academy of Political and Social Science* 67 (1916): 130–138.

16 Jane Jacobs, *The Death and Life of Great American Cities* (New York: Vintage Books, 1961), p. 138.

17 Glenn Loury, "A Dynamic Theory of Racial Income Differences," in P. A. Wallace and A. LeMund, eds., *Women, Minorities, and Employment Discrimination* (Lexington, Mass.: Lexington Books, 1977); Ivan H. Light, *Ethnic Enterprise in America* (Berkeley: University of California Press, 1972).

18 James S. Coleman, "Social Capital in the Creation of Human Capital," *American Journal of Sociology Supplement* 94 (1988): S95–S120, and "The Creation and Destruction of Social Capital: Implications for the Law," *Journal of Law, Ethics, and Public Policy* 3 (1988): 375–404.

19 Putnam, *Making Democracy Work*, and "Bowling Alone: America's Declining Social Capital," *Journal of Democracy* 6 (1995): 65–78.

20 Everett C. Ladd, "The Data Just Don't Show Erosion of America's 'Social Capital,'" *Public Perspective* (1996): 4–22; Michael Schudson, "What If Civic Life Didn't Die?" *American Prospect* (1996): 17–20; John Clark, "Shifting Engagements: Lessons from the 'Bowling Alone' Debate," Hudson Briefing Papers, no. 196 (October 1996).

21 此項研究將許多不同的負面社會資本度量，融合為單一的指標，參見 National Commission on Civic Renewal, *The Index of National Civic Health* (College Park, Md.: National Commission on Civic Renewal, 1998), and *A Nation of Spectators: How Civic Disengagement Weakens America and What We Can Do About It* (College Park, Md.: National Commission on Civic Renewal, 1998).

CHAPTER 2

第二章

犯罪、家庭、信任：問題探究

大約始於一九六五年，眾多社會資本的負面指標同時迅速上升。分析起來可整理出三大範疇：犯罪、家庭、信任。幾乎所有已開發國家都可見到這些改變，唯一的例外是日本與韓國。這些改變並非毫無規則可循：斯堪地納維亞國家、英語系國家（英、美、加、紐、澳）、拉丁天主教國家（西班牙、義大利等）便各自展現相似的模式。當然，各國改變的幅度與快慢各有不同，美國的巨幅變遷尤其與眾不同。但大體而言，所有的西方國家都或遲或早受到大斷裂的影響。

犯罪

社會資本與犯罪的關係極密切。如果將社會資本定義為深植於群體關係的一種合作規範，犯罪是對社會規範的逾越，也是社會資本的欠缺。刑法規定的是社會大眾同意遵守的最低限度行為規範，觸犯法律不只是觸犯罪刑的被害人，同時也觸犯了整個社會及其規範。也因此，觸犯刑法者是由國家加以拘捕與懲罰，而非個人。

當然，這裡所說的社會資本並不是正式的法律，而是能促進合作的非正式規範。從這個層次來看，社會資本與犯罪的關係雖複雜卻很清楚。社會規範的建立、社會脫序行為的控制或懲罰通常有正式與非正式兩類機制。但最理想的犯罪控制絕非利用龐大的警力壓制，而是預先經由社會化的過程讓年輕人奉公守法，另一方面藉由非正式的社會壓力將違序者導回社會的主流。

在《偉大城市的誕生與衰亡：美國都市街道生活的啟發》（*The Death and Life of Great American Cities*）一書中，作者珍・雅各（Jane Jacobs）探討了舊都市如何運用社會網絡維繫公共安全[1]。書中談及波士頓北端（North End）的一個社區，在二十世紀前半當地的居民以義大利移民及其後裔為主，外地人眼中看來這是個貧困髒亂的地方。的確，治安的維護主要仰賴成年人的監督——他們隨時會注意年輕人是否惹事生非或被外來的人帶壞。在這樣一個人口稠密的都市社區，街上常有人來來往往——上班、逛街、吃飯、辦事。店家尤其關注街上的動態，因為任何犯罪都會影響他們的生意。其次，因社區涵蓋住宅、商業與輕工業等綜合用途——包括無論白天或晚上街上總有不少「監督的眼睛」。

珍・雅各親身見識過這份社會力量的強大，那次她在曼哈頓自宅門外，看到一個男人拉扯一個小女孩：

> 我站在二樓窗邊往外看，思索著如何管這檔閒事，但不久就發現用不著我插手。樓下肉店的老闆娘已走出去，雙手交叉，臉上露出堅毅的表情，她所站的位置

連任何風吹草動都逃不過她的耳朵。大約同時間，熟食店老闆喬也出現了，站穩在另一邊。樓上好些住家的窗戶都有人探頭出來看，其中一人很快縮回去，不久便出現在男人背後的門口。我住的這一邊，我看到鎖匠、水果商和洗衣店老闆全走了出去。樓上住家同樣有很多人探頭關切，街上那個男人顯然不知道他已被團團圍住，雖然誰也不認識小女孩，但沒有人會容許他將小女孩帶走。[2]

事後珍．雅各發現，男人原來是小女孩的父親。

這樣的社區倚賴的不是警察，也不是家庭或鄉村強大的社會聯繫。鄰居或路人不一定是朋友，甚至可能素未謀面。然而，即使在這樣擁擠稠密的都會區，群眾對社會秩序與規範的重視就足以使犯罪率不致提高。可惜很多舊社區都被夷平翻新，美其名為高度現代化的都市主義，視整潔幾何排列的都市為美的極致[3]。於是舊的綜合社區被分割為單一用途的區域，人們工作與居住的地方遙遙分開。熙攘的街道中央是空曠廣闊的公園，不要多久便被流氓與毒販占領。成人從人行道退回高樓公寓，結果犯罪率便迅速攀升。美國犯罪最猖獗的地區如卡尼格林（Cabrini-Green）及羅伯泰勒之家就是一九五〇與六十年代都市更新計畫的產物，這類計畫完全未顧及舊社區社會資本被連根拔除的問題。諷刺的是，一九九〇年代都市更新計畫的一大主題就是賦予一九五〇年代更新的社區新的生命。

犯罪學早已注意到社會資本與犯罪的負向關係，只是學者使用的術語可能不同。帕克（Robert Park）與芝加哥社會學派認為少年犯罪與都市化造成的社會亂象有關，預防之道是讓孩子融入教會或學校等社會機構[4]。桑普森（Robert Sampson）、勞伯（John Laub）等現代學者認為，家庭以外的社會常以非正式方式維持一套社會規範，這就是社會秩序的來源。桑普森與羅登布希（Stephen Raudenbush）、艾爾斯（Felton Earls）合作過一項研究，運用問卷資料衡量社區的「集體效能」。調查的問題包括：看到小孩蹺課或遊蕩街頭是否干涉，小孩對成人是否尊重，鄰居是否互相信任等。他們調查了芝加哥數百個社區，發現這幾項社會資本的變數與社區的安寧（無暴力事件）很有關係[5]。

當警察國家的正式規範鬆懈時，非正式的社會規範對犯罪的控制更顯得重要。集體或獨裁國家的人民通常比民主國家的人民更嚴守法令，但這並不能代表社會資本很豐富[6]，可能只是對威權政府的嚴刑重罰較為恐懼。因此當政府瓦解，人們不再懼怕警察時，犯罪率便會提高。前共產世界便發生這樣的現象，一九八九年柏林圍牆倒塌後，犯罪率大幅提高。然而，這也不表示蘇聯、匈牙利、波蘭等國家的社會資本急遽減少，而是一開始在共產政權下社會資本就已經很匱乏。當然這也不足為奇，馬克思列寧主義的目標就是消滅獨立的公民社會，斬斷人民之間的水平聯繫。

犯罪：全面體檢

美國的犯罪率大約從一九六〇年代開始提高，與二次大戰後相較尤其明顯（戰後殺人罪與搶劫比率都下降）[7]。這股犯罪潮大概可溯自一九六三年，之後更快速惡化。無怪乎一九六〇年代末保守派常利用「法律與秩序」作為政治議題，一九六八年尼克森能擊敗漢弗萊（Hubert Humphrey, Jr.），部分原因就是訴諸人民對犯罪率提高的憂慮。

一九八〇年代中美國的犯罪率略降，後來又激增上去，到九一～九二年間達到高峰。其後暴力與金錢犯罪都大幅下降，前三十年增加最迅速的地方（紐約、底特律、洛杉磯等大城市）下降的幅度尤其明顯。現在紐約的犯罪率又恢復大斷裂開始的六〇年代水準。值得注意的是，上述犯罪率激增期恰是戰後嬰兒潮出生一代長大成人的階段，也是社會信賴度與社會凝聚力降低的時期。

美國人也許不知道，同時期亞洲以外的其他已開發國家幾乎都有同樣的情形。圖2.1顯示暴力犯罪在英格蘭、威爾斯、瑞典快速增加，在日本則是減少。加拿大、紐西蘭、蘇格蘭、芬蘭、愛爾蘭、荷蘭也是同步提高（參見附錄）。不過各國的犯罪內容並不相容，美國殺人罪占暴力犯罪的比率高於他國，因此實際情形可能比圖2.1所顯示的更糟糕。亞洲的高所得國家，如日本與新加坡，同時期的暴力犯罪反而下降。

圖 2.1　暴力犯罪率統計，1950-1996

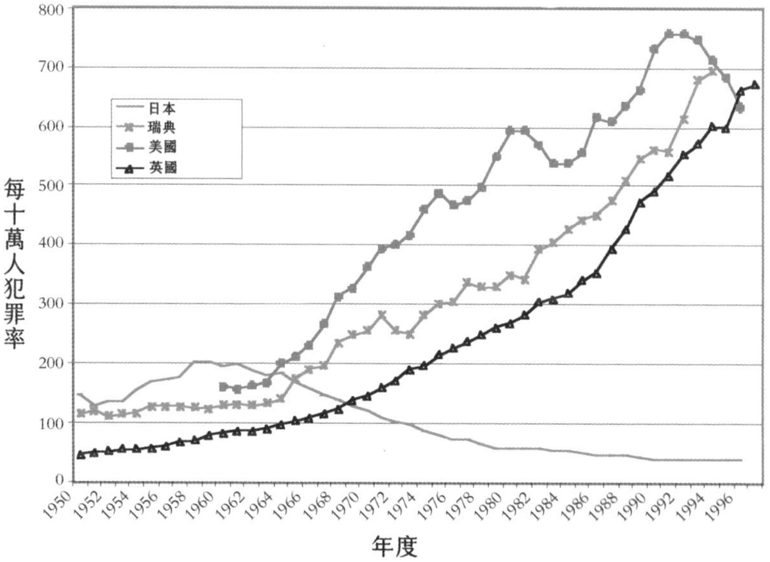

資料來源：參見附錄

金錢犯罪率可能是衡量社會資本更理想的負面指標。暴力犯罪（尤其是殺人罪）畢竟是較少見的個人行為，影響的是較少數的人。相反的，金錢犯罪則普遍得多，也更能反映大多數人的行為。舉例來說，美國一九九六年金錢犯罪與殺人罪的比率是六三二比一。此外，暴力犯罪較易引起媒體注意，嚴重影響大眾對公共安全的觀感，進而影響社會的信賴度。如圖2.2所示，金錢犯罪率在英國、威爾斯、瑞典以及美國都大幅上升。其他許多國家在竊案比率也有顯著成長，如英格蘭、法國、紐西蘭、丹麥、挪

圖 2.2　竊案比率，1950-1996

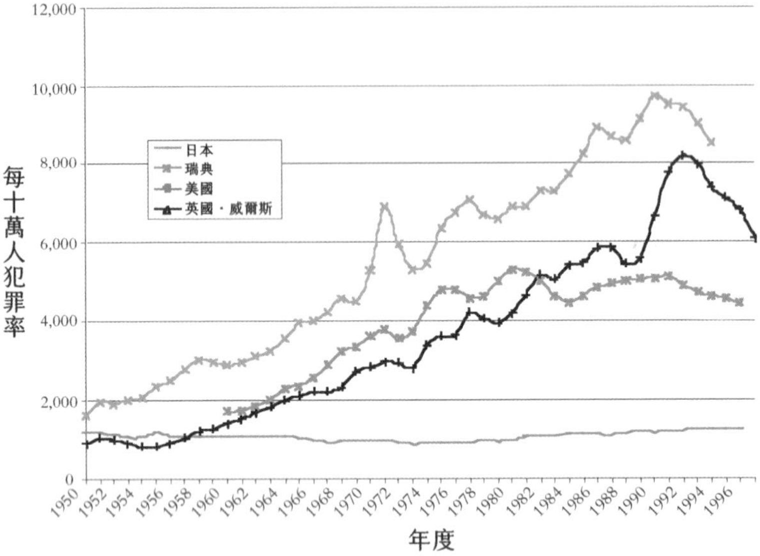

資料來源：參見附錄

威、芬蘭等。在這方面美國的情形反而較特殊，過去三十年裡紐西蘭、丹麥、荷蘭、瑞典、加拿大的竊案比率都高於美國。日、韓、新加坡又是例外，同時期三國的金錢犯罪率都維持偏低，且無明顯增加。

如圖2.2所示，美國、英格蘭、威爾斯、瑞典金錢犯罪率在一九九〇年代都下降了。其他如紐西蘭、加拿大、芬蘭、法國、丹麥也是一樣（參見附錄）。

理論上，白領犯罪應該是衡量社會資本更理想的指標，因為犯罪者不一定是窮人或邊緣分子，還包括較富裕的一群。只可惜各國對白領犯罪的定義差異極大，資料的搜集很有限，因此，此處略而不論。

除了暴力犯罪、金錢犯罪、白領犯罪以外，還有學者所謂的社會脫序行為，如流浪漢、塗鴉、行乞等。這類行為的統計資料很少，卻攸關社會資本的豐瘠[8]。四十年前（大斷裂之前）這些行為在美國與其他已開發國家多被視為犯罪，逮捕醉漢與驅逐乞丐就是警察的重要工作。但經過三十年的法律演變，類似行為幾乎都以違反人權為由被除罪化。以舊金山為例，一九五〇年代因酒醉被逮捕的案例全部案子六、七成，到一九九二年降到一七%。結果是公共場合飲酒、流浪漢、乞丐等街頭亂象暴增[9]。此外，一九七〇年代眾多精神病患走出醫院，原意雖是提供他們人性化的環境，結果卻使眾多病患病落街頭。同樣的情況也發生在英國。如犯罪學家斯科根（Wesley Skogan）所說，這些改變造成都市的社會問題，造成犯罪率提高[10]。

亞洲的情形卻大不相同。以遠東最富有的四國日、韓、新、港為例（至少到一九九七～九八年經濟危機前是如此），他們的國民生產毛額足與歐美媲美，犯罪率幾乎低於歐洲任何一國。日本的情形尤其特別，不但犯罪率低於OECD所有國家，大斷裂期間暴力犯罪率持續降低，整體犯罪率在前半段也是走下坡。

圖2.1、2.2與附錄的資料是根據各國司法部或內政部的資料[11]，學者恐怕很懷疑這些資料是否能反映實際情形，更遑論代表社會資本這樣抽象的概念[12]。更嚴重的是吃案

問題（極罕見的情況下或有超報的可能），亦即只有一部分犯罪被害人向警察報案（有人統計搶劫的報案率只有四四%到六三%），警察向上通報的又只有其中一部分[13]。不過隨著紀錄保存系統的改進與報案過程系統化，多數國家的報案率已有提升。但許多犯罪學家還是寧可仰賴受害者調查來了解真相[14]，亦即抽樣詢問受害者是否曾為犯罪被害人，這種調查自然是不透過警政系統的。只可惜多數國家並未進行有系統的受害者調查，即使有，也是一九七〇年代以後才開始（如美國）[15]。這類調查顯示警察吃案的情形頗嚴重。但最近英國一項比較研究顯示，受害者比率與警局報案比率呈同步發展，很多國家都是在一九八〇年代末上揚，之後又走下坡[16]。

由於犯罪資料蒐集不易，多數學者不願意做犯罪比較分析或長期犯罪趨勢的研究[17]。然而這實在是見樹不見林，即使我們斷定多數已開發國家的報案率逐步提升，如此計算出的犯罪率增加幅度也很嚇人。這是長時間同時發生在很多國家的趨勢，一般人也確實普遍感到犯罪率的惡化，我們很難單純以統計技術來解釋。犯罪史學家哥爾（Ted Robert Gurr）認為，二次大戰後的犯罪率增加就很難從通報制度的改變解釋，例如一八四〇年到二十世紀之間多數經濟進步的國家的通報制度都有改善，但犯罪率卻呈現下降。他認為犯罪率提高的理由很簡單：「社會脫序行為增加的速度超過先前減少的速度。」[18]很多受害者研究顯示，在重大犯罪方面，警察的報案資料與大眾對治安的觀感相當吻合[19]。其次，我們也很難解釋亞洲四大富國為何獨外於犯罪率增加的趨勢，難道他們的通報制度都沒有改進？

家庭

大斷裂期間社會規範改變最劇烈的部分是生育、家庭與兩性關係。一九六〇與一九七〇年代的性革命與女性主義幾乎影響所有的西方已開發國家，不只是家庭因而產生重大改變，辦公室、工廠、社區、志願組織、教育，甚至是軍中都發生了改變。兩性角色的轉變對公民社會的影響尤其深遠。

家庭與社會資本的關係很密切。首先，家庭是最基本的合作性社會單位，父母共同努力創造新生命，並協助孩子受教育與社會化。「社會資本」一詞的廣泛運用於社會學家柯爾曼（James Coleman），他的定義是：「有助於下一代發展認知與社會能力的資源，主要蘊藏在家庭與社會組織裡。」[20]家庭裡的合作關係自有其生物基礎——所有的動物偏愛自己的血親，願意單向付出大量的資源，無形中使親屬間的互惠與長期合作關係更穩固。這種合作關係不只是方便孩子的教養，對其他社會活動（如經營事業）也很有幫助。現在雖然流行官僚式大企業，美國民間受雇工作仍有百分之二十來自小企業（多半是家族企業）。不僅如此，很多新科技與商業習慣的養成都與小企業息息相關[21]。

不過，過度倚賴親屬對家庭以外的廣大社會卻可能有負面影響。從中國到南歐到拉丁美洲，很多文化非常注重家庭，將家庭與親屬置於其他社會責任之上。結果往往造成兩種層次的道德，服膺公權力的道德責任很難與血緣的責任相抗衡。以中國文化為例，這種家庭主義是受到主流價值（儒家思想）認同的。這類文化往往在家庭內部有很豐富的社會資本，家庭之外則相對貧瘠。

十九世紀初的古典社會學理論多認為，隨著社會現代化，家庭的重要性會逐漸降低，代之而起的是較不講人情的社會聯繫。這正是社區與社會的基本差異：在現代社會裡，當你要貸款或請會計師時，你不會去找親戚，而是直接去銀行或刊廣告。家庭主義的結果常常導致族閥主義，但真正要講求經濟效率，選擇事業夥伴、客戶或銀行時就要依憑客觀的資格與能力為標準，而不是血緣。現代官僚體系（至少理論上）不再是家人朋友憑關係進去，而必須達到客觀標準或通過考試。

的確，幾乎所有現代化社會裡家庭的重要性都已減少許多。殖民時期的美國，絕大多數人都是務農，家庭是基本的生產單位，不只生產食物，也生產各式家庭所需。教育孩子、照顧老人都是家庭的責任，加上多數農場地處孤立又交通不便，主要的娛樂也在家裡。後來這些功能慢慢消失，先是男人離家到工廠或公司上班，接著女人也跟進。孩子被送去公立學校，祖父母送去老人院，娛樂由迪士尼、米高梅等商業公司提供。到二十世紀中，家庭縮簡為兩代核心形式，唯一剩下的是生殖的功能。

二十世紀中社會學流行的現代化理論並不認為家庭有什麼問題：大家庭演變為核心家庭不過是為了適應工業社會。然而家庭結構的演變並不是到一九五〇年就停止，大斷裂使得核心家庭走向長期的衰微，進而危及家庭基本的生殖功能。這個問題不同於前面談到的經濟生產、教育、休閒，可以求諸家庭之外，繁殖功能在核心家庭之外恐怕很難找到替代管道，這也是為什麼家庭結構的改變對社會資本的影響如此深遠。

西方家庭結構的改變多數人都已耳熟能詳，具體而言分是表現在生育率、結婚、離婚、未婚生子的統計數字上。

生育

人口是社會資本的基礎，如此顯而易見的道理似乎不值一提，但西方國家確實有人口不足問題。歐美成長於一九六、七〇年代的人常聽到人口爆炸與全球環境危機的討論，很多人深信「人口過剩」是影響人類未來的一大威脅。對第三世界的很多國家也許如此，對已開發國家而言問題卻恰好相反：人口正日趨減少。

到一九八〇年代，幾乎所有已開發國家都出現所謂的人口轉型（demographic

圖2.3　總生育率，1950-1960

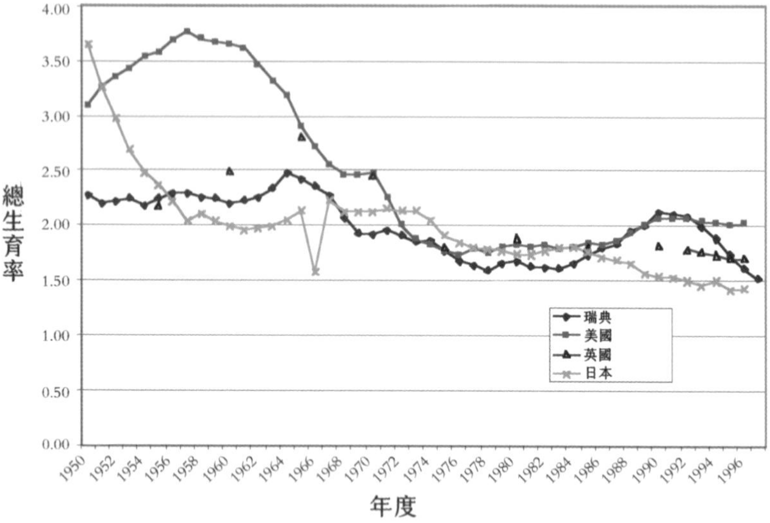

資料來源：參見附錄

transition），亦即總生育率（每位婦女一生生育數）低於穩定維繫人口所需的生育數（兩個多一點）[22]。圖2.3是美、英、日、瑞典的總生育率。有些國家（如西班牙、義大利、日本）的生育率遠低於死亡率，每一代的人口大約遞減三〇%以上[23]。若不是來自其他國家的大量移民，日本與歐洲許多國家每年大概要減少百分之一的人口，年年遞減，到二十世紀末還剩多少委實難以想像。日本是第一個注意到這個問題的國家，他們的生育率早在一九五〇年代就開始下降了。到下個世紀日本的人口或許還可維持成長，但是勞動人口的絕對數到一九九〇年代末已呈負成長，到二〇一五年可能會減少一千萬勞動人口，除非以大量移民來補充[24]。

過去二十年總生育率的降低特別具瓦解社會的影響，因此在此之前恰好是二次大戰後的嬰兒潮。在某些英語國家如美國與紐、澳，嬰兒潮現象特別明顯，原因為何恐怕人口學家也說不出所以然。除了這幾個國家以外，荷蘭、丹麥、瑞典、挪威、德國、法國戰後也都有人口增加的現象。英語國家的嬰兒潮始於一九四〇年代末，到一九五〇年代末一九六〇年代初達到高峰，義大利、瑞典、法國的高峰期則較晚，大概要到一九六〇年代中期以後。

生育率偏低過去並非沒有過，但如此低於死亡率卻是前所未有。法國的生育率在十九世紀就已開始降低，一次大戰之前面對崛起的德國，法國當局尤其對人口問題憂心忡忡。到三十年代整個歐洲的生育率都很低，人口減少的問題開始引發知識分子的關切與討論[25]。很多國家（如法國、瑞典）開始實行獎勵生育政策，除了每個小孩的補助之外，還有日托福利與育嬰假等（甚至逐漸涵蓋父親的育嬰假）。這類政策通常都很昂貴，而且效果有限。在豐厚的獎勵下，法國的生育率仍然無法提高。瑞典的獎勵支出是西班牙、義大利的十倍，一九八三年到一九九〇年代初確實將生育率提升到接近死亡率。但是到一九九〇年代中期又開始下降，現在大約只有一．五的水準。

婚姻與離婚

西方的家庭不僅規模縮小又不事「生產」，同時也開始走向分崩離析。愈來愈多的孩子在婚姻關係外誕生，或在童年經歷父母離異。眾多證據顯示長期以來核心家庭一直在減少，而且對下一代的影響甚鉅，令人驚訝的是有些社會科學家還堅稱未發生什麼重大的改變。社會學家波普諾（David Popenoe）指出，在大斷裂發生期間，很多入門社會學教科書對「家庭衰微的迷思」（myth of family decline）[26]表示嗤之以鼻。這可能是因為一九五〇與一九六〇年代初期，美國與西歐的家庭確實展現較強的凝聚力，正如嬰兒潮時期生育率也顯著提升。大蕭條與二次大戰嚴重破壞家庭結構，到一九五〇年代末確實逐漸恢復穩固，超乎戰前的水準。

然而到一九七〇與一九八〇年代，各項指標都急遽向下走——婚齡延後、婚姻為時較短、再婚率提高等。就像生育率一樣，美國、荷蘭、紐西蘭、加拿大等國的結婚率在一九六〇年代都曾提高，但自一九七〇年代以後又迅速下降。美國的離婚率從內戰以後持續穩定增加，從一九六〇年代中開始急遽攀升。到一九八〇年代似乎有減緩的趨勢，不過理由不是婚姻穩定度提高，而是嬰兒潮的一代逐漸過了最可能離婚的年齡。離婚者占所有已婚者的比例尤其快速提高，同樣肇因於結婚率的平行下降。以美國為例，這個比例在短短三十年裡增加了四倍[27]。

圖 2.4　離婚率，1950-1996（總人口每千人比例）

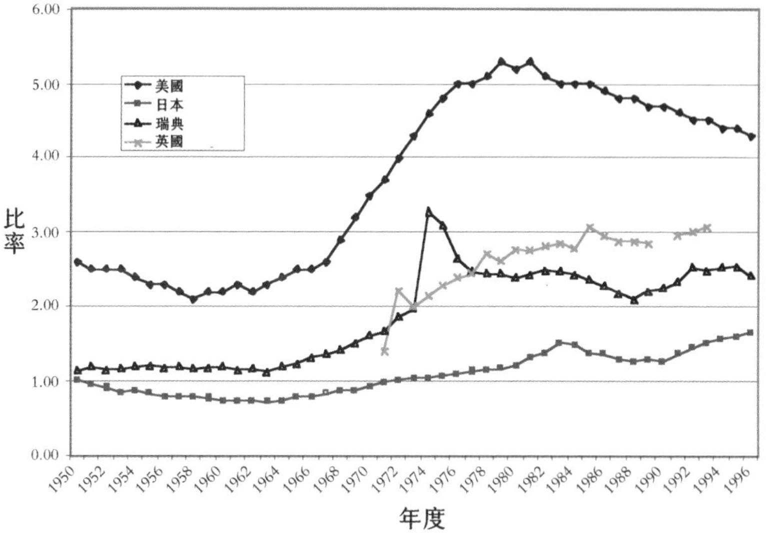

資料來源：參見附錄

就像暴力犯罪一樣，在離婚率的變化上美國也是個特例。在大斷裂的開始與結束時美國的離婚率都高於其他已開發國家。不過，多數歐洲國家也都有急遽攀升的情形，圖2.4顯示出四個國家的離婚率變化。在荷、加、英及絕大多數北歐國家，一九五〇年代的離婚率都比戰時略降，但是到一九六〇年代後半又開始提高。當然，不同國家還是略有差異，德、法較北歐、英國為低。歐洲天主教國（如義、西、葡）離婚合法化相當晚（分別是一九七〇、一九八一、一九七四），離婚率雖上升但一直不高[28]。日本的低離婚率也很特殊，只比南歐的天主教國家略高。

非婚生子

非婚生子的比例也是穩定增加。一九四〇年美國非婚生嬰兒占新生嬰兒比例不到五%，到九三年攀升到三一%[29]。不過，非婚生子比例因種族而有極大差異，一九九三年為例，白人的比例是二三．六%，非裔美人卻高達六八．七%[30]。在美國黑人小孩中，沒有父親是很平常的，在極貧窮的地區，父母離異更是常態。

值得注意的是，從一九九四到九七年，美國非婚生子的比例不再攀高[31]。少女生子（絕大多數未婚）的比例下降得尤為明顯，以十五到十九歲的年齡層為例，每千人生子的比例從一九九一年的六二．一降到五四．七。黑人少女的情形更佳，一九九一到九六年下降了二十個百分點[32]。這些改變雖不如同期犯罪率的下降，但也顯示非婚生子的急速成長並非不可扭轉。

有些觀察家認為，非婚生子比例的急遽增加，其實主要是因為結婚婦女的生育力嚴重降低[33]。有人並據以推論，美國今天的非婚生子泛濫情形無需過慮。然而，實際的情形是，最有能力養育子女的一群愈生愈少，較無能力的卻大量生產，這種情形能讓人安心嗎？未婚生子的比例從一九七〇年代中到一九九〇年間增加了一倍有餘，之後慢慢減

圖 2.5　非婚生子比率，1950-1996

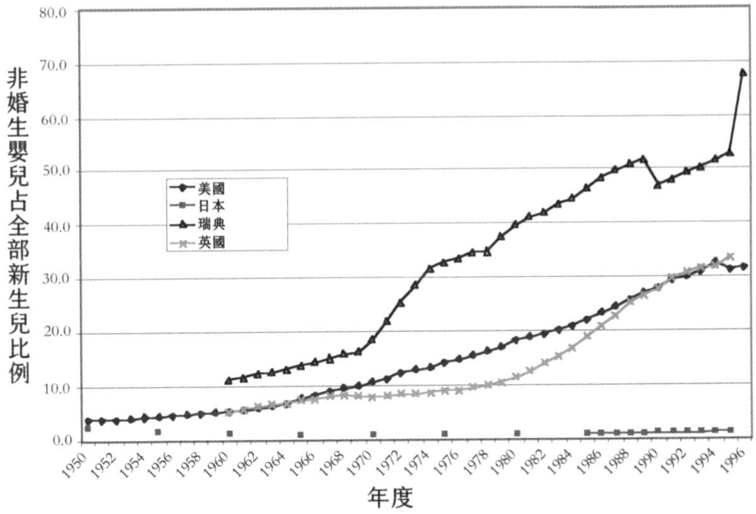

資料來源：參見附錄

緩而後減少，這個變化也不能等閒視之[34]。

如果我們將注意力轉移到OECD的其他國家，會發現美國的例子並不是那麼特殊，幾乎所有工業國家都有非婚生子比例急遽攀升的情形（日本與義大利、西班牙等天主教國家是例外，請參考圖2.5）。有些國家如法、英增加的時間較晚，但幅度驚人。北歐的非婚生子比例為舉世之冠，比美國高出許多。在歐洲，德國與荷蘭因天主教人口較多，非婚生子比例相對較低，義大利更低。最特殊的例子是日本，日本的非婚生子比例不但遠低於歐洲各國，增加的幅度也很有限。

由於多數歐洲國家都有很高比例的同居人口，非婚生子現象在歐洲與美國的意義大不相同。以二十到二十四歲的年齡層而言，四五％丹麥婦女選擇同居，瑞典四四％，荷蘭一九％。美國的一四％相對較低[35]。美國大約有二五％的非婚生子女是同居伴侶所生，法國、丹麥、荷蘭的比例更高，瑞典甚至可能高達九〇％[36]，各國的同居人口很難有精確的統計數字，更遑論其演變。不過，多數觀察家都認為由婚姻走向同居是明顯的趨勢[37]。例如瑞典的結婚率奇低（千分之三．六），同居率奇高（占所有伴侶的三〇％）[38]，讓人不能不相信瑞典的婚姻制度已漸式微。單親媽媽與少女生子較多倒是美國特殊的現象[39]。

不論任何時代，單親家庭增多大概與下列幾項因素有關：非婚生子、同居、離婚、同居失敗、再婚或再同居等的比例。美國單親家庭較多是因為非婚生子比例與離婚率較高，同居率則相對較低。

歐洲很多男女有了孩子依然選擇同居而不結婚，但這不表示他們的家庭生活便沒有美國家庭的危機。同居關係的穩定性不及婚姻。人口學家班帕斯（Larry Bumpass）與史威特（James Sweet）比較同居與初次婚姻的穩定性，發現後者維持十年以上的是前者的兩倍。不僅如此，同居一段時間再結婚的關係也比未同居就結婚的人不穩固[40]。這恐怕出乎很多人的意料之外，一般人都以為婚前同居有助於彼此了解。也有研究顯示，家庭暴力、社會疏離等問題與同居的關係更為密切[41]。

瑞典的非婚生子比例與同居率都很高，因此，瑞典的小孩比美國小孩更有機會與雙親同住；不過，瑞典的離婚率近年急速成長，在歐洲各國中名列前茅。但因瑞典結婚的人很少，同居關係的結束恐怕比離婚更具有家庭穩定與否的指標作用。只可惜這方面的統計數字很難取得。有一項研究是以一九三六到一九六〇年出生的四千三百名婦女為對象，發現有一個小孩的同居伴侶結束關係的機會是離婚率的三倍。同居關係較婚姻不穩固是很可以理解的，選擇同居的人基本上可能就是逃避終身廝守的承諾。無論如何，同居者要結束家庭關係時面對的法律障礙總是少得多。難怪波普諾等人懷疑瑞典的家庭崩解比例可能是工業國家之冠[42]。

單是看離婚、非婚生子或單親家庭的比例，還不足以了解孩童在單親或無親家庭長大的經驗。在美國正常婚姻下出生的嬰兒有六七％，但其中高達四五％的人在十八歲以前會看到父母離異[43]。在非洲族裔群中這個比例更高，能與雙親共度童年的人是幸運的極少數。

這種情形並非沒有歷史先例。美國在殖民時期，半數以上的孩子在十八歲以前會失去父母之一或雙親[44]。然而，在十八世紀，這樣的悲劇主要源於疾病或早夭，二十世紀末的今天則多源於父母的選擇。有些觀察家援引這段歷史，推論目前泛濫的單親家庭對孩子的影響不見得那麼糟——這實在是很奇怪的推論。童年時期遭逢父喪或母喪應該是人生至痛，對孩子的生存也是一大考驗，人類的壽命得以延長絕對是現代醫學最驕傲的成就。在二十世紀末的美國竟然還會重現殖民時期的窘境，我們豈能無動於衷？何況諸多證據顯示，自發的家庭分裂所造成的心理創傷遠大於非自願的分裂[45]。

我們不能不承認，核心家庭確實全面式微，其繁衍後代功能也並未充分發揮[46]。家庭既是社會資本的來源與傳遞仲介，這種現象當然對社會資本有嚴重的影響。

下面要探討的是家庭以外的社會資本衡量標準。

信賴、道德價值與公民社會

一九五〇到一九九〇年代美國與其他西方國家的社會價值觀產生了明顯而重大的變化。這些變化很複雜，一言以蔽之就是個人主義抬頭。套用達倫道夫（Ralf Dahrendorf）的說法，傳統社會給人們的選擇很少，社會束縛卻很多：不管是婚姻對象、工作、居住地點、信仰都沒有太多選擇，而多受限於家庭、族群、階級、宗教、封建制度下的義務等等[47]。在現代社會中，個人的選擇大增，社會義務的層層網絡逐漸鬆綁。

當然，即使在最樂觀的情況下，現代社會也並非完全沒有束縛。只是過去是建構在社會階級、宗教、性別、種族、民族等的非自願義務，現在則被自發的聯繫取代。人與人的聯繫不見得更疏離，只是他們對聯繫的對象有所選擇。工會取代了職業階級，人們可以加入聖靈降臨教派或衛理公會，不一定要到國家的教堂，在婚姻方面，父母之命當然早被淘汰。網際網路可以說是一個典型的代表，人與人的聯結可以自由到過去夢想不到的新境界。任何人可以和世界上任何人聯繫，聯繫的理由可以是任何共同的興趣，從禪學到衣索匹亞美食，空間再也不是距離。

這個看似完美的圖像中其實存在一大隱憂，很多作家如柏格（Peter Berger）、麥金泰爾（Alasdair McIntyre）、達倫道夫都已先後指出。社會束縛的鬆綁並不只是擺脫傳統或威權社會的壓迫與限制，而是連現代社會各種自發性聯繫所賴以存在的社會聯結都遭到侵蝕。也就是說，人們質疑的不只是暴君與宗教領袖的權威，而是對民主過程中選出的公僕、科學家、教師等都普遍感到質疑。人們對婚姻與家庭的束縛感到不耐，其實這些都是自己選擇的。他們排斥宗教教義的過度束縛，雖然他們隨時享有進出特定教派的充分自由。自由主義原是現代社會最重要的美德，象徵人可以自由驕傲地自給自足。現在卻變質為封閉與自私，無限度擴充個人自由而不顧及對他人的責任，彷彿自由本身就是目的。

現代人享有歷史上從未有過的自由，卻也因此對殘餘的少數束縛格外無法忍受。這種社會最大的危險是人們突然發現自己變得很孤立，雖擁有與任何人聯結的自由，卻因為不願意付出與投入而無法與任何人聯結。這也是一九九〇年代關於社會資本的最主要討論焦點：如何創造與維繫自發的社會聯結，讓人們為了共同的目的一起合作。

我們可以輕易就大斷裂時期社會規範的改變描繪出大致的輪廓，實際上要記錄這些改變卻很困難。但我們至少可以採取兩個方法：第一是透過問卷直接探詢人們的價值觀與行為，第二是從各種社會機構與組織的質與量著手。

帕特南認為，美國的這兩項資料都指向同樣的結果：人們對組織與個人的信賴遞減，組織與組織成員數也逐漸減少。他認為這兩者密不可分，人與人之間要有足夠的信賴才能參與共同的組織，因此兩者都是社會資本的有效指標[48]。

但證據顯示，信賴與參加組織不見得息息相關。人們的信賴感降低是不爭的事實，但很多組織卻是日益蓬勃。

美國以外的情形也大致相同。在多數西方國家，人們對很多傳統權威如政治人物、警察、軍人等的信賴都走下坡，一般人的道德標準也是每況愈下。有趣的是，人們參與團體的比率卻提高。

然而，當社會充斥嚴重的懷疑心態時，公民社會又為何還能蓬勃發展？後者又如何與個人主義的抬頭同時並存？作者認為答案就在道德的萎縮：人們雖持續參與團體生活，但所參與的團體較不具權威性，其信賴範圍也較狹隘。也就是說，人們共享的價值觀愈來愈少，團體間的競爭反而愈來愈大。

信賴：美國

合作的社會規範是社會資本的基石，信賴則是主要的副產品[49]。若是人們可以信守承諾，遵從互惠原則，避免投機行為，那麼各種組織會更容易建立起來，也能更有效率地達成共同目的。

如果信賴是社會資本的重要指標，顯然這項資本正逐漸流失。美國人對各種機構的信賴（從美國政府開始）一直穩定下降[50]，到一九九〇年代達到歷史低點。根據一九五八年的調查，相信聯邦政府「大多數時候」或「幾乎所有時候」都做對事情的美國人占七三％。到九四年這個比例最低，降到一五％（因不同的調查而略有起伏），九六到九七年略為回升，總平均大約在二五％到二九％。同樣的調查，一九五八年有二三％的人認為政府「從來沒有」或「有時候」做對事，到九五年上升到七一％到八五％之間（後來幾年略降）[51]。

其他機構也好不到哪裡去。一九七〇年代初到一九九〇年代初，人們對企業、工會、銀行、醫界、宗教機構、軍隊、教育界、電視、媒體的信賴度都走下坡[52]。以政府

圖 2.6　中學高年級生的信賴度，1975-1992

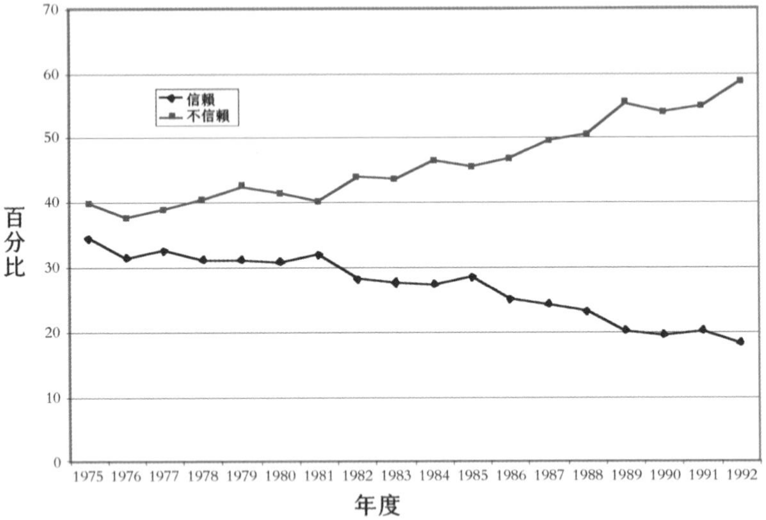

資料來源：湯姆．史密斯（Tom W. Smith），〈當代美國社會憤世心態的成因〉（Factors Relating to Misanthropy in Contemporary American Society），《社會學研究二十六期》（*Social Science Research 26*, 1997），170-196頁。

部門而言，只有對最高法院是「很有信心」的人多於「沒有信心」的人，行政部門恰相反，國會更糟糕，只有科學界能享有民眾相對穩定的信賴[53]。

不只公共領域如此，人與人之間的信賴也是日益稀薄。一項問卷問到：「您認為多數人都可以信賴，或是防人之心不可無？」一九六○年代初，抱持信賴的人比抱持懷疑的人多出十個百分點。其後十年開始改變，到一九九○年代，懷疑的人高出

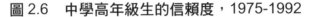

二十個百分點。有些人認為懷疑是嬰兒潮時代特有的現象，圖2.6顯示一九五八到七二年出生的中學生抱持懷疑心態的比例也有顯著增加。溫蒂．藍（Wendy Rahn）的研究也證實嬰兒潮一代的信賴感不如上一代，X世紀的信賴感又低於嬰兒潮一代[54]。

美國各族裔的信賴度各不相同，其中非裔美國人的信賴度最低——八〇．九%的黑人認為他人不可信賴（白人五一．二%），六〇．六%的黑人認為其他人不公平（白人為三一．五%）[55]。拉丁美洲裔的信賴度比黑人高，亞洲裔更高。老人的信賴度比年輕人高，有宗教信仰的人比沒有信仰的人高，但基本教義派比主流教派低。信賴度與收入有關，與教育程度的關係更密切：大專以上的人對世界的看法較和善[56]。最後一點，鄉居的人比大都會的人信賴度高。

信賴本身不能算是一種美德，而是美德的副產品，當人們能夠分享誠實與互惠的原則進而彼此合作時，信賴感便油然而生。過度的自私與投機都會損害信賴感，自私的程度很難衡量，但美國人確實愈來愈相信人們變得自私。社會學家沃夫的「中產階級道德研究」深入訪問很多民眾，發現絕大多數美國人都相信「現代人比二十年前自私」[57]。另外一項研究「社會概況調查」（General Social Survey，GSS）探討的是公平與助人的問題。從一九七二到九四年，民眾對「他人是否公平」的觀感略為下滑，是否樂於助人則沒有明顯變化。但另一項針對美國中學高年級學生的調查顯示從一九七六到九五年，學生對人們是否值得信賴、公平、樂於助人的觀感都是下滑的[58]。

公民社會：美國

帕特南收集了洋洋灑灑的資料證明美國的組織參與情形在走下坡，除了上面引述的資料外，還包括從童子軍到親師會（PTA）的組織參與調查、各種縱向研究的資料、時間利用情形的詳細調查等。帕特南發現，許多傳統組織的成員都減少了，GSS的問卷調查也顯示，從一九七四年到一九九〇年代中，組織參與人數減少了四分之一。

探討帕特南的觀點應先確定一個重點：各組織成員的聯繫方式很不同，亦即前面提到的不同的「信賴範圍」。譬如香菸公司可能會組織起來遊說國會降低貨物稅，但另外有一種組織是建立在某種信念上的，例如在貧困社區興建住宅的住者有其屋組織，一般人大概不會把這兩種組織混為一談。菸業遊說團也是社會資本的一種，也能達到合作的目的，但我們總認為其參與者主要是受到金錢的激勵，在共同的利益之外恐怕很難找到合作的動機。住者有其屋組織則較有共同的價值觀，這些價值觀可以延伸到組織以外的人，也就可以創造整體的社會資本。近年來代表各種利益的遊說團體確實成長不少，但成員之間能建立多少合作關係卻很值得懷疑。

一般人的道德判斷會認為菸業遊說團體與住者有其屋組織有很大的不同，前者也不諱言其目的是促進廠商的利益。有些人認為，民主政治裡重要利益團體都有權爭取政治上的發言權。不過，這顯然有其黑暗面：透過政治獻金購買政治影響力可能導致選民對民主政治產生懷疑。經濟學家歐爾森（Mancur Olson）便認為，利益團體增多會導致追求地產收益及其他有害經濟成長的寄生行為[59]。住者有其屋組織（Habit for Humanity）的目的並不是追求組織的擴大或政府的補助，而純粹是為窮人提供可負擔的住屋。其實這兩種組織都是現代社會所需要的，但一個社會若是各種商業利益團體遠大於公益組織，人們對健全公民社會的定義有很大的不同。有些人認為美國公民社會正在式微，我想首先應該就這兩種組織作區別。

康乃狄克大學的萊德（Everett Ladd）主持洛普研究多年，在所著的《萊德報告》（*The Ladd Report*）裡幾乎全面駁斥帕特南的資料[60]。首先，他指出帕特南未計入新成立的團體，以美國的廣闊與多元，這當然是很艱鉅的工作。他指出一些很明顯的例子佐證，例如，帕特南指出美國參與親師會的人數在一九六二年為一千兩百一十萬人，到一九八二年劇減為五百三十萬人，之後又略為增加。三十年裡，參與人數與公立學校學生的比率穩定下降[61]。萊德指出，這個現象並不是因為父母不關心孩子，而是多數人轉而參與父母與老師組織（Parent-teacher-organization，PTO）。PTO的特色是不必將會費交到一個全國性組織，與教師工作的關係較疏遠，整體而言，組織性質較不正式。根據萊德的調查，在多數地區親師會的數目約降到同類組織的四分之一。事實上，過去三十年來父母對孩子教育的參與程度可能是穩定提高，這一點也可以從父母參與學校活動的調查得到印證。

其他類型的組織也有相似的情形，例如會員全數為男性「動物」的組織減少很多，類似愛滋支持團體則在十年裡爆增，詳細數字則難以估計。現在的美國小孩已不流行打棒球，而是改踢足球，但以運動為主的社交活動是否因此減少則很難說。

也有人嘗試統計民間組織的數量，根據一九四九年美國商業部估計，非營利性商業組織、女性團體、工作、民間服務團體、午餐俱樂部、各式專業團體總共有二十萬一千個[62]。另外塞拉蒙（Lester Salamon）也做過調查，估計到一九八九年美國有一百一十四萬個非營利性組織，膨脹速度較總人口成長率高出許多[63]。在現代社會裡要詳實計算每一個民間組織幾乎是不可能，洋基市一項研究便發現，在人口一萬七千人的地區裡竟然有多達二萬二千個組織[64]。此外，科技的變遷也會改變組織的形式，例如一九九〇年代個人電腦大量普及後來興起許多線上討論組織、聊天室、電子郵件，這些非正式的組織要如何計算[65]？

GSS資料並未直接指向團體會員數的減少，而是針對特定組織提出特定疑問，包括工作、專業組織、嗜好團體、運動俱樂部、兄弟會、教會團體等。從中很難找出普遍的趨勢，例如工作數目是減少了，專業組織則是增加[66]。其他資料也顯示民間組織參與比以前更踴躍，例如一九九八年美國廣播公司及華盛頓郵報的調查發現，一九八四年回答一年內做過志工的人是四四％，到一九九七年提高到五五％。另一項調查詢問受訪者是否參與過慈善或社會服務活動，一九七七年回答是的人有二六％，一九九五年劇增至五四％。沃夫（Alan Wolfe）訪問美國中產階級發現，受訪者常低估自己的參與程度，似乎認為嗜好團體、社交團體及其他較不嚴肅的組織都不能稱為社會組織。例如，很多受訪者認為一般人愈來愈沒有時間從事志工，其實自己參與各式各樣的社會活動[67]。此外，多數人參與的不只是社會性或互助會式的組織，更有宗教的色彩。比較值得注意的是社會信賴度與組織參與的脫節[68]，例如一項美國中學高年級生的調查顯示，學生參與社區事務與志工的比例增加，信賴度卻降低[69]。

信賴度：其他已開發國家

美國以外的國家很難找到資料證明過去一九四〇年來信賴度的降低，只有一項價值觀的調查橫跨數國，亦即密西根大學英格哈特（Ronald Inglehart）主導的全球價值觀調查。只可惜這項調查只集中在三個年度——一九八一、一九九〇與一九九五年（本書撰寫時一九九五的資料尚無法取得）。每個國家只有兩個年度的資料，實在很難看出所謂的趨勢。除了價值觀以外，犯罪、家庭等的重大改變都發生在一九六五到一九八一年間。

儘管資料有限，若只注意全球價值觀調查關於信賴度的部分，會發現其他國家的發展與美國差異不大[70]。這方面主要調查的問題有二：一是對主要社會機構的信賴度，二是道德觀的問題。容我再說一次，信賴感是社會道德規範的副產品。如果人們普遍採行較低的道德規範——較願意受賄、計程車亂收費、報稅時做假等——信賴他人的客觀標準自然較低，這與人們受訪的回答未必有直接關係。

全球價值觀調查涵蓋西方十四個已開發國家（包括美國），結果顯示在一九八一年到一九九〇年間，多數國家的人民對多數機構的信賴度都降低[71]，奇怪的是，只有媒體與大企業享有較高的信賴度。值得注意的是，絕大多數國家的人民對傳統權威的信賴度都降低了，諸如教會、軍隊、司法體系、警察等[72]。調查中也問到道德價值的問題，如受訪者是否會接受不屬於自己的利益、搭乘公共運輸工具而不付錢、逃漏稅等[73]。在多數已開發國家裡，人們的道德標準似乎都降低了。

美國一向有反中央集權的傳統，人民對政府的信賴度自然比歐洲人低[74]。根據皮尤研究中心（Pew Research Center，PEW）的調查，一九九七年有五六％的美國人表示不信賴政府，歐洲受訪的五國平均為四五％。認為政府效率低落與浪費的人，美國與歐洲的比率是六四：五四。不過，歐洲人的觀念似乎愈來愈接近美國人。一九九一年認為政府太過控制人民生活的歐洲人占五三％，到九七年增加到六一％（同年美國為六四％）[75]。

這些改變方向大致符合英格哈特所謂的後物質主義（Postmaterialist）價值觀。依據英格哈特的說法，物質主義重視經濟與安穩，後物質主義則重視自由、自我表現與生活品質的改善。英格哈特採用了全球價值觀研究與歐盟的調查結果發現，歐洲多數國家從一九七〇年代就開始朝後物質主義演進，由於人們更熱衷參與政治並關心公共政策，這樣的改變對民主政治的品質提升應該有幫助。

不過，英格哈特的資料也可能引發不同的解讀。他的用語「物質主義」與「後物質主義」便可能產生誤導[76]，似乎前一種人只知自私關心自己的經濟與需求，後一種人則關心社會主義、環保等大議題。另一種解讀的角度是：第一種人較願意順從各種社會機構的權威，包括警察、企業、教會等。第二種人則較注重個人主義，強調個人的權利勝於社會。當然，個人主義是現代民主的基石，但過度的個人主義卻可能稀釋社會的凝聚力而對民主有害。由此觀之，後物質主義的出現可能是某種社會資本的減少。

公民社會：其他已開發國家

檢視各國組織參與的情形也是與美國相去不遠——人們對重要機構的信賴度降低，個人行為也顯示道德標準降低，但組織參與率卻提高了。

第一個力主公民社會正在全球蔓延的人是塞拉蒙（Lester Salamon），他主持一項研究計畫追蹤這方面的趨勢[77]。他認為一場「自發結社革命」正在全球展開，對二十世紀後半的社會政治發展有重大影響，足以與十九世紀民族國家的興起相提並論[78]。塞拉蒙提出詳盡的資料證明歐美的非政府組織數量大增：「法國民間組織的數量也快速膨脹，單是一九八九年成立的組織就超過五萬四千個，相較之下一九六〇年代每年不過一萬到一萬二千個。從一九八〇到八六年，英國慈善機構的總收入估計增加了二二一%。最近的統計數字是英國有大約二十七萬五千個慈善團體，其收入占國民生產毛額的四%以上。」[79]不僅歐洲的非營利組織數量激增，在第三世界也是急速成長。[80]

我們有很多理由對塞拉蒙的說法表示懷疑。首先他所說的新組織多是正式的非營利機構，這些機構通常都是努力取得法律上的公司身分。也許全球確實有從非正式組織走向正式組織的趨勢，但公民社會是這兩者的總和，總和是否增加卻是一個問號。其次，塞拉蒙所說的組織很多是超大型官僚組織——大學、醫院、實驗室、教室基金會等。在國稅局的分類上這些或許都屬於非營利事業，實質上與政府官僚體系或營利企業卻沒有太大不同。事實是很多國家都逐漸將政府的功能轉移給「第三類」組織，自然造成組織數量爆增。這些組織並非自發成立的，而是政府催生出來的，可以說是政府機構的延伸[81]。

其次，塞拉蒙的資料也讓人質疑。前面詳細探討過帕特南報告的爭議，以美國資料如此豐富的國家而言，我們仍很難斷言公民社會究竟是增加、減少或有增有減。同樣的情況也出現在其他國家，光是知道有多少新組織成立還不夠，更要探討消失的組織數、組織參與的趨勢為何、社會生活的品質如何等[82]。

但我們也有充分的理由相信，其他已開發國家的志願組織總數至少沒有減少，甚至在很多地方有全面增加的現象。全球價值觀調查詢問受訪者下列問題：是否參與教會、政黨、工作、社福機構，一年內是否為這些機構做過義工。結果呈現兩種截然不同的發展，有些組織如商會或社區行動團體在多數國家都是減少的，教育、藝術、人權、環保等組織則是增加。從事義工的時數大致反映同樣的趨勢，除了少年工作以外，多數國家各種義工的參與時間都是增加的。

已開發國家過去三十年的價值觀變化是大斷裂的重要面向，相關資料卻不太多。在信賴度、價值觀、公民社會三方面西方各國的狀況不盡相同，但還是可以看出某種整體趨勢。第一個趨勢是對機構的信賴度降低，尤其是具威權色彩的傳統機構，如警察、軍隊、教會等。其次是個人行為的道德標準降低：以一九九〇年與一九八一年相較，在多數國家裡自認會做出不誠實行為的人愈來愈多。上述兩種趨勢在美國也都看得到。

另一方面，多數國家的民間組織數與參與人數都有增加的趨勢。同樣的，各國的情形不盡相同，組織的類型也時有變遷。值得注意的是，雖然人們對機構的信賴度降低，個人行為的道德標準也每況愈下，在某些方面似乎並不影響人們參與組織的熱誠[83]。

美國的情形還是比較特殊：人們對機構的信賴度最低，但參與組織與從事義工的人口比率卻是最高。

根據我們能取得的有限資料來看，亞洲已開發國家與西方差異不大。日本與韓國是全球價值觀調查裡唯一兩個高所得的亞洲國家，兩國人民對機構的信賴度都呈現下降。日本的整體道德觀和愛爾蘭、西班牙一樣提高，韓國的資料並不完整。至於組織參與方面，則看不出明顯的趨勢：日本的情形是下降（尤其是商會參與人數），韓國則是增加（尤其是宗教組織）。

總結

大斷裂的特色是犯罪與社會脫序現象增加，家庭與親屬對社會凝聚力的貢獻減少，社會信賴度降低等。這些改變從一九六〇年代開始在許多已開發國家出現，與一九六〇年代以前相較變化的速度非常驚人。在行為模式方面可以看到一些共同的趨勢：日韓同樣是犯罪率與家庭崩解率較低，但社會信賴度降低；拉丁天主教國家（如義大利、西班牙）則是家庭崩解率相對較低，但生育率降到極低。我們當然也可以採取其他標準來衡量社會資本的增減，這裡所運用的標準顯示出社會失序問題的惡化，接下來要探討的是這些問題為什麼會發生。

註釋

1 Jane Jacobs, *The Death and Life of Great American Cities* (New York: Vintage Books, 1992), pp. 29–54.

2 Ibid., pp. 38–39.

3 關於高度現代化都市主義造成的傷害，頗有趣的討論可見於 James C. Scott, Seeing *Like a State: How Certain Schemes to Improve the Human Conditions Have Failed* (New Haven, Conn.: Yale University Press, 1998), pp. 132–139.

4 參見 Robert E. Park, "Community Organization and Juvenile Delinquency," in Ernest W. Burgess, Park, and Roderick D. McKenzie, eds., *The City* (Chicago: University of Chicago Press, 1925), pp. 99–112. 此外，犯罪學家約翰·布萊特懷特（John Braithwaite）強調他所謂「明恥整合理論」（reintegrative shaming）作為犯罪控制方法的重要性。社群會透過汙名化或以其為恥的方式，來對於違反社群規範者表達否定。明恥整合出現於社群願意接受偏差者回到群體中，倘若偏差者願意表達對自身行為的罪惡感或懺悔。根據布萊特懷特的說法，

再整合可以避免被汙名化的偏差者們發展出自身的犯罪次文化。日本就是個主要的範例：相較於其他已開發國家，日本的犯罪率極低，這並不是靠強硬的警力而達成，而是透過非正式的社會壓力要求人們遵守社群規範。社群其他成員主動干涉，對於有道德地重新安置犯罪者一事付出巨大努力，一旦此情發生，個人便可受到歡迎且回到正常的社會生活。John Braithwaite, Crime, *Shame, and Reintegration* (Cambridge: Cambridge University Press, 1989).

5 Robert J. Sampson, Stephen W. Raudenbush, and Felton Earls, "Neighborhoods and Violent Crime: A Multilevel Study of Collective Efficacy," *Science* 277 (1997): 918– 924.

6 參見 Erich Buchholz, "Reasons for the Low Rate of Crime in the German Democratic Republic," *Crime and Social Justice* 29 (1986): 26–42.

7 James Q. Wilson, *Thinking About Crime*, rev. ed. (New York: Vintage Books, 1983), p. 15.

8 George Kelling and Catherine Coles, *Fixing Broken Windows: Restoring Order and Reducing Crime in Our Communities* (New York: Free Press, 1996), pp. 14–22.

9 Ibid., p. 47.

10 Wesley G. Skogan, *Disorder and Decline: Crime and the Spiral of Decay in American Neighborhoods* (New York: Free Press, 1990).

11 自從 Dane Archer and Rosemary Gartner 出版 *Violence and Crime in Cross-National Perspective* (New Haven, Conn.: Yale University Press, 1984) 以後，已開發國家犯罪數據比較的彙編相對稀少。關於其他的調查，可參見 Antoinette D. Viccica, "World Crime Trends," International Journal of Offender Therapy 24 (1980): 270–277.

12 關於國際犯罪比較的方法論問題，參見 James Lynch, "Crime in International Perspective," in James Q. Wilson and Joan Petersilia, eds., *Crime* (San Francisco: ICS Press, 1995), pp. 11–38.

13 W. S. Wilson Huang, "Are International Murder Data Valid and Reliable? Some Evidence to Support the Use of

Interpol Data," *International Journal of Comparative and Applied Criminal Justice* 17 (1993): 77–89.

14 參見 U.S. Department of Justice, Bureau of Justice Statistics, *Criminal Victimization*, 1973–95 (Washington, D.C.: U.S. Government Printing Office, 1997).

15 近來一項針對十四個已開發國家的研究，乃是 Jan J. M. Van Dijk and Pat Mayhew, *Experiences of Crime Across the World* (Deventer, Netherland: Kluwer, 1991).

16 Pat Mayhew and Philip White, *The 1996 International Crime Victimisation Survey*, Home Office Research and Statistics Directorate Research Findings No. 57 (London: Research and Statistics Directorate, 1997).

17 第二個方法論問題與犯罪的跨文化比較有關。不同的社會對於犯罪的定義也有所不同。即便是在謀殺案方面，國際刑警組織（Interpol）數據仍將謀殺未遂納入其謀殺案數據，但美國卻沒有。「謀殺」（murder）和「殺人」（homicide）有時被認為是同類，有時候卻不是；有些國家的警方會把不雅行為與其他暴力犯罪放在同類，但有些則不會。就算是在同一個社會中，犯罪的定義也可能隨著時間而改變。此情況在性犯罪問題上尤其是如此，例如強暴或者兒童虐待，不同社會的規範差異極大。在今天的美國，一個人可能會被以約會強暴起訴，但同樣的狀況若發生在三十年前，他就不會被起訴。相同定義的犯罪類型也可能有跨國性的差異，荷蘭的財產犯罪若與美國相比，則前者腳踏車偷竊的比例遠高於汽車偷竊或偷竊行為，原因只是因為荷蘭有比較多的腳踏車。

由於犯罪定義經常有所歧異，有一個犯罪學派主張，所謂犯罪只不過是該社會的主宰菁英選擇其標籤化為犯罪的東西，對某個群體而言是正常的事情，對另一群體來說卻是偏差。此觀點暗含於蘇哲蘭（Edwin Sutherland）對於犯罪行為的解釋，他認為犯罪行為的出現來自於傾向違法的「定義過多」，此觀點也繼續透過所謂的犯罪學標籤理論學派而存在。在此說法之下，執法變成某種壓迫性的文化歧視。自從保守分子在一九六〇、七〇年代將犯罪變成一個政治議題，許多自由分子便加以回應，並運用涂爾幹觀點主張「偏差是正常的」，也就是說，沒有一個社會是沒有犯罪、沒有偏差行為的。其主張是，在維多利亞時代的社會以及一九五〇年代的美國郊區，各種卑鄙的犯罪行為實層出不窮，所以回顧這些時期而將之視為某種黃金時代，只不過是一種懷舊作法罷了。

針對文化偏見的問題有兩個不同的答案。第一個答案比較狹隘、技術性。研究顯示，國際數據組應該彼此一致。如果兩個社會的犯罪定義有別，或同一社會在不同時段的犯罪定義不同，那麼在進行特別犯罪類型的特殊原因或矯正的細節研究時，這些類別顯然必須區分。然而，只要這些分類在使用上始終是一致的，這就應該不會影響趨勢的數據。第二個答案比較廣，犯罪是否僅是針對少數或邊緣人汙名化的偏見作為，這樣的議題當然不能適用於此處討論的廣大社會現象。全世界沒有任何一個社會——已開發的社會尤其不可能——會把殺人或竊取財產視為合理、合法。隨著時間推演，人們確實對於更高程度的犯罪或偏差行為的容忍度提高，但這並不代表社會混亂減少了，反之，這是另一個「定低偏差」（defining deviancy down）的案例。

參見 W. S. Wilson Huang, "Assessing Indicators of Crime Among International Crime Data Series," *Criminal Justice Policy Review* 3 (1989): 28–48; Piers Beirne, "Cultural Relativism and Comparative Criminology," *Contemporary Crises* 7 (1983): 371– 391; Gregory C. Leavitt, "Relativism and Cross-Cultural Criminology: A Critical Analysis," *Journal of Research in Crime and Delinquency* 27 (1990): 5–29; Edwin Sutherland and Donald Cressy, *Criminology* (Philadelphia: Lippincott, 1970); Frank Tannenbaum, *Crime and the Community* (New York: Columbia University Press, 1938); Howard S. Becker, *Outsiders: Studies in the Sociology of Deviance* (Glencoe, Ill.: Free Press, 1963).

18 Ted Robert Gurr, "Contemporary Crime in Historical Perspective: A Comparative Study of London, Stockholm, and Sydney," *Annals of the North American Academy of Political and Social Science* 434 (1977): 114–136.

19 W. S. Wilson Huang, "Are International Murder Data Valid?"

20 James S. Coleman, *Foundations of Social Theory* (Cambridge, Mass.: Harvard University Press, 1990), p. 300.

21 一九九五年，美國私營部門當中雇員低於二十人的公司大約占一九・五%。Small Business Administration, Office of Advocacy, Small Business Answer Card 1998.

22 總生育率所指的是，每位女性——若受到當年不同生育年齡群體特徵的影響——在生育年齡期間當中的平均生育數。參見 Appendix for sources of data.

23 這部分的分析，我需要將功勞歸諸於艾柏斯達（Nicholas Eberstadt），並可參見他的文章 Nicholas Eberstadt, "World Population Implosion?" *Public Interest*, no. 129 (Fall 1997): 3–22.

24 Nicholas Eberstadt, "Asia Tomorrow, Gray and Male," *National Interest*, no. 53 (Fall 1998): 56–65.

25 關於這段時期，可參見 Michael S. Teitelbaum and Jay M. Winter, *The Fear of Population Decline* (Orlando, Fla.: Academic Press, 1985).

26 David Popenoe, *Disturbing the Nest: Family Change and Decline in Modern Societies* (New York: Aldine de Gruyter, 1988), p. 34.

27 Sara McLanahan and Lynne Casper, "Growing Diversity and Inequality in the American Family," in Reynolds Farley, ed., *State of the Union: America in the 1990s, vol. 2: Social Trends* (New York: Russell Sage Foundation, 1995).

28 William J. Goode, *World Change in Divorce Patterns* (New Haven, Conn.: Yale University Press, 1993), p. 54. 時至今日，有些羅馬天主教國家如智利仍未將離婚合法化。（編按：智利於二〇〇四年通過離婚法。）

29 U.S. Bureau of the Census, *Statistical Abstract of the United States* (Washington, D.C.: U.S. Government Printing Office, 1996), Table 98, p. 79.

30 Ibid.

31 U.S. Department of Health and Human Services, Centers for Disease Control, *National Vital Statistics Report* 47, no. 4 (Washington, D.C.: USHHS, October 7, 1998), p. 15.

32 但是，這些變遷只是讓比率又回到一九八〇年代初期的狀況。Stephanie J. Ventura, Sally C. Curtin, and T.

J. Matthews, "Teenage Births in the United States: National and State Trends, 1990–96," *National Vital Statistics System* (Washington, D.C.: National Center for Health Statistics, U.S. Department of Health and Human Services, 1998).

33 例子可參見 McLanahan and Casper, "Growing Diversity," p. 11.

34 Ibid.

35 U.S. Department of Health and Human Services, *Report to Congress on Out-of-Wedlock Childbearing* (Hyattsville, Md.: U.S. Government Printing Office, 1995), p. 70; Larry L. Bumpass and James A. Sweet, "National Estimates of Cohabitation," *Demography* 26 (1989): 615–625.

36 McLanahan and Casper, "Growing Diversity," p. 15. 瑞典的統計數字是根據與瑞典健康與社會事務部的社會服務處（Swedish Ministry of Health and Social Affairs, Division for Social Services）之個人通訊。

37 Louis Roussel, *La famille incertaine* (Paris: Editions Odile Jacob, 1989).

38 Richard F. Tomasson, "Modern Sweden: The Declining Importance of Marriage," Scandinavian Review (1998): 83–89.

39 Elise F. Jones, Teenage Pregnancy in *Industrialized Countries* (New Haven, Conn.: Yale University Press, 1986).

40 這些數據是屬於美國的。Larry L. Bumpass and James A. Sweet, "National Estimates of Cohabitation," *Demography* 26 (1989): 615–625.

41 即便是處理與家庭暴力相關的年齡、教育、收入等因素之控制，這個狀況依然是真確的。參見 Jan E. Stets, "Cohabiting and Marital Aggression: The Role of Social Isolation, "*Journal of Marriage and the Family* 53 (1991): 669-680.

42 Popenoe, *Disturbing the Nest*, p. 174; Ailsa Burns and Cath Scott, *Mother-Headed Families and Why They Have Increased* (Hillsdale, N.J.: Erlbaum, 1994), p. 26.

43 Sara McLanahan and Gary Sandefur, *Growing Up with a Single Parent: What Hurts, What Helps* (Cambridge, Mass.: Harvard University Press, 1994), p. 2.

44 David Popenoe, *Life Without Father: Compelling New Evidence That Fatherhood and Marriage Are Indispensable for the Good of Children and Society* (New York: Free Press, 1996), p. 86. Andrew Cherlin 指出，即便假設這個比較是可靠的，由於離婚所造成的家庭破裂比例，仍然是高於任何歷史經驗中其他原因所造成的家庭瓦解。Andrew J. Cherlin, *Marriage, Divorce, Remarriage*, 2d ed. (Cambridge, Mass.: Harvard University Press, 1992), p. 25.

45 Popenoe, *Life Without Father*, pp. 151–152.

46 Goode, *World Change*, p. 35.

47 Ralf Dahrendorf, *Life Chances: Approaches to Social and Political Theory* (Chicago: University of Chicago, 1979).

48 此觀點受到約翰・布萊翰姆（John Brehm）與溫蒂・藍所進行的一項研究所支持，此研究是根據「社會概況調查」之數據，顯示公民參與是有效預測信任等級的一項要素。Wendy Rahn and John Brehm, “Individual-Level Evidence for the Causes and Consequences of Social Capital,” *American Journal of Political Science* 41 (1997): 999–1023.

49 關於這一點，可以參見我這本書的第一章，*Trust: The Social Virtues and the Creation of Prosperity* (New York: Free Press, 1995). 亦可參見 Diego Gambetta, Trust: Making and Breaking Cooperative Relations (Oxford: Blackwell, 1988). 669–680.

50 關於本問題的整體分析，可參見 Joseph S. Nye, Jr., ed., *Why People Don't Trust Government* (Cambridge, Mass.: Harvard University Press, 1997).

51 Karlyn Bowman and Everett C. Ladd, *What's Wrong: A Survey of American Satisfaction and Complaint* (Washington: AEI Press and the Roper Center for Public Opinion Re- search, 1998), Table 5-20.

52 *American Enterprise* (Nov–Dec. 1993), pp. 94–95.

53 Ladd and Bowman, *What's Wrong*, Tables 6-1 to 6-23.

54 Wendy Rahn and John Transue, "Social Trust and Value Change: The Decline of Social Capital in American Youth, 1976–1995," unpublished paper, 1997.

55 Tom W. Smith, "Factors Relating to Misanthropy in Contemporary American Society," *Social Science Research* 26 (1997): 170–196.

56 Ibid., pp. 191–193.

57 Alan Wolfe, *One Nation, After All* (New York: Viking, 1998), p. 231.

58 Rahn and Transue, "Social Trust."

59 Mancur Olson, *The Rise and Decline of Nations* (New Haven, Conn.: Yale University Press, 1982).

60 Everett C. Ladd, *The Ladd Report* (New York: Free Press, 1999). 更早的版本則出版為 Ladd, "The Data Just Don't Show Erosion of America's 'Social Capital,'" *Public Perspective* (1996); and Everett C. Ladd, "The Myth of Moral Decline," *Responsive Community* 4 (1993–94): 52–68.

61 Robert D. Putnam, "Bowling Alone: America's Declining Social Capital," *Journal of Democracy* 6 (1995): 65–78.

62 Calvert J. Judkins, *National Associations of the United States* (Washington, D.C.: U.S. Department of Commerce, 1949). 我感謝 Marcella Rey 於此處與他處的團體成員衡量之參考資料，參見 Marcella Rey, "Pieces to the Associa- tion Puzzle" (paper presented at the annual meeting of the Association for Research on Nonprofit Organizations and Voluntary Action, November 1998).

63 Lester M. Salamon, *America's Nonprofit Sector* (New York: Foundation Center, 1992).

64 W. Lloyd Warner, J. O. Low, Paul S. Lunt, and Leo Srole, *Yankee City* (New Haven, Conn.: Yale University Press, 1963).

65 除了計算這類團體數量的困難之外，要衡量它們所造成之關係的素質，也有許多複雜的問題。帕特南不重視諸多新興利益團體，認定這只是「成員團體」。但萊德挑戰這個觀點，萊德指出，在大型環保組織如大自然保護協會（Nature Conservancy）或「世界自然基金會」（World Wildlife Fund）當中不只有成員制，這些團體成員所組成的關係，早就已經超出寫張年費支票的程度。萊德點出某份研究呈現，光是某一環保組織的某一地方分會，便贊助了無數的登山、腳踏車之旅、背包旅行課程等等活動，這些活動理當會培養人際關係，而且對於社會資本具有外溢效應。

66 National Opinion Research Center (NORC), *General Social Survey* (Chicago: NORC, various editions).「社會概況調查」首次是於一九七二年進行，其餘的年分包括以下：1973–1978, 1980, 1982, 1983–1993, 1994, 1996, and 1998.

67 Wolfe, *One Nation*, pp. 250–259.

68 Rahn and Transue, "Social Trust."

69 Pew Research Center for the People and the Press, *Trust and Citizen Engagement in Metropolitan Philadelphia: A Case Study* (Washington, D.C.: Pew Research Center, 1997). 這項研究顯示，費城人顯然彼此不信任。光是費城本身（相對於本項研究也涵蓋的郊區鄉鎮），只有二八%的受訪者表示「大多數人是可以信任的」，卻有六七%的受訪者認為「小心為上策」，大約與社會概況調查等的大型調查結果一致。與全國性調查相同，人們對於大型組織機構有極高的不信任感：關於公共學校、地區報紙、市政府與地方政府，還有華盛頓的聯邦政府，只有不到二〇%的受訪者表示會相信它們。另一方面，尚有證據顯示出高度的公民參與：六〇%的受訪者過去數年曾志願參加某些組織，四九%的受訪者則是過去數個月之間曾志願參加；四九%的人曾經與同事合作解決共同的問題，三〇%的人曾經與民選官員接觸過。雖然這些比率低於全國平均，然並沒有公民不參與之證據。

70 全球價值觀調查曾經問過一個問題：「整體而言，你認為多數人是可以信任的，或者你認為防人之心絕不可無？」這可以跟 Roper、社會概況調查以及其他美國的調查相比較。令人訝異的是，在一九八一至一九九〇年間，許多工業化國家的人民信任程度是上升的，在西方的工業化國家裡，只有英國、法國、西班牙三國的信任度下降。關於美國方面的資料，則與社會概況調查等其他數據不一致，後者顯示美國此時期的信任度驟降。根據社會概況調查的數據顯示，在一九八〇至一九九年間，美國人的整體信任度從四四．三％降至三八．四％。

71 這些國家包括美國、比利時、英國、加拿大、丹麥、芬蘭、法國、愛爾蘭、義大利、荷蘭、挪威、西班牙、瑞典，以及前西德。

72 亦可參見 Ronald Inglehart, "Postmaterialist Values and the Erosion of Institutional Authority," in Nye (1997), pp. 217–236.

73 結論排除了許多與道德價值相關的問題，這些問題與整體社會信任的關係是可疑或者薄弱的，其包括受訪者是否吸食大麻，或受訪者是否反對同性戀或墮胎。

74 Putnam, "Bowling Alone" 一文主張，信任度與公民社會的密度兩者具有交互作用。倘若我們將組織信任度與人際信任度納入考量，這種交互作用其實非常微弱，且此種交互作用的說法完全不適用於美國。全球價值調查確認了一項常被宣稱的事實，那就是天主教國家——尤其是拉丁語系天主教國家如法國、義大利、西班牙——的整體社會信任度低於歐洲北部地區的新教國家。同時，這些國家群的志願參與組織程度較為低落，這是統一官僚國家之下政治中央集權化的歷史所致。另一方面，美國的志願參與率較其餘工業化國家為高，但是美國的整體社會信任度卻低於一些歐洲國家，而且，美國對機構不信任度遠高於歐洲國家。

75 Pew Research Center for the People and the Press, *Deconstructing Distrust: How Americans View Government* (Washington, D.C.: Pew Research Center, 1998), pp. 53–54.

76 Ronald Inglehart and Paul R. Abramson, *Value Change in Global Perspective* (Ann Arbor: University of Michigan Press, 1995); 亦可參見 Inglehart, *Modernization and Post- modernization: Cultural, Economic, and Political*

Change in 43 Societies (Princeton, N.J.: Princeton University Press, 1997).

77 參見 Lester M. Salamon and Helmut K. Anheier, *The Emerging Sector: An Overview* (Baltimore: Johns Hopkins Institute for Policy Studies, 1994); and Lester M. Salamon, "The Rise of the Nonprofit Sector," Foreign Affairs 73 (1994): 109–122.

78 Lester M. Salamon, *Partners in Public Service: Government-Nonprofit Relations in the Mod- ern Welfare State* (Baltimore: John Hopkins University Press, 1995), p. 243.

79 Ibid., p. 246.

80 Ibid., p. 247.

81 舉例說明，我曾為蘭德公司工作多年，蘭德公司是由美國空軍建立於一九四八年的一間私營、非營利智庫，其研究與國家安全相關的議題。根據塞拉蒙的定義，蘭德公司可以算是美國公民社會的一部分，但是這樣的歸類頗不合理，因為蘭德公司的大量工作都是在美國國防部或軍方部門的契約下所進行。這項研究是由準自主性的非營利組織所從事，因此在人員、研究主題、免於政治壓力方面，它能夠有多一點的彈性，然在理論上可說該研究是直接由聯邦政府所進行。同樣的道理也能套用於，由美國國家科學基金會（National Science Foundation）、衛生研究院（National Institutes of Health）、國防部贊助的所有非營利研究中心。

82 已開發世界中嚴重的衡量問題，如今也是第三世界國家如印度或菲律賓的嚴重問題，塞拉蒙（一九九四）也表示，有一項組織性革命正在發生。在這類社會之中，外國研究者比較可能習得與新興、西方非政府組織相關的事情，因為這是與外在世界的接觸點；但是對於各個新興非政府組織來說，有多少傳統的村落網絡、家族或部落消失了呢？

83 參見 Francis Fukuyama, "Falling Tide: Global Trends and United States Civil Society," *Harvard International Review* 20 (1997): 60–64.

CHAPTER 3

第三章

原因探討：傳統論點

大斷裂所呈現的社會變遷既如前一章所敘述的如此廣泛，其原因自是錯綜複雜。然而，眾多社會指標會同時期在各工業國家出現，使我們的分析工作可以略為簡化，尋找較一般性的原因，去除單一國家特有的因素。

有些學者就大斷裂的所有層面提出廣泛解釋，有些則是就個別層面分別探討原因，下文將一一介紹。我對這些理論作者的不同評價，文中也會順帶提到。

美國例外論

首先要探討的是大斷裂究竟有無發生。很多歐洲人會認為社會秩序敗壞是美國特有的現象，這些極端的社會病態歐洲多半能免疫。正如前一章的資料所顯示的，美國一向有較高的離婚率、犯罪率、不公不義等社會弊病，同時卻也有較優越的經濟成長、科技創新及較稠密的公民社會[1]。在暴力犯罪方面美國確實是特例，殺人、強暴、重傷害都是已開發國家之冠。美國的殺人罪比率更是比歐洲、日本高出許多，紐約市的殺人案件一度比整個英國或日本還多[2]。

如果說大斷裂只發生在美國，我們不免認為這與美國特有的歷史文化有關，包括從一九六〇年代開始的越戰、水門事件、雷根主義等。莫頓（Robert K. Merton）與李普賽（Seymour Martin Lipset）寫過很多文章，深入探討美國文化中特別容易造成家庭破裂、犯罪與社會亂象的因素，如反中央集權、敵視權威、對經濟流通的期望等[3]。此外，美國的少數民族比其他已開發國家都多，對統計數字也會造成影響。以美國非拉丁裔的白人為例，他們非婚生子比率在歐洲只是中等。

美國例外論即使再合情合理都無法回答一個問題：為何很多已開發國家從一九六〇年代開始同時出現離婚率、非婚生子比率、犯罪率、不信任度提高的現象。事實上，很多歐洲國家的家庭崩解與犯罪指標都比美國增加快速（只是開始的基礎較低）[4]。足證這些改變並不是源於美國特有的因素，而是西方已開發國家共同的問題。

其實若從更廣泛的指標來看，美國也非如此特異。多數北歐國家的非婚生子比率都高於美國，其他英語國家如英、加、紐的比率與美國相去不遠。犯罪率也是一樣的情形。犯罪學家林區（James Lynch）指出，以一九八八及一九九二年的嚴重金錢犯罪而言，澳洲的竊案比率比美國高出四〇％，加拿大高出一二％，英國與威爾斯三〇％。美國的金錢犯罪率在一九九〇年代呈現下降，歐洲同類犯罪率比美國高的國家數反而增加。一般人多以為美國的刑法制度懲罰意味最重，其實不然。美國個人入監比率相當高，相對的其犯罪類型也最暴力。美國特定犯罪的監禁比率與殺人罪刑期並沒有特別高，有些情況下甚至還較其他國家低。

美國特有而歐洲沒有的是廣大的低下階層，這個階層與工人階級涇渭分明，長期過著貧窮的生活，特徵是暴力犯罪、吸毒、失業、教育程度低落、家庭不健全。歐洲也有低下階層，多見於城市邊緣，尤其是第三世界移民集中的地方。不過，歐洲的貧民區比美國有秩序，且多屬於結構性質而非文化性質[5]。

一般原因

一般解釋大斷裂現象至少有四種論點：第一，是源於日益惡化的貧窮與收入不均問題，第二，則相反地認為是源於財富的增加，第三，是現代福利國家的產物，第四認為是因為廣泛的文化變遷，包括宗教的衰微、重視個人滿足甚至社會責任等。

依我所見，這些觀點都不足以單獨解釋一九六五年以來社會規範的快速變遷。這些改變都有深刻的價值根源，因而必須追溯到第一章敘述的文化廣泛改變。然而這又產生另一個疑問：這些文化價值的改變為什麼不是更早或更晚發生？就性與家庭規範而言，我認為可分析出兩個因素。第一，是從工業經濟走向資訊經濟所產生的勞動市場的質變，第二，是一簡單的科技發明：避孕藥。這兩項因素將在後面兩章分別討論。

解釋一：貧窮與不公造成大斷裂

每個人都會同意，家庭破裂、貧窮、犯罪、不信賴、社會分裂、吸毒、教育程度低落等都與社會資本貧乏有關。然而，經濟與文化因素究竟何者為因、何者為果？卻使左右兩派陷入高度意識形態的爭辯。左派認為犯罪、家庭破裂、不信賴導因於社會缺少就業機會、教育資源缺乏及普遍的經濟不公。很多學者可能還會加上種族主義與歧視少數民族兩項因果。這派觀點推究下去，往往變成呼籲美國效法歐洲的福利國家政策，保障窮人的工作與收入，並認為美國家庭問題的惡化是因為福利措施不夠現代化[6]。

但別忘了這兒所說的是人類歷史上最富有的國家，如果這些廣泛社會規範的改變是源於這些富國的經濟匱乏，豈非費解？美國窮人的生活水準絕對比過去幾代的美國人都高，每人平均財富更高於第三世界的人。二十世紀最後三十年間美國並沒有變窮，從一九六五年到一九九五年個人平均收入從一四・七九二提高到二五・六一五美元（以定值美元計），個人消費支出也從九・二五七提高到一七・四〇三[7]。貧戶的比率經一九六〇年代遽減後又略回升，但上升的幅度不足以解釋大量增加的社會失序行為（參見圖3.1）。

擁護經濟成因說的一派認為，貧窮的絕對程度並不是問題的根源。整體而言，現代社會是比以前富有，但財富不均、經濟變動或失業問題都造成社會的失能。但我們

圖 3.1　美國官方的貧戶統計，1959-1994

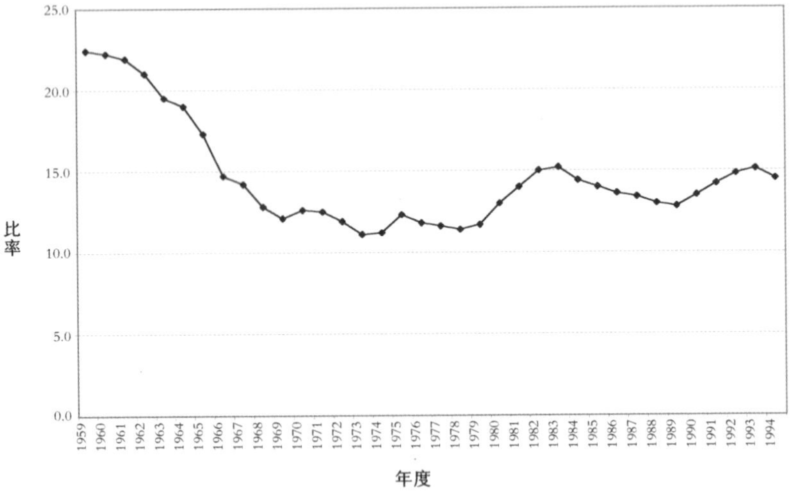

資料來源：美國人口調查局，一九九七年美國統計資料摘要，472頁。

以家庭的崩解問題為例，稍微看看離婚率與非婚生子比率的統計數字就會發現上述論點是錯的。很多OECD國家都努力透過社會福利增進經濟的公平，但資料顯示這方面的努力與家庭穩定無必然關係，反倒與非婚生子比率有點關係，似乎證實了美國保守黨的說法——福利制度不能解決家庭崩解的問題，反而是幫兇。瑞典、丹麥等北歐國家經濟是很平等的，國內生產總值（GDP）有一半以上是經政府產生的，但這裡的非婚生子比率也是最高的[8]。相較之下，美國政府產生的國內生產總值不到三〇％，經濟較不平等，但非婚生子比率較低。日、韓給窮人的福利極少，離婚率與非婚生子比率卻比其他OECD國家低得多[9]。

不過，在福利制度較周全的國家，家庭不健全與貧窮的關係較微弱。例如美國單親家庭貧窮比率比其他OECD福利國家要高，顯示經濟補貼確實可發揮效用[10]。這樣的資料讓很多歐洲人相信，是福利制度讓他們免除了美國式的社會問題。

但再仔細研讀資料會發現，福利制度還是無法解決深層的社會問題。這些國家只是以政府取代父親照顧妻子兒女的角色，亦即人類學家泰格（Lionel Tiger）所謂的「官僚婚姻制（bureaugamy）」[11]。福利制度無法消除家庭崩解的社會成本，只是將成本由個人轉嫁到納稅人、消費者與失業者。何況政府也不能完全取代父親，父親的功能不只是提供生活資源，在子女社會化與受教育的過程更扮演重要的角色。很多歐洲福利國家到一九九〇年代都遭遇嚴重經濟問題，幾乎所有國家的失業率都穩定上升。比較特殊的例子是日本，他們並沒有深層的家庭崩解問題，後面會專章討論日本的情形。

犯罪率的情形也約略相當。在民主國家，很多政治人物與選民都認為貧窮與不公是犯罪的根源，福利制度與貧民補貼則是合理的解決方案。很多證據顯示所得不均與犯罪確有一定的關係[12]，但這不足以解釋西方社會犯罪率的快速攀升。一九六〇到一九九〇年代並沒有經濟蕭條問題可引起犯罪率的大幅提高，事實上，美國戰後的犯罪率上升波段始於完全就業與經濟繁榮的時期（三十年代美國大蕭條時期暴力犯罪反而減少）。之後美國的所得差距確實擴大了，但西方其他收入較平均的國家犯罪率同樣提高了。美國的犯罪率一直高於瑞典，這或許可以美國的經濟不均來解釋，卻無法解釋為何同時期瑞典的犯罪率也跟著提高。一九九〇年代美國人的所得差距持續擴大，但犯罪率卻是降低的，足見這段期間兩者呈現負向關係。

貧窮也與低信賴度有關。但美國大斷裂期間貧戶比率並未廣泛增加，因此貧窮無法解釋這時期信賴度降低的現象。更何況美國貧戶究竟是少數，如何能解釋廣大的美國民眾為何對機構與其他人愈來愈不信任。不過，經濟情勢的動盪與所得差距的擴大確實可能使人們愈來愈憤世嫉俗。大斷裂期間美國人親身經歷了經濟的不安定感。一九七〇年代發生多次石油與通貨膨脹危機，一九八〇年代初發生製造業重鎮的嚴重蕭條，海外競爭使國內喪失很多工作機會，一九九〇年代初美國企業流行瘦身，想在大企業終老成為不可能的夢想[13]。

沃夫的訪問可以幫助我們了解經濟變動如何減低信賴度。與歐洲的情況相反，美國人多不認為所得差距本身是不公平的或代表社會制度不公。多數受訪者都能理解企業為了維持競爭力而瘦身，對只求守著工作與福利而不思提升生產力的工作反而不諒解。但他們也批評激烈的競爭使職場忠誠度愈來愈低，以及那些削減員工薪資卻慷慨獎賞自己的大老闆[14]。一九九〇年代的企業變得更精簡也更殘酷，職場的忠誠度變得更分散。在這個兼職、臨時職、顧問、跳槽風氣鼎盛的新時代，人們有較多但卻薄弱的職業網絡。

解釋二：大斷裂源於財富與安全感

第二個解釋與第一個恰恰相反，認為社會價值的改變不是源於貧窮與不公，而是因為財富的增加。持這項論點的代表人物之一是民調專家楊克羅維奇（Daniel Yankelovich），他從一九五〇年代開始便廣泛追蹤各種民意走向，涵蓋社會取向到個人主義價值[15]。另一位支持者英格哈特提出所謂「後物質主義價值觀」，認為人們滿足基本經濟需求後會更上層樓，進而衍生出不同的價值觀。

楊克羅維奇提出三階段的「富裕效應」。第一階段，人們剛開始富有，對過去的經濟不安定餘悸猶存，仍憂心生存問題而無暇顧及自我表達、個人成長、自我滿足的層次。第二階段，人們已習慣富裕生活，變得較放縱自己，比較不願意為子孫犧牲但較樂於冒險。家庭崩解與社會失序可能都出現在這個階段。最後，人們年老後發現富裕生活未必永遠不變，開始做長遠的思考。楊氏認為很多美國人都是在一九九一至九二年的蕭條時期達到第三階段，這或許可以解釋一九九〇年代社會失序的原因。

表面上看來這套理論比貧窮具說服力，家庭崩解、犯罪率提高、信賴度降低等問題發生期間，上述國家確實都在穩定累積財富。此外，在ＯＥＣＤ國家，價值觀的變化與所得高低有密切的關係。富國（美、加、北歐諸國）社會崩解的程度超過窮國（葡萄牙、愛爾蘭、西班牙）。一般人理所當然會認為，隨著所得提高，家庭與社會中人們互倚互存的聯繫自然會減弱，因為人們靠自己的力量也可以過得不錯。在經濟困頓時，拋棄家人朋友可能使對方陷入貧困，人們也比較謹慎護衛小小的利益，而不願為了眼前的滿足而冒險。

上述觀點似乎言之成理，但細思之下還是不夠周全。首先，大斷裂時期行為改變最大的，通常是最不富有的一群。以美國為例，低收入的非裔美人最不可能將一九六〇年代創造的經濟成果視為理所當然，然而，其後數十年社會規範最徹底瓦解的卻也是這群人。一九九一至九二年的經濟衰退雖讓人們感到不安全，但因為時甚短，實不足以解釋一九九〇年代保守價值的抬頭。如果說經濟繁榮與價值觀改變有關，也絕不是緊密相連到立即看得到影響。也就是說，個人主義不會隨著短暫的經濟循環上下起伏，財富對價值觀的影響至少要歷時一代以上才能看到。

解釋三：大斷裂源於錯誤的政策

提出第三種解釋的多屬保守派人士，一般以默里（Charles Murray）的著作《迷失之地》（*Losing Grounds*）為代表，在他之前經濟學家貝克（Gary Becker）也提出類似觀點。這套解釋恰反映出左派的標準觀點：認為福利制度提供了不當的誘因，導致家庭崩解與犯罪率提高[16]。美國最主要的福利措施——蕭條時期依賴兒童家庭補助——以貧窮的單親媽媽為對象，形同懲罰結婚的婦女[17]。一九九六年這項福利被廢除，部分原因就是上述不當誘因論的推波助瀾[18]。

同樣的，很多保守派人士認為犯罪率提高是刑罰太輕的結果。貝克認為犯罪可視為理性選擇的一種形式：當犯罪的報酬提高或成本（即懲罰）降低時，犯罪率就會提高，反之亦然[19]。很多保守派人士認為，一九六〇年代犯罪率開始上升就是因為社會太縱容，法律體制形同「討好罪犯」。同樣的道理，一九九〇年代犯罪率會降低是因為一九八〇年代全美實施嚴格的措施——包括加重刑罰、增建監獄、增加警察巡邏等。一九九七年美國監禁率是一九八五年的兩倍，一九七五年的三倍[20]。一九九〇年代犯罪率下降與罪犯遭監禁而無法再犯很有關係[21]。威爾森（James Q. Wilson）認為，一九九〇年代美國犯罪率下降幅度大於英國是嚴刑重罰的結果[22]。除了嚴刑重罰之外，美國警察採取新的社區巡邏制度應該也發揮了相當的影響。

社會福利確實創造了經濟學家所謂的「道德風險」（moral hazard），減低人們的工作意願[23]。至於社會福利對家庭結構的影響則比較不易釐清，從資料上看來，默里所說的社會福利導致家庭崩解似乎比較站得住腳。右派人士的看法恰恰相反，以瑞典、丹麥等福利周全的國家與日本等低福利的國家相較，前者的非婚生子比率顯然高得多。不過這個觀察很容易反駁，例如美國的福利不及德國，但非婚生子比率較高。即使在美國境內不同的州或不同時期做比較，社會福利與非婚生子比率的關係也並不一致[24]。美國社會福利一直維持很穩定，到一九八〇年代開始下降，但直到一九九〇年代中期家庭崩解的速度並未減緩[25]。一位分析師認為，美國家庭崩解的案例中，能歸因於社會福利政策的恐怕不到一五％[26]。

保守派論點最大的漏洞是過度強調非婚生子比率的重要性，忽略了家庭崩解的其他因素還包括生育率降低、離婚、同居不婚及同居分離等。在美國及其他國家，非婚生子比率主要與貧窮有關。但離婚與同居等現象則較常見於中上階層，而這兩個現象的產生，很難歸諸政府的政策失當（唯一可責難的大概是法律使離婚變得很容易）。

警政的進步與刑罰的改變可能與一九九〇年代犯罪率下降有關，但一九六〇年代犯罪率遽升很難歸因於警察的縱容。一九六〇年代美國透過一系列高等法院判例保障犯罪被告的權益，但警政單位很快就找出方法擺脫法院的限制。最近很多犯罪學理論皆認為，犯罪傾向與早年未能學習社會化與衝動控制有關。並不是說罪犯不會理性判斷是否值得冒被處罰的危險，而是說罪犯在受罰的陰影下會去犯罪的傾向深受成長過程的影響。要了解犯罪為何突然提高，刑罰的輕重恐怕不是主要的重點，而更應探討同時期扮演中介角色的社會機構（家庭、鄰里、學校）的演變，以及整個文化傳遞給年輕人的訊息。

解釋四：大斷裂源於廣泛的文化變遷

文化因素大概是四種解釋中最具說服力的。個人主義抬頭與社區控制的式微必然對家庭、性行為、守法意願有很大的影響。我們不否認文化是一個因素，發生的時機卻很難解釋：文化的演變通常都很緩慢，為什麼在一九六〇年代中以後突然快速改變？

就英、美而言，社區能發揮最大社會控制力的時期，應該是十九世紀最後三十年的維多利亞時期，當時人們普遍接受的家庭典範是以婚姻組成的父權家庭，青少年性行為也受到嚴格控制。改變這些價值觀的文化軌跡可分三層理解。最頂端是抽象觀念的層次，哲學家、科學家、藝術家、學者（間或摻雜一些騙子）奠立文化變遷的知識基礎；其次是大眾文化的層次，複雜的抽象觀念化為簡單的版本，透過書籍、報紙、傳媒傳遞給更廣泛的民眾。最後是實際行為的層次，新的規範不再停留在抽象觀念或一般認知，而是落實在民眾的日常行為中。

維多利亞時代價值觀的衰微可追溯到十九世紀末二十世紀初的知識發展，以及一九四〇年代開始的第二波思潮。在最高的思想層次上，西方理性主義開始自我顛覆，否認有任何理性基礎可支撐普遍性的行為規範。最具代表的人物首推現代相對主義之父尼采。尼采宣稱，人類——臉頰紅潤的禽獸——是善於創造價值的動物，不同文化所述說的「善與惡的語言」是意志的產物，與真理或理智無涉。啟蒙運動並未釐清是非道德的真相，反而突顯出人類道德觀念的反覆無常。另有些人假託自然或上帝為終極價值，終究也只是暴露出此種價值創造者的個人意志。尼采說：「世界上沒有事實，只有解釋。」這句名言成為後世相對主義者在解構與後現代主義的旗幟下的基本原則。在社會科學方面，瓦解維多利亞時代價值觀的第一道勢力是心理學家。杜威（John Dewey）、詹姆斯（William James）、心理學行為學派之父華生（John Watson）一致認為，維多利亞與基督教的人性原罪觀念大有問題，維護社會秩序不一定要對人類行為進行嚴格的社會控制。行為學派認為人心如白紙，猶有待文化去填滿，也就是說，人類可以透過社會壓力與政策形塑。佛洛伊德及他所創立的心理分析學派也有很大的影響力，很多人因而相信精神官能症是因為性衝動受到過度的社會壓抑。事實上，心理分析的普及更是影響深遠，整個世代的人都習於大談性事，並且以性慾的壓抑解讀日常所有的心理問題。

上述學術思潮都有極複雜的內容，人們往往過度簡化。簡姆斯學派、行為學派及佛洛伊德學派對本能、文化與廣泛的人性本質都各有一套觀點。個別心理學派的影響或許重要，更重要的是心理學的興起本身便意義非凡。十九世紀的美國人（乃至歐洲人）並不太會為治療目的深入探索內在的情感，內省的目的是為了讓自己的思想行為更符合外在的規範，與廣大的社會有更和諧的關係。相反的，二十世紀的心理學被提升到重要地位，無形中讓人們可以更理直氣壯地追求個人的快樂與滿足。結果便出現了社會學家諾蘭（James Nolan）所謂的「治療型政府」（therapeutic state）[27]，亦即政府努力滿足人民的內在心理需求，提高其自我觀感。美國加州的公立學校曾推動「提升自尊運動」，讓學生不再因達不到標準而焦慮，進而提升自尊。這項運動其實也是遙遙呼應三十年前開始的學術潮流。

時序進入二十世紀，人類學成了高層次性觀念的另一個來源。哥倫比亞人類學家波亞士（Franz Boas）對早期社會達爾文主義的種族階級論大加抨擊，指責西方種族優越者不該批評其他原始文化。波亞士的學生米德（Margaret Mead）一九二八年出版《薩摩亞人的成年》（*Coming of Age in Samaoa*），直接運用文化相對論探討美國的性觀念。她指出，薩摩亞的女孩不像美國女孩受到清教徒與維多利亞思想影響，少女時期便可大方表現性吸引力。少了社會規範的壓迫，薩摩亞人比較不會苦於罪惡感、嫉妒、競爭壓力等[28]。米德除了寫書之外，還經常在《生活》（*Life*）雜誌寫專欄，在新興的廣播電視媒體露面，其影響力實不易評估。

在通俗文化方面，文化史學家柯利爾（James Lincoln Collier）認為，一九一二年前後是美國維多利亞式性規範開始瓦解的關鍵時期。這時期各式新舞步開始風行全國，上流社會婦女出現在舞廳也不再被投以異樣眼光；酒精消耗量增加；「爵士」一詞首度出現在印刷品，黑人流行音樂如散拍爵士（ragtime）及後來白人的迪克西蘭爵士樂（Dixieland）漸受歡迎；女性主義如火如荼展開；電影與現代大眾娛樂技術出現；以不斷推翻既有文化價值為根本的文學現代主義來勢洶洶；性觀念開始改變（就僅有的知識判斷）[29]。柯利爾認為，性革命雖發生在一九六〇年代，卻早在二十年代便由美國菁英層奠定學術與文化的基礎。受到大蕭條與戰爭的影響，新觀念未能更早普及社會大眾。不安定的時代下人們全神貫注在經濟與家庭生活，什麼自我表現或自我滿足都是奢談。

探討至此我們可以確定，大斷裂時期社會規範的改變顯然有其文化根源，問題是發生的時機與後來的加速改變要如何解釋。我們知道文化的改變通常很緩慢，速度絕不及經濟情勢、公共政策或觀念的改變。當文化規範快速改變時（就像走向現代化的第三世界國家），顯然都是受經濟改變所驅動，本身並不是自發變動的因素。

大斷裂也是一樣的：大斷裂開始時，維多利亞價值觀的崩解已經漸進發生了四、五十年，然後改變的速度突然之間大增。人們不太可能在二、三十年之間突然決定徹底改變婚姻、離婚、育兒、權威、社會等基本觀念，背後應該有更大的力量在推動。有些人認為文化的改變與美國歷史上的特定事件有關，如越戰、水門事件、一九六〇年代的反文化運動等，這其實是更嚴重的地區主義；若果真如此，從瑞典、挪威到紐西蘭、西班牙為什麼也都發生改變了？

如果上述整體性的理由無法解釋大斷裂的發生，我們必須探討個別的原因，看看它們彼此之間是否有關。

註釋

1 Seymour Martin Lipset, *American Exceptionalism: A Double-Edged Sword* (New York: W. W. Norton, 1995), pp. 46–51.

2 Ruth A. Ross and George C. S. Benson, "Criminal Justice from East to West," *Crime and Delinquency* (January 1979): 76–86.

3 例子可參見 Lipset, *American Exceptionalism*, and Robert K. Merton, "Social Structure and 'Anomie,'" American Sociological Review 33 (1938): 672–682. 這項主張近來被以另一種形式所重申，見於 Steven F. Messner and Richard Rosenfield, *Crime and the American Dream*, 2d ed. (Belmont, Calif.: Wadsworth, 1997). 與美國少數族群直接相關的犯罪來源，其論點可參見 Richard Cloward and Lloyd Ohlin, *Delinquency and Opportunity* (New York: Free Press, 1960).

4 Steven Stack, "Social Structure and Swedish Crime Rates: A Time-Series Analysis, 1950–1979," *Criminology* 20 (November 1982): 499–513.

5 關於犯罪率可參見 James Lynch, "Crime in International Perspective," in James Q. Wilson and Joan Petersilia, eds., *Crime* (San Francisco: ICS Press, 1995), pp. 16, 36–37. 關於海外的下層階級，參見 Cait Murphy, "Europe's Underclass," *National Interest*, no. 50 (1997): 49–55.

6 近年提出此主張者為 Derek Bok, *The State of the Nation: Government and the Quest for a Better Society* (Cambridge, Mass.: Harvard University Press, 1997); 亦可參見 Peter Flora and Jens Albert, "Modernization, Democratization, and the Development of Welfare States in Western Europe," in Peter Flora and Arnold J. Heidenheimer, eds., *The Development of the Welfare State in Europe and America* (New Brunswick, NJ: Transaction, 1987), pp. 37–80.

7 U.S. Bureau of Census, *Statistical Abstract of the United States*, 1996 (Washington, D.C.: U.S. Government Printing Office, 1996), p. 448.

8 David Popenoe, *Disturbing the Nest* (New York: Aldine de Gruyter, 1988), p. 156, 關於瑞典福利國家與家庭破裂兩者關係的調查。

9 日本並沒有推展消弭貧富的大型收入轉移計劃，但日本實際上保護許多低技術工作，其方式是限制競爭，並且為保有這類職位的公司提供好處。

10 Sara McLanahan and Lynne Casper, "Growing Diversity and Inequality in the American Family," in Reynolds Farley, ed., *State of the Union: America in the 1990s, vol. 2, Social Trends* (New York: Russell Sage Foundation, 1995), pp. 31–32.

11 Lionel Tiger, *The Decline of Males* (New York, Golden Books, 1999).

12 Judith R. Blau and Peter M. Blau, "The Cost of Inequality: Metropolitan Structure and Violent Crime," *American Sociological Review* 47 (1982): 114–129; Harvey Krahn, Timothy Hartnagel, and John W. Gartell, "Income Inequality and Homicide Rates: Cross- National Data and Criminological Theories," *Criminology* 24 (1986): 269–295; Rosemary Gartner, "The Victims of Homicide: A Temporal and Cross-National Comparison," *American*

Sociological Review 55 (1990): 92–106; Richard Rosenfeld, “The Social Sources of Homicide in Different Types of Societies,” *Sociological Forum* 6 (1991): 51–70.

13 聯結經濟不平等與犯罪的理論也很混亂：在極大的社會如美國中，那些底層的人們真的會與頂端的人們（例如透過看電視）相比較嗎？或者，底層的人是與他們在附近區域或當地看見的人們相比較？是絕對貧窮會導致人們犯罪，抑或是相對貧窮呢？倘若是相對貧窮，哪一種相對性剝削是最重要的呢？更多討論可參見 Ineke Haen Marshall and Chris E. Marshall, “Toward a Refinement of Purpose in Comparative Criminological Research: Research Site Selection in Focus,” *International Journal of Comparative and Applied Criminal Justice* 7 (1983): 89–97; Harvey Krahn et al., “Income Inequality and Homicide Rates: Cross-National Data and Criminological Theories,” Criminology 24 (1986): 269–295; W. Lawrence Neuman and Ronald J. Berger, “Competing Perspectives on Cross-National Crime: An Evaluation of Theory and Evidence,” Sociological Quarterly 29 (1988): 281–313; Steven F. Messner, “Income Inequality and Murder Rates: Some Cross-National Findings,” *Comparative Social Research* 3 (1980): 185–198; and Charles R. Tittle, “Social Class and Criminal Behavior: A Critique of the Theoretical Foundation,” *Social Forces* 62 (1983): 334–358.

14 Alan Wolfe, One Nation, *After All* (New York: Viking, 1998), pp. 234–250.

15 參見 Daniel Yankelovich, “How Changes in the Economy are Reshaping American Values,” in Henry J. Aaron and Thomas Mann, eds., *Values and Public Policy* (Washington, D.C.: Brookings Institution, 1994).

16 這個論點最初提出於 Charles Murray, *Losing Ground* (New York: Basic Books, 1984). 更早之前，貝克在其著作中也曾提出此點，見 Gary Becker, *A Treatise on the Family* (Cambridge, Mass.: Harvard University Press, 1981).

17 這種不將結婚婦女納入資格的作法，在許多州終結於一九八〇年代，尤其是一九八八年家庭支持法案（Family Support Act）通過之後。參見 Gary Bryner, *Politics and Public Morality: The Great American Welfare*

Reform Debate (New York: W. W. Norton, 1998), pp. 73–76.

18 關於福利改革措施的敘述，可參見 Rebecca M. Blank, “Policy Watch: The 1996 Welfare Reform,” *Journal of Economic Perspectives* 11 (1997): 169–177.

19 Gary S. Becker, “Crime and Punishment: An Economic Approach,” *Journal of Political Economy* 76 (1968): 169–217.

20 “Defeating the Bad Guys,” *Economist*, October 3, 1998, pp. 35–38.

21 於此根據的是與美國司法部的司法統計局官員的個人面談。

22 James Q. Wilson, “Criminal Justice in England and America,” *Public Interest* (1997): 3–14.

23 關於此議題的研究可見於 Robert Moffitt, “Incentive Effects of the United States Welfare System: A Review,” *Journal of Economic Literature* 30 (1992):1–61.

24 在一項福利與非婚生二者關係的現有經驗性研究之調查中，默里本人點出，在一九七〇年代中期以後——實際的平均受益等級開始漸低——兩者關係是微弱的，且黑人族群的減弱情況高於白人。參見 Charles Murray, “Welfare and the Family: The United States Experience,” *Journal of Labor Economics* 11 (January 1993): S224–262.

25 如何計算福利受益的整體價值一事——例如在「失依兒童家庭補助」（AFDC）之外要不要納入聯邦醫療保險（Medicaid）的隱性價值——使得這個問題變得更加複雜。參見 Moffitt, “Incentive Effects”; Robert Moffitt, “The Effect of the United States Welfare System on Marital Status,” *Journal of Public Economics* 41 (1990): 101–124; Greg J. Duncan and Saul D. Hoffman, “Welfare Benefits, Economic Opportunities, and Out-of-Wedlock Births Among Black Teenage Girls,” *Demography* 27 (1990): 519–535; Robert D. Plotnick, “Welfare and Out-of-Wedlock Child- bearing: Evidence from the 1980s,” Journal of Marriage and the Family 52 (1990): 735–746.

26 參見 William A. Galston, “Beyond the Murphy Brown Debate: Ideas for Family Policy” (speech to the Institute for

American Values, Family Policy Symposium, New York, 1993); and Mark R. Rosenzweig and Kenneth J. Wolpin, "Parental and Public Transfers to Young Women and Their Children," *American Economic Review* 84 (1994): 1195–1212.

27 James L. Nolan, *The Therapeutic State: Justifying Government at Century's End* (New York: NYU Press, 1998).

28 Margaret Mead, *Coming of Age in Samoa: A Psychological Study of Primitive Youth for Western Civilisation* (New York: William Morrow, 1928).

29 James L. Collier, *The Rise of Selfishness in America* (New York: Oxford University Press, 1991), pp. 141–142.

CHAPTER 4

第四章

原因探討：人口、經濟與文化

犯罪率為何提高？

如果犯罪率提高不單純是警政通報制度改善的結果，有很多問題便值得探討。第一，犯罪率為何在一九六〇年代末到一九八〇年代間急遽增加且遍及眾多國家？美國與一些西方國家的犯罪率後來為何又開始下降？亞洲已開發國家為何能獨免於此模式？

第一個最直接的解釋可能和離婚率的原因一樣，純粹與人口有關。犯罪率最高的大概都是十四到二十五歲的年輕男性，這當然與男性天生的暴力侵略基因有關。這也表示每當生育率增高時，十四到二十五年後犯罪率便會增高[1]。以美國為例，五十到六十年間這個年齡層的男性人口增加了二百萬人，其後十年又增加了一千二百萬人——以這樣的大軍來襲有人比喻為野蠻人入侵[2]。年輕人口增多不只增加潛在犯罪人口，所形成的次文化更會以加倍反抗權威的形式出現。要了解年齡對犯罪率的影響，我們可拿犯罪案件數與年輕男性人口數比較（而非總人口）。如此一來，圖2.1與2.2的上升與下降曲線都會顯得較平緩。美國在嬰兒潮時期生育率增加速度高於其他已開發國家，這可能是美國一九六〇年代到一九九〇年代犯罪率較高的部分原因[3]。紐西蘭戰後生育率急速上升，一九七〇年代到一九八〇年代間金錢犯罪案件數也是大增。

但嬰兒潮還不足以解釋一九六〇年代和一九七〇年代犯罪率提升的問題。一位犯罪學家估計，美國殺人罪增加比率比單從人口結構估計要高出十倍[4]。且年齡與犯罪的關係也並不適用於所有的州。[5]

第二派解釋認為犯罪率與現代化及相關現象有關——都市化、人口集中、犯罪機會增加等。想當然爾大都市發生汽車竊案與一般竊案較鄉村多，因為歹徒在都市較容易找到汽車與無人在家的房子。一九四〇年代亨利．蕭（Henry Shaw）與馬凱（Clifford McKay）提出犯罪生態理論[6]，晚近則有斯塔克（Rodney Stark），他們都認為犯罪與特定環境有關——如人口稠密都會區、住商綜合區、人口流動較高的地區等[7]。這類環境多是經濟現代化的結果，也就是說，隨著人們逐漸由鄉村移到都市，犯罪率的提高是可以預見的。

這套觀點很難解釋已開發國家的犯罪率為何在一九六〇年代後大增，在此之前這些國家多已是工業化、都市化的社會，一九六五年並未發生鄉村到都市的突然性大遷徙。在美國，南方殺人案的比率遠高於北方，而北方無疑是都市化程度較高、人口較稠密的。專家觀察認為，南方高犯罪率的原因與文化的關係大於生態環境[8]。日、韓、香港、新加坡是世界上人口最擁擠的都市社會，但犯罪率並未隨著都市化而提高。珍．雅各認為犯罪率與「街上監督的眼睛數」成反比，依照這個說法，都市環境——擁擠的人行道、住商綜合區——應該有豐富的社會資本可維持低犯罪率。也就是說，影響犯罪率較重要的環境因素應該是社會環境——同樣的街道會隨著移入者的不同而敗壞或更新。於是我們又回到社會資本的觀點——犯罪率的增減與一地區的社會資本有關。

第三種犯罪率的解釋有一個學名叫「社會異質性」（social heterogeneity）[9]，意指很多社會的犯罪多集中在少數族裔，因此隨著社會的種族多元化（幾乎所有西方已開發國家都是如此），犯罪率的提高是必然的。犯罪學家克勞渥（Richard Cloward）與奧林（Lloyd Ohlin）認為[10]，少數族裔犯罪率較高是因為缺少暢通的社會上升管道。但有時候純粹是異質性的問題：一個社區若是在文化、語言、宗教、民族各方面太多元，成員確實很難和諧共處。最後一點，上升管道不暢通的少數族裔不見得犯罪率都很高，有時候高犯罪率可能只是反映社區的特有文化。

以社會異質性來解釋歐洲的犯罪率可能比美國適合。美國因新移民的加入（尤其是來自拉丁美洲與亞洲）而愈來愈異質化，但移民的犯罪率並不比本國人高多少，事實上從一九六〇年代之後無論本國人或外來移民的犯罪率都同步提高。歐洲人便是認為外來移民造成犯罪率大增，在右翼團體（例如：法國極右派政黨國民聯盟（Front National）及德國共和黨）的推波助瀾下煽起不少反移民情書，事實上，歐洲的本國人犯罪率同樣提高了[11]。

造成犯罪率居高不下的另一個因素是毒品。單是考量嬰兒潮時期出生者的年齡，理論上從一九八〇年代末開始犯罪率應該開始下降（就像離婚率一樣），而不應該遲至一九九〇年代才下降。一個解釋是美國在一九八〇年代中引進古柯鹼，之後古柯鹼的市場一直維持很穩定[12]。不過這不能解釋犯罪率最初為何劇增，只能說明犯罪率為何居高不下。

上述解釋既然都不夠周延，我們只好回頭探討大斷裂的其他層面，尤其是家庭結構的改變。當前美國犯罪學的主流學派認為，童年的社會化影響成長後的犯罪傾向甚鉅。也就是說，多數人並不是如理性抉擇派所說的，隨時在衡量犯罪的報酬與風險，然後決定要不要犯罪。絕大多數人會遵守法律是出於早年養成的習慣，反之，多數犯罪者都是未能學習基本自制力而一再觸犯法令。通常他們的犯行不是出於理性考量，而是衝動之下未能考量後果。

持上述論點的代表人物是犯罪學家葛魯克夫婦（Sheldon and Eleanor Glueck），他們將研究結束整理成《青少年犯罪研究》（*Unraveling Juvenile Delinquency*）[13]。他們以波士頓一貧窮地區的一群男孩為研究對象，追蹤到他們長大成人，探討為何有些會犯罪，有些人卻過著有意義的生活。研究發現少年長大後仍有各種問題——再度犯罪、婚姻失敗、酗酒或吸毒、工作不穩定等。由此可見自制力低落與早年的生活習性有關，而這正是家庭所能提供的最重要的社會資本。

犯罪學家赫胥（Travis Hirshi）與高弗森（Michael Gottfredson）也持相似觀點，認為探討犯罪問題的重點應該是「一生的犯罪軌跡」而非單一犯行，因為犯罪者一生的行為模式受到童年的社會化教育影響[14]。另外，洛柏（Rolf Loeber）與史托漢莫洛柏（Magda Stouhamer-Loeber）曾就家庭與犯罪的關係做過深入研究，結論與一般人的觀念相吻合：父母的疏忽、親子衝突、父母本身行為不當、婚姻衝突、父母不在身邊等都會影響孩子將來的犯罪傾向[15]。

葛魯克的資料在一九九〇年代又被桑普森與勞伯（John Laub）拿出來分析，發現早年未成功社會化的人，長大後的犯罪傾向與「各年齡層的非正式社會控制」很有關係[16]。他們的觀點與葛魯克及其他控制學派略有不同，認為之後的社會關係（學校、工作、同儕）也會影響一個人的犯罪傾向。也就是說，社會資本的重要來源不只是家庭，蘊藏在社區的社會資本也是不容忽視。當然，他們並未輕忽家庭與犯罪的基本關係，或否定家庭對維護社區社會資本的重要。

已開發國家的犯罪率在一九六五年後大增是否應歸咎於家庭崩解？這個論點似乎很合邏輯，事實也證明兩者有密切的關聯[17]。例如要理解貧窮與犯罪的關係時，家庭的崩解常是很重要的間接變數[18]：貧窮的家庭不只意味著因教育資源缺乏而遏阻就業機會，還可能缺少一個父親來鼓勵、教養孩子及作為孩子的角色典範。

但家庭崩解與犯罪率在統計上的關係並不是那麼一目了然，前者往往牽涉多種複雜的因素，如貧窮、學校較差、社區治安不佳等，在在都影響孩子的社會化過程[19]。這些因素很難完全分開探討，且各國情形互異。以瑞典為例，家庭以外的社區——鄰居、其他成年人、托兒中心人員、老師等對孩子社會化教育的影響便勝於美國。因此，孩子在單親家庭長大的負面影響可得以降低。

即使是美國也很難以家庭崩解來解釋一九六〇年代犯罪率為何驟增。如果說家庭崩解是犯罪增加的主因，發生的時間應該是離婚率與非婚生子比率上升之後的十五、二十年，理論上引領犯罪風潮的就是這些破碎家庭的孩子。實際情形是犯罪率、離婚率、非婚生子比率全部在同一段時間開始提高。一九六〇年代末、一九七〇年代初犯罪的年輕人約生於一九四五～一九六〇年間，正是戰後嬰兒潮發生，美國家庭趨於穩定的時期。顯然一九五〇年代的家庭發生了某些問題，使當時成長的一代格外無法抵擋誘惑。家庭崩解應當與一九九〇年初犯罪率高居不下有關，但探討大斷裂的開始，恐怕必須找出引發犯罪與家庭崩解的共同因素。

當然，犯罪率與家庭的關係是不容否定的，美國的情形尤甚於歐洲與日本。至於如何控制年輕人的侵略性格、野心與潛在暴力傾向，導引向安全而有意義的管道，這是每個社會都要面臨的關鍵問題[20]。在人類社會中這項任務幾乎都落在年長男性肩上，他們負責將侵略性儀式化，控制男性追求女性的方式，建立一套年輕男性的行為規範。這位年長男性可以是父親、兄長或親戚的長輩。在現代美國社會中則可能是海軍陸戰隊的教官，一個來自破碎家庭、失去方向的男孩，可能在教官的引領下變成懂得自律、生活有目標的成年人[21]。

家庭崩解與社會失序的關係在歐洲比較不明顯，我想不只是因為有良好的社會福利提供單親家庭一定的資源，也因為有更多男性長者協助年輕男性成長與社會化。這個長者角色可能是同居未婚的生父，有時則是鄰居、親戚、社區中其他人。歐洲社會的流動性與社經流動性都較低，社區的穩定性與同質性較高。依珍・雅各的說法，典型歐洲社區「街上監督的眼睛」比美國來得多。因此，歐洲的單親媽媽在撫育兒子時會得到較多的協助。

如果將犯罪率縮小到虐童案件，則家庭結構的改變與案件增加的關係便很明顯[22]。根據兒童保護基金會訪問專業人士，發現在一九八六年到一九九三年間[23]，嚴重受虐兒童數增加近四倍——以短短七年的時間而言，這是很驚人的。美國健康與人群服務部的調查結果比較沒有那麼驚人，但同樣顯示一九八〇到九三年間身體、性、情緒虐待案件都有大幅成長。媒體的煽情報導不免有誇大之嫌[24]，但我們有理由相信大斷裂時期虐童案件確實增加了。

從生物的觀點來看，離婚率與非婚生子比率的提高造成代理父母虐童事件增加是很自然的，尤其男性的主要興趣是與母親發生性關係，孩子不過是絆腳石。進化心理學家戴莉（Martin Daly）與威爾森（Margo Wilson）深入研究認為：「根據達爾文主義對父母動機的解讀可以做一準確的預言：替代父母對子女的照顧通常不及生父母周到。」[25]或許這也是為什麼幾乎世界各國都有類似灰姑娘的故事。在警政資料較完整的城市，兒童在替代父母照顧下被虐待的機率是生父母照顧下的十倍到一百倍。英國家庭教育基金會的研究結果也差不多：與生父母共住的孩子被虐待的機率約為平均數的一半，與單親媽媽住的孩子受虐機率是平均數的一．七到二．三倍，與母親及非親生父親同住者為二．八至五倍[26]。根據美國健康與人群服務部的研究，單親家庭的孩子受虐機率是雙親家庭孩子的一．七五倍，疏忽的機率是二．二倍[27]。有時候不只是孩子受災殃，連母親都飽受暴力之苦[28]。

兒童受虐問題與家庭收入及其他社經地位的衡量標準有關，上述研究都未透過精密的分析個別探討階級與家庭因素的相對影響。也就是說，兒童受虐問題常與貧窮有關。但值得注意的是，貧戶的比率常隨著經濟循環變動（至少在美國是如此），虐童案件大增期間也未相應出現貧戶大增的情形[29]。就像大斷裂的其他層面一樣，這方面的急遽變化很難以廣泛的經濟因素來解釋。

當然，世界上有很多慈愛的繼父母，疼愛子女不下於親生父母。親近血緣是人的天性，但只要人們願意，也有充分的能力與其他生命產生深厚的情感[30]。事實上，很多繼父母為了表示無私而格外付出更多心力。不過這時候可能造成另外的問題，例如繼父母可能自覺沒有權力像生父母一樣管教孩子，造成孩子間的距離[31]。

信賴度為何降低？

在探討信賴度、價值觀與公民社會時，首先要解讀兩種現象。第一，人們對機構與他人的信賴度為何普遍降低。第二，當人們共同接受的規範愈來愈少時，團體的成立數與公民社會的稠密度為何反而增加？

美國信賴度降低的問題引起很廣泛的討論。早期有帕特南提出電視的影響，第一個看電視長大的世代恰巧是信賴度降低最多的一代[32]。電視的性與暴力不但助長憤世心態，坐在家看電視也會減少人與人面對面互動的機會（美國人平均每天看電視四個小時以上）。

然而，信賴度降低是個廣泛而複雜的問題，電視應該只是眾多原因之一。美國民調中心的史密斯（Tom Smith）就信賴度做過多變數分析（見圖2.6），發現信賴度降低與眾多因素有關：包括社經地位較低、少數族群、創傷經驗、基本教義派、未參與主流教派、年齡層（如屬於嬰兒潮一代或X世代）。影響信賴度的創傷經驗可能是曾為犯罪者或健康不佳等。

上述因素有哪些是在一九六〇年代後發生重大變化，因而導致信賴度降低的？所有差距確擴大了一些，馬里蘭大學的尤斯蘭納（Eric Uslaner）認為這多少造成信賴度降低。貧戶的比率時有起伏，但整體而言在這段期間是增加的[33]。所謂中產階級的窘境（middle-class squeeze）並不代表絕大多數美國人的實質收入減少，而應該是收入無法增加。各種證據顯示，這個時期的經濟不穩定（從石油危機到裁員風潮）可能導致社會懷疑心態增高。

一九六五到九五年間犯罪率大幅提高，曾身受其害的人或一般人每天看到電視上觸目驚心的犯罪新聞，難免開始對世人產生戒心（雖然未必是對自己的親友）。由此看來，犯罪率是一九六五年後信賴度降低的重要理由，這項解釋也得到很多研究的支持[34]。

另一項造成創傷經驗的重大社會變遷是離婚率與家庭崩解的增加。依常識判斷，一個孩子若經歷過父母離異，或在單親家庭裡要與母親的眾多男友相處，不免對成人的世界產生懷疑，這一點確實反映在各種信賴度降低的調查中[35]。但根據史密斯的分析，離婚或單親家庭都不是重要的因素，還有很多間接因素要考量。例如家庭崩解與犯罪、貧窮都有關，而這兩者顯然都會醞釀憤世嫉俗的情緒。溫蒂・藍（Wendy Rahn）與川肅（John Transue）研究發現，沒有父親的孩子較容易傾向重視物質，而這又造成信賴度降低[36]。

宗教對信賴度的影響似乎正負面都有，基本教義派與不上教堂的人都比較不信賴他人。一般認為美國社會在過去三十年變得比較世俗化，但這主要是指公共領域，因為政教已有嚴格的分界。但在私的領域，看不出美國人的宗教信仰有大幅衰落的情形[37]。不過，社會世俗化的趨勢確實可能造成信賴度降低。弔詭的是，社會愈世俗，基本教義派教會似乎也愈來愈多。

年輕一輩的信賴度似乎也比老一輩低，但這不能解釋信賴度降低的問題，本身反而能探討為何年輕一輩較憤世嫉俗。從另一個角度來看，這顯示信賴度降低不只是某個年齡層或某個世代的特有現象——例如X世代便比嬰兒潮一代更互不信賴。

從統計數字來看，犯罪增加與經濟不安定確實使信賴度降低，家庭崩解可能也有負面的影響。然而，以上述實驗標準量化社會文化的改變總是略嫌粗糙，我們似乎也應考量質的改變。

社區萎縮現象

前面說人與人愈來愈缺少互信與共同的規範，但社團組織與組織成員卻是反向增加。這個現象可以有很多解釋，每一種解釋都與本書開宗明義揭櫫的當代社會最重要的改變有關，亦即個人主義的抬頭。美國公民社會的性質確實有了重大的改變，其他西方已開發國家可能也有類似的情形。問題是這些改變很難從量化的資料看出來，而必須從質的改變去探討，包括重要組織的性質、整個社會中人際互動的道德關係等。

為什麼社會信賴度降低，但組織參與率反而提高呢？解這個矛盾的最明顯理由是「信賴範圍」縮小。例如某一家人參與社區巡邏，原因是最近社區竊案突然增加。此巡邏組織正是托克維爾定義的公民養成所，一般也被視為公民社的新組織。成員之間透過互相合作建立社會資本。但別忘了，這個組織之所以成立是因為犯罪率提高，人們對社區外的廣大社會產生不信任感。如果公民社會的成長源於這類小範圍防衛性的團體，社會整體信賴度降低是可能預期的。

更糟糕的是人們可能會退化為偏執或侵略性團體，使廣大社會的信賴度嚴重降低。科幻小說家史蒂文森（Neal Stephenson）寫了一部黑色幽默小說叫《潰雪》（*Snow Crash*），描寫美國分化成無數獨立的封閉社區（burbclave），彼此的通行要使用護照。在現實世界，美國聯邦政府的威權範圍其實也已減少到最後幾棟破舊的政府大樓。黑人、中國人、新南非社區等各成一個小社會，彼此互不了解，甚至懷抱敵意。

當代美國還未淪落到小說描繪的地步，但似乎是朝那個方向演進。從各種調查資料來看，社會信賴範圍確實是逐步縮減，不只是美國，幾乎所有已開發國家都是如此。人們仍舊存在共同的規範與價值，參與組織的人數也愈來愈多，但組織的形態卻有很大的改變。多數大組織的權威都在降低，各式小組織在人們的生活上卻占據愈來愈重要的分量。人們不再自豪是大型工會、大企業或軍隊的一員，而是流行參加當地的有氧舞蹈班、新時代靈修團體、互助團體或網際網路聊天室。曾經是社會文化重鎮的國家教會也逐漸失去光環，人們勇於選擇自己的價值觀，習於與志同道合的小團體聯結。

這種小組織的趨勢反映在政治上則是利益團體的滋長。像德國基民黨或英國工黨這類大黨對所有議題都有一致的立場，雖然主要訴諸特定社會階層的支持，但政黨內部都努力統合社會各方面的利益。相對的，利益團體都是專注在個別議題上，如拯救雨林、推動中西部家禽業發展等。這類組織也許是跨國性的，但無論在議題或成員人數上都較不具權威。

根據沃夫（Alan Wolfe）訪問美國中產階級的結果，美國社會萎縮與道德低落的情形很明顯。沃夫指出，今天的美國並沒有真正的「文化戰爭」，不同團體不會爭得你死我活。除了墮胎與同性戀等特殊議題外，多數中產階級根本沒有對什麼事情抱持強烈的信念，至少沒有強烈到要強諸到他人身上，自然也就沒有發動文化戰爭的動機。沃夫的受訪者中很多都有宗教信仰，關心當前社會的道德衰微、重視社區和諧，對破壞和諧的人（如種族歧視或實行瘦身的企業）非常反感。但他們認為尊重他人的價值觀更重要，既無意將自身的宗教或道德觀加諸他人身上，更反對任何權威影響其生活自主權。

沃夫認為這種隨和的道德相對論終究是好的：代表自由主義的根本美德——寬容獲得最高的尊崇，從保障弱勢族群權益到女性主義到愛國主義的各種議題都有立足之地，也代表美國人的道德觀有很濃的實用主義色彩。有些保守的學術人士如克里斯托（Irving Kristol）與波克（Robert Bork）認為回歸宗教與道德正是多數美國人的願望。對此沃夫大加批評，他的第一個理由是：各種證據都顯示美國人只有在社會與秩序方面希望有正統權威的好處，卻不願為了這個目的犧牲一點點個人的自由。人們感嘆家庭價值的衰微，但反對修改無過失離婚制度。人們懷念舊式富人情味的雜貨店，卻著迷現代商店的低價與多樣。涂爾幹曾預言，現代社會中唯一將人們聯繫在一起的價值觀就是個人主義。看起來這項預言似乎會實現：人們最不能忍受的就是企圖將自己的道德觀強加諸他人身上的人[38]。

關於日常的道德對民主社會有何意義，此處姑且不論。可以確定的是，信賴度降低與公民社會擴充的衝突現象應與道德相對論有關。社會是建立在共同的價值上：這些價值愈具權威，擁護的人愈多，這個社會便愈強大，社會信賴度也愈高。然而，個人主義的抬頭導致對權威的全面質疑，尤其是掌握大權的傳統機構。

現代美國人（歐洲人也一樣）追求的目標往往相互矛盾。一方面對限制個人自由的任何權威都抱持懷疑，一方面又渴望社區的凝聚感與社區帶來的所有美好事物——彼此的肯定、參與、歸屬、身分認同等。然而這些東西必須從新的社區裡尋找，亦即各種較富彈性的小團體——人們可以重複參與不同的團體而不必忠於唯一，參與與退出的成本相對較低。如此，人們對社區凝聚感與自主的矛盾渴望或許可取得協調。不過，這種定義下的社區規模較小、凝聚力也較弱。不同的社區之間沒有太多交集，個別社區對參與者的約束力也很弱。人與人互信的圈子愈來愈小。大斷裂根本的價值觀變遷表現在道德個人主義的興起，及隨之產生的社區萎縮現象。

註釋

1 James Q. Wilson and Richard Herrnstein, *Crime and Human Nature* (New York: Simon & Schuster, 1985), pp. 104–147.

2 James Wilson, *Thinking About Crime*, rev. ed. (New York: Vintage Books, 1983), p. 20.

3 Glenn D. Deane, "Cross-National Comparison of Homicide: Age/Sex-Adjusted Rates Using the 1980s United States Homicide Experience as a Standard," *Journal of Quantitative Criminology* 3 (1987): 215–227.

4 Wilson, *Thinking About Crime*, p. 23.

5 Rosemary Gartner and Robert N. Parker, "Cross-National Evidence on Homicide and the Age Structure of the Population," *Social Forces* 69 (1990): 351–371. 亦參見 Robert G. Martin and Rand D. Conger, "A Comparison of Delinquency Trends: Japan and the United States," *Criminology* 18 (1980): 53–61.

6 Henry Shaw and Clifford McKay, *Juvenile Delinquency and Urban Areas* (Chicago: University of Chicago Press, 1942).

7 Rodney Stark, "A Theory of the Ecology of Crime," in Peter Cordella and Larry Siegel, *Readings in Contemporary Criminological Theory* (Boston: Northeastern University Press, 1996), pp. 128–142.

8 參見 Fox Butterfield, "Why America's Murder Rate Is So High," *New York Times*, July 26, 1998, p. WK1.

9 例子可參見 Henry B. Hansmann and John M. Quigley, "Population Heterogeneity and the Sociogenesis of Homicide," *Social Forces* 61 (1982): 206–224.

10 Richard Cloward and Lloyd Ohlin, *Delinquency and Opportunity* (New York: Free Press, 1960).

11 參 見 Matthew G. Yeager, "Immigrants and Criminality: Cross-National Review," *Criminal Justice Abstracts* 29 (1997): 143–171.

12 "Decline of Violent Crime Is Linked to Crack Market," *New York Times*, December 28, 1998, p. A16.

13 Eleanor Glueck and Sheldon Glueck, *Unraveling Juvenile Delinquency* (New York: Commonwealth Fund, 1950).

14 參見 Travis Hirschi and Michael Gottfredson, *A General Theory of Crime* (Stanford, Calif.: Stanford University Press, 1990), esp. p. 103.

15 Rolf Loeber and Magda Stouthamer-Loeber, "Family Factors as Correlates and Predictors of Juvenile Crime Conduct Problems and Delinquency," in Michael Tonry and Norval Morris, *Crime and Justice*, vol. 7 (Chicago: University of Chicago Press, 1986).

16 Robert J. Sampson and John H. Laub, *Crime in the Making: Pathways and Turning Points Through Life* (Cambridge, Mass.: Harvard University Press, 1993).

17 J. Rankin and J. E. Wells, "The Effect of Parental Attachments and Direct Controls on Delinquency," *Journal of Research in Crime and Delinquency* 27 (1990): 140–165; Ruth Seydlitz, "Complexity in the Relationships Among Direct and Indirect Parental Controls and Delinquency," *Youth and Society* 24 (1993): 243–275; J. E. Wells and J. H. Rankin, "Direct Parental Controls and Delinquency," *Criminology* 26 (1988): 263–285; Rosemary Gartner, "Family Stucture, Welfare Spending, and Child Homicide in Developed Democracies," *Journal of Marriage and the Family* 53 (1991): 231–240; Shlomo G. Shoham and Giora Rahav, "Family Parameters of Violent Prisoners," *Journal of Social Psychology* 127 (1987): 83–91.

18 Robert J. Sampson, "Urban Black Violence: The Effect of Male Joblessness and Family Disruption," *American Journal of Sociology* 93 (1987): 348–382.

19 Wilson and Herrnstein, *Crime*, pp. 213–218.

20 Robin Fox, *The Red Lamp of Incest*, rev. ed. (South Bend, Ind.: University of Notre Dame Press, 1983), p. 76.

21 Thomas E. Ricks, *Making the Corps* (New York: Scribners, 1997).

22 Children's Defense Fund, *The State of America's Children Yearbook 1997* (Washington, D.C.: Children's Defense

Fund), p. 52.

23 Andrea J. Sedlak and Diane D. Broadhurst, *Third National Incidence Study of Child Abuse and Neglect* (Washington, D.C.: U.S. Department of Health and Human Services, September 1996), p. 3-3.

24 此外，何謂虐待兒童的構成標準也隨著時間而有所改變。美國健康與人群服務部如今企圖納入的不只是肉體或性方面的虐待，還有「情緒虐待」，而後者乃是以難以精確著稱的侵犯類型。父母逐漸傾向減少身體的處罰，今日有一群兒童保護與兒童發展的專家們，認為打屁股等同於虐待兒童。美國有項調查發現，在一九八八至一九九年之間，受訪者之中會以打屁股作為管教小孩方式的父母比例，從六二%降到了四六%。參見 National Commission to Prevent Child Abuse, *Public Opinion and Behaviors Regarding Child Abuse Prevention: A Ten Year Review of NCPCA's Public Opinion Poll Research* (Chicago: NCPCA, 1997), p. 5.

25 Martin Daly and Margo Wilson, *Homicide* (New York: Aldine de Gruyter, 1988), p. 83; Martin Daly, "Child Abuse and Other Risks of Not Living with Both Parents," *Ethology and Sociobiology* 6 (1985): 197–210.

26 Robert Whelan, *Broken Homes and Battered Children: A Study of the Relationship Between Child Abuse and Family Type* (Oxford: Family Education Trust, 1994), pp. 22–23.

27 Sedlak and Broadhurst, *Third Study*, pp. 5-18–5-19, 5-28.

28 Martin Daly and Margo Wilson, "Children Fathered by Previous Partners: A Risk Factor for Violence Against Women," *Canadian Journal of Public Health* 84 (1993): 209–210.

29 根據 U.S. Census Bureau, *Statistical Abstract of the United States, 1997* (Washington, D.C.: U.S. Government Printing Office, 1997)，美國人民處於貧困的比率，在一九八〇年為一三%，對比一九九四年的一四．五%。而在一九八三年時，此比例曾經攀升至一五．二%。

30 關於家庭適應替代父母的能力問題，較為悲觀的觀點可參見 Andrew J. Cherlin and Frank F. Furstenberg, Jr., "Stepfamilies in the United States: A Reconsideration," *Annual Review of Sociology* 20 (1994): 359–381.

31 認為虐待兒童與家庭破裂兩者是相連的，有其強烈的自然理由與經驗理由，考慮到此，會讓人好奇此二發展的關係在大眾眼中或在處置此類議題的專家眼中，為何沒有變得更強烈。生理父母與替代父母之間的系統性行為差異沒有被認知，此失敗可反映於政府與推動兒童福利之機構不去分辨虐待兒童案例犯者的類型，將自然的、替代的、或其他類型照顧者都歸在同類。大量關於兒童虐待的社會科學文章都藐視生物性理論，然後者其實能對當代行為的演化性基礎提供一些理解。參見 Owen D. Jones, "Law and Biology: Toward an Integrated Model of Human Behavior," *Journal of Contemporary Legal Issues* 8 (1997): 167–208, and "Evolutionary Analysis in Law: An Introduction and Application to Child Abuse," *North Carolina Law Review* 75 (1997): 1117–1241 esp. pp. 1230–1231; and Marilyn Coleman, "Stepfamilies in the United States: Challenging Biases and Assumptions," in Alan Booth and Judy Dunn, *Stepfamilies: Who Benefits? Who Does Not?* (Hillsdale, N.J.: Erlbaum, 1994).

32 Robert D. Putnam, "Tuning In, Tuning Out: The Strange Disappearance of Social Capital in America," *PS: Political Science and Politics* (1995): 664–682.

33 Eric Uslaner, "The Moral Foundations of Trust," unpublished manuscript, 1999, chap. 7.

34 Tom Smith "Factors Relating to Misanthropy in Contemporary American Society," Social Science Research 26 (1997): 170–196; Wendy Rahn and John Transue, "Social Trust and Value Change," unpublished manuscript, 1997.

35 Smith, "Factors," p. 193. 欲解釋不信任程度之提升，少數族群地位的問題並沒有出現，因為非洲裔美國人作為最不被信任的少數民族，其在美國人口中的歷年比例是穩定的。確實，在一九六五至一九九五年間是移民活動的爆炸期，所以經常有人主張，是移民破壞了共同的文化規範，是移民醞釀出不信任。但是，不信任度與移民地位的關係是淺的，而且整體來說，美國算是蠻歡迎移民。有可能是隨著時間推演，強烈反對移民的美國人愈加不信任移民。然而，反對移民很高程度是與社會經濟地位相關（工作被移民威脅的主要是低技術工人），所以很難將這兩個要素分開。

36 Rahn and Transue, "Social Trust." 顯然對很多人來說，權威大人物若離開了家庭，這不必然影響他們信任與其無親屬關係的人或者與這種人合作之能力。這種將某人的性別與家庭生活，和某人與陌生人關係這兩者加以區隔的能力，乍看之下或許令人困惑，但這其實是常見的。法國文學家卡謬（Albert Camus）對於愛他的女人表現地很厭惡，而且將自己的妻子逼瘋還自殺，然這個事實並不因此妨礙卡謬被視為那個時代最具有道德力量的人物之一。當柯林頓總統因為系列性愛事件說謊而陷入麻煩的時候，多數的美國人認為這無害於他作為政治領袖的可信任度；美國人就很不信任尼克森，而大家都知道這個人從未對妻子不忠。

37 Seymour Martin Lipset, *American Exceptionalism* (New York: W. W. Norton, 1995), pp. 60–67.

38 關於此點請參見 Adam Seligman, *The Problem of Trust* (Princeton, N.J.: Princeton University Press, 1997).

CHAPTER 5

第五章

婦女的特殊角色

前面探討過家庭結構改變對犯罪與信賴度的影響，然而過去三十年裡家庭結構為何會產生劇烈變化？這顯然與一九六〇和一九七〇年代兩件大事有關：性與女性主義革命。很多人認為這些發展純粹是個人自發的文化選擇。右派人士總是譴責家庭價值觀式微，左派則認為抱持傳統規範的人是「搞不清楚狀況」。我認為這些價值觀的改變會在特定時機發生，與工業時代末期的科技與經濟發展有關。這並不是否定人們有自由意志與道德抉擇能力，只是說在特定的科技與經濟架構下，人們比較可能做出某些道德抉擇。

生育率

自一九六〇年代以後，很多已開發國家都已廣泛使用避孕方法並允許合法墮胎，這個大環境的因素可解釋生育率奇低的現象，但並不是唯一的解釋。很多國家（如法國、日本）早在一九六〇年代以前生育率就開始下降。光是避孕方法的發明也不足以解釋生育率為何會降低到特定程度，例如一九九〇年代義大利的生育率為何降到〇・二而不是一・二？

人口學家傾向以經濟學模式來解讀生育率的變化，其理論是父母需要小孩就像需要其他經濟財一樣[1]。當然父母都是疼愛孩子的，但並沒有愛到可以不要生活中其他美好的事物。生育小孩要付出很多成本：包括食衣住行、教育等直接成本，以及父母（尤其是母親）的機會成本（養育小孩而付出的時間與金錢）。小孩則回報以親情，甚至可能以更直接的方式回報——照顧父母年老的生活。但基本上，生育孩子是單向的付出，父母必須犧牲其他支出來因應。

在現代資訊社會裡，生育孩子的直接成本與機會成本都大幅提高。隨著個人所得的增加與經濟科技的複雜化，技能與教育對年輕人的生存發展愈來愈重要。在貧窮國家如印度，小孩子可能是經濟資源，因為七、八歲就可以開始工作。在美國，一個八歲的小孩沒有什麼工作可以做，甚至只有中學文憑的人都不易找到工作。一九九〇年代要供一個孩子讀完四年大專可能要耗費十萬美元以上。此外還要考慮父母（尤其是母親）的收入。一個女人要離開職場數月到數年時間育兒，可能因此損失幾萬甚至幾十萬美元。基於生物上的理由，父母當然都希望成功繁衍後代，同時父母也是理性的，知道孩子必須擁有適當的技能、教育及現代生活的其他配備，才能出人頭地。

乍看之下上面的論述已充分解釋生育率的問題，然而還有不少例外情形。例如法國的總生育率從十九世紀就開始下降，比其他發展程度相當的國家早了許多。再舉一個例子，日本在一九五〇年代的每人國民生產毛額及女性勞動參與率都比美、英、加低得多，生育率卻突然急速下降，反倒是美、英、加三國經歷了嬰兒潮的特殊現象。嬰兒潮為何會發生[2]？又瑞典的獎勵生育政策為何能在一九八〇年代奏效，到一九九〇年代便失靈了？

顯然影響生育率的還有經濟之外的因素，包括難以量化的文化因素。事實上，文化因素常凌駕經濟考量。例如美國的神祕主義派的猶太教徒及摩門教徒生育率都高於全國總平均，因為他們的宗教信仰主張大家庭。至於戰後嬰兒潮的成因，有人認為是因為人們因大蕭條與戰爭而延後成家，經過動盪不安後格外渴望回歸家庭。

同樣的，過去三十年歐洲的生育率下降可能與回歸家庭生活有關，而不只是基於成本考量[3]。對很多受過教育的歐洲人與美國人而言，不生孩子的原因很簡單——已經不流行了。《紐約時報》（*New York Times*）引述過一位瑞典年輕女性的說法：「我也想過沒有孩子是不是會錯失某種寶貴的東西……但女人到今天才終於有機會擁有很多東西，可以旅行、工作、學習，這些事情是這麼有趣而富挑戰性，生命中實在很難找出空間容納孩子。」[4]

生育率的趨勢倒是可以解釋大斷裂的另一項特色：離婚率的提高。初結婚的幾年是離婚率的高峰期，由此推斷，歷經嬰兒潮的國家在這些孩子二、三十歲時離婚率會比較高。其次，人類壽命的延長使得美滿的婚姻必須能維持較長久，依平均率，夫妻以離婚收場的機會自然大於白頭偕老。根據前述的生育率與死亡率的趨勢，一九七〇年代與一九八〇年代離婚率增加似乎是很自然的。

然而，實際發生的家庭崩解情況比這些人口統計資料所暗示的要嚴重得多，顯然還與其他因素有關，但首先我們應該先從生物因素探討起。

家庭的生物起源

波亞士（Franz Boas）之後的人類學有一個最基本的觀念：人類社會並沒有所謂自然或正常的家庭結構。人類學一個重要的研究範疇是人類各式各樣的親屬體系，其中確實很難找出清楚的共通模式。例如美國一九五〇年代常見的模式是人類學家所謂的婚姻家庭或核心兩代家庭，然而，這並不是同時期世界其他地區的代表，甚至不是西方社會發展初期的共通特徵。因此，一九六〇年代西方核心家庭的崩解不必然是偏離某種固有的規範。

反過來說，如果我們從整個動物界的親屬系統來看人類的情形，會發現在表面的差異下其實有共同的進化目的。多數人都會同意，母子的關係是建立在生物基礎上，就像其他動物一樣。初為人母的人聽到嬰兒的哭聲就會分泌乳汁，懷抱孩子時會本能地貼近左胸，讓孩子傾聽母親的心跳[5]。很多研究顯示，母親與嬰兒能自然地溝通，其互動方式與基因的關係大於文化的影響[6]。母親對孩子的影響極深遠，成長後的反社會行為往往可溯及早年不良的母子關係[7]。

男性在養育後代中的角色則比較有爭議，動物界中也不是那麼一致。人類看到一夫一妻制的鳥類便讚嘆是人類家庭的自然典範[8]，但在多數性繁殖的動物中，雄性對繁殖後代的唯一貢獻是提供精子。與人類最接近的靈長類近親類人猿便是如此，例如黑猩猩就是雜交的，維持忠誠的時間很短。雄猩猩雖然會保護並餵食小猩猩，但基本上小猩猩都是在單親家庭中長大的。雄性對養育後代的投入程度取決於兩項因素：成功養育後代所需的資源以及雄性貢獻此資源的能力[9]。

以人類而言，男性其實受到兩股衝突力量的拉扯。一方面人類的嬰孩比其他動物需更多的照顧，使男性必須擔負較吃重的角色。人類的懷孕期雖然很長，但因腦部比重極大，出生時其實都不夠成熟。其他動物在懷孕期間就可達到一定的成熟，人類卻大部分留在出生後再完成。因此初生的嬰兒比多數動物更無助，包括所有的人猿，很長一段時間是柔弱無助而須仰賴父母的。母親當然是嬰兒生存所不可少的，但嬰兒還有許多需求必須仰賴父親。在集獵時代人類目前的基因構造大抵已確立，當時男性便扮演很重要的角色——一方面提供肉類蛋白質，一方面保護同族免於其他人類或動物的侵擾。綜合上述理由，可以理解人類社會為何比其他動物更盛行一夫一妻制。

另一方面，人類的一夫一妻制並不穩固，生物因素使男性留在子女身邊的動機較女性弱。任何動物最基本的生物趨勢都是將自己的基因傳遞給後代，對人類及多數動物的母親而言，除了一開始提供子孫最佳基因之外，更要提供足夠的資源讓子孫順利成長，繼續綿延後代。一般而言，雌性提供的「教養投資」（生物學家用語）總是大於雄性。尤以哺乳類為然，雌性必須懷孕、哺育、尋找食物餵食、保護子女免於被其他動物或自然的力量傷害。人類的男性投資在子女身上的心力比其他動物多，但與女性相比男性的貢獻（與成本）要低得多。舉例來說，女性一生能生育的子女數最多不過十幾個，男性卻可以有數千子女。因此，女性要增加基因傳承的機會便須慎選配偶，首先要確保子女得到最佳基因，其次要確保子女出生後能得到父親的資源。反之，男性要增加基因傳承的機會則是盡可能與眾多女性交配。

上面說女性擇偶時比男性謹慎，這不只適用於不同的人類文化，幾乎也適用於所有性繁殖的動物。生物學家羅伯・崔弗斯（Robert Trivers）說：

多數動物都是雌性的擇偶條件比雄性嚴格許多。常常是單一雌性被許多雄性追求，最後只接受其中之一或少數幾個。雌性當然不是任意選擇，所有的研究都顯示雌性有極特定的選擇標準。且同類雌性通常維持同樣的標準，結果是少數雄性有許多交配機會，很多雄性則是毫無機會……相反的，雄性會追求很多雌性，最後與多數或全部雌性交配。不僅如此，雄性還有胡亂追求的傾向，例如追求其他雄性、其他種類的雌性、填充的雌性模型、填充雌性模型的一個部分、無生命的東西等，甚至追求上述的綜合體。[10]

根據崔弗斯觀察，這種兩性偏好相當固定，只有極少數例外，如鷸、摩門螽斯（Mormon cricket）及某些海馬[11]。

換句話說，男性在追求性滿足時其生物本能就是較容易雜交、饑不擇食*。這項發現與我們日常觀察到的兩性性行為相符，同時也可解釋很多現象：例如男性是色情行業與出版品的主要消費者，例如男同性戀的性伴侶通常比異性戀多（女同性戀則相反），足見性伴侶的多寡與性傾向無關，而是與性別有關[12]。

就生物學的觀點來說，男性在家庭中扮演提供資源的角色，但這個角色並不穩固，隨時有叛逃的可能。男性盡職的程度受生物影響較小，來自社會的規範、約束與壓力反而較大。正如人類學家泰格與福克斯（Robin Fox）所說的，人類親屬的形式因文化而異，但基本架構是一樣的：「一個社會體系不管有多少其他功能，至少必須確保母嬰關係的穩定，直到嬰兒能有獨立活動的能力及長大成人的合理機會。」[13] 擔負這項任務的可以是父親、母親的兄弟或其他人，但必須有人去做。問題在於確保這項任務的完成：「多數社會都有一套繁複嚴格的規範，促使發生性行為的男女廝守在一起。這些規範顯然並非反映男女關係的自然本質，反而是反映其脆弱性。人類社會環繞親屬與家庭制度多樣而深遠的規範，同樣並非反映人類組織家庭的天賦傾向，而是避免母子因男女關係太脆弱而受傷害的保護機制。」[14]

男性受到兩種互相衝突的生物動機所影響，一方面想要經營家庭，一方面卻又想要逃避家庭的束縛，這一點或許可以解釋人類家庭形式的多樣以及核心家庭的起源。核心家庭既不是批評者以為的晚近發明或過渡形態，也不是支持者以為的那麼普遍與自然。

＊讀者可能會疑問，男異性戀者如何比女異性戀者容易雜交，每一性行為不是都需要兩性參與嗎？嚴格說來確是如此，實際上有錢有勢的男性有機會擁有較多性伴侶與子女。地位低的男性一般也希望能有為者亦若是，只是無法如願。人類社會也有許多配偶制的（據說阿茲特克〔Aztec〕王摩特祖馬〔Montezuma〕有妃子四千人，印度王烏達亞馬〔Udayama〕一萬六千，中國君王後宮上萬），表示有不少地位低的男性終身沒有追求性或成家的機會。現代社會法律不容許一夫多妻，但地位高的男性仍舊較占優勢，唯一的不同的是現代企業大亨是不斷換妻，而不像中國君王般同時左擁右抱。其次，性行為雖是男女共同參與，男女對性行為卻有不同的解讀。對男性而言，不過是又一次戰功，對女性而言，則是建立更親密關係的機會。由於男女各有不同的打算，最後往往有一方被欺騙。

十九世紀的人們普遍認為核心家庭是現代社會的發明，而且是工業化之後才出現的，事實上今天仍有很多人如此認為[15]。根據此一理論，以前的社會都是部落之類的超大族群，核心家庭只是其下一個小的部分。這種社會確實仍存在中國南方、中東及第三世界某些地區。後來這些族群慢慢分裂出三代以上的大家庭，然後在工業革命後又轉變為核心家庭。依照這個觀點，核心家庭不過是進化史上一個階段，未來終將被單親或其他更自由的形態取代。

事實上，核心家庭雖不能稱為普遍的家庭形態，在人類歷史上卻是相當常見的，在集獵時代也是最主要的形式[16]。人類學家庫帕（Adam Kuper）說：「過去總認為非洲、美洲與太平洋的社會典型是大家族式，家庭與個人都隱沒其中而不突顯。當代的社會人類學家已開始懷疑此一論點。事實上，核心家庭在人類社會中極為普遍——通常這是最重要的家庭結構，由家長決定政治上的結盟。」[17]澳洲原住民、南太平洋的特洛布雷昂島民、喀拉哈里的布希曼人及亞馬遜原住民都盛行核心家庭制[18]。前述的大家族制應該是農業發明之後才出現的。史學家拉斯萊特（Peter Laslett）發現北歐在工業革命以前就有核心家庭，足證現代人不過是回復一種古老的家庭形態[19]。

如此說來，一夫一妻制與核心家庭未必是晚近的發明。不過，人類的父親在親族中雖扮演清楚的角色，與子女的關係也比任何人猿都密切，基本上，父親的角色還是因時代與社會而有很大的不同。換句話說，母親的角色可確定是建立在生物基礎上，父親的角色則有相當程度是社會建構出來的[20]。套用米德（Margaret Mead）的說法，「在人類歷史初期便出現了某種社會制度，男性開始照顧妻兒。」男性的角色主要是提供資源，「全世界的男性都會為女人與小孩提供食物。」或許因為男性照顧家庭是後天學習的行為，也就不是那麼穩定：「證據顯示在這方面兩性有很大的差異——男性的供應行為是學習而來的，因此當社會環境改變，而不再有效教導男性執行供應角色時，男性的角色便很容易改變。」[21]換句話說，父親的角色因文化及傳統而易，可以是深度參與子女教養，或稍遠一點的保護者與訓誡者，或甚至只付錢而已。要讓一個母親離開新生嬰兒非常困難，相反的，要讓父親親近自己的孩子往往需要一點努力。

節育與職業婦女

從生物學的觀點探討親屬與家庭，接下來便比較容易理解核心家庭為何在過去二個世紀如此快速崩解。奠基於以女性生育能力交換男性資源的家庭聯繫相對顯得薄弱。在大斷裂以前，西方社會有一套複雜的成文不成文、法律與各種規範限制父親拋棄妻子。今天我們多以為婚姻是以公開儀式慶祝兩個人身心的結合，這也是為什麼有些國家已開始出現同性戀婚姻。但在歷史上，婚姻制度的設計確是為了提供母子法律保障，確保孩子能得到父親足夠的經濟資源到長大。除了法律保障，還輔以許多非正式規範。

然而，這套限制男性行為與保障家庭基礎的規範已逐漸瓦解，分析原因可追溯戰後兩項重大改變。第一是醫學的進步——避孕藥的發明讓女人相當有效地控制生殖週期。第二項改變是多數工業化國家的婦女紛紛投入勞動市場，其後三十年女男的收入比例穩定上升（不論就時薪、平均薪或終身收入而言）。

節育的重要性不只是降低生育率，有些國家的生育率早在十九世紀就開始下降，當時節育或墮胎都還未普及[22]。如果節育的真正效果是減少計畫之外的懷孕，很多現象便無法解釋，例如避孕藥的出現反而伴隨非婚生子及墮胎的激增[23]，例如在ＯＥＣＤ國家中避孕藥的使用與非婚生子比例成正比[24]。

正如經濟學家葉倫（Janet Yellen）、阿克洛夫（George Akerlof）、凱茲（Michael Katz）所說的，避孕藥與性革命最主要的影響是大幅改變人們對性風險的衡量，從而改變了男性的行為[25]。避孕藥的使用、墮胎、非婚生子比率之所以同步上揚，是因為同時期奉子成婚的比率大幅下降。根據三位經濟學家的研究，一九六五到六九年間，約五九％白人新娘與二五％的黑人新娘結婚時已懷孕。當時的年輕人顯然相當盛行婚前性行為，但因男性多認為應該負責，減少了很多未婚生子的社會問題。到了一九八〇～八四年，白人與黑人奉子成婚的比率分別降低四二％及二一％。避孕藥的誕生讓女人有史以來首度無須擔憂性的後果，男人也因而得到解放。

改變男性行為的第二個因素是女性進入職場。很多經濟學家都認為女性收入與家庭崩解有關，其中探討得最完整的是貝克（Gary Becker）的《家庭論》（*A Treatise on the Family*）[26]。很多婚姻契約在簽定時彼此都不夠了解對方，婚後才發現婚姻不是蜜月的延長，對方會改變，自己的期望也會改變。有時候你會希望換一個更好的丈夫，或是拋掉一個會施虐的惡夫。很多女人不敢做的原因是因為缺乏工作技能或經驗，無法養活自己。隨著所得增加，愈來愈多婦女能夠獨力養活自己與孩子。婦女所得提高的另一個影響是育兒的成本提高，從而使生育率下降。根據貝克的說法，孩子較少則代表婚姻中的聯合資本降低，離婚變得很容易。

很多證據顯示，婦女所得提高與離婚及婚姻外生育有關[27]。圖5.1列出OECD國家一九九四年婦女勞動參與率與離婚率的關係，其分布呈西南－東北的軸線。日本與義大利的婦女勞動參與率與離婚率都較低，北歐國家則兩者皆偏高。如果將離婚率一項改為非婚生子比率，得出來的結果應該是差不多。

婦女進入職場還有一個較不明顯的影響，即動搖男性必須負責的社會規範，進一步催化節育所造成的趨勢。男性若是與一個沒有經濟能力的妻子離婚，結果不是必須付出贍養費，就是坐視子女陷入貧窮。現在妻子的賺錢能力已能與丈夫相媲美，經濟問題已

圖 5.1　離婚率與婦女勞動參與率，1994

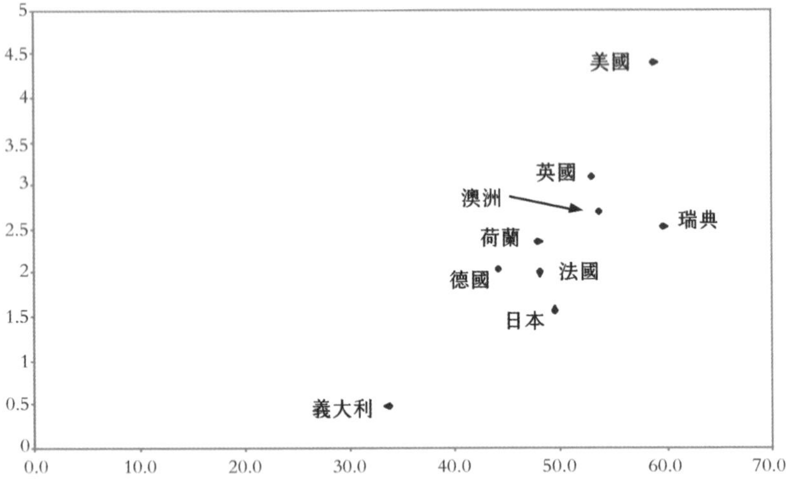

資料來源：國際勞動組織資料統計處，《經濟力活躍的人口，1956-2010年》。離婚率統計數字參考附錄。

不是那麼重要。而社會愈是覺得男性不須負責任，女性愈覺得必須充實自己的經濟能力。尤其現在離婚率這麼高，聰明的女性都會及早儲備工作的能力。

從工業時代走入資訊時代最大的一項改變是工作的性質。資訊經濟中實質產品往往被資訊產品取代：重要的不是興建更多的公路，而是利用智慧運輸系統引領駕駛人更有效率利用現有公路。廠商不必積存大量原料，所謂的即時工廠可調整到最佳時機做最適當進貨。在資訊時代裡，服務業占總經濟的比重愈來愈大，傳統製造業則不斷縮減。人力資本的報酬率愈來愈高。

在超市掃描條碼的收銀員薪水不高，真正賺錢的是設計讀條碼機的程式設計師。

現在幾乎每一種工作都已走向自動化，我們很容易遺忘工業革命時期多數工作是多麼耗費體力。祖博夫（Shoshana Zuboff）曾為文探討從工業時代過渡到資訊經濟的軌跡，描述以前的工人如何更敏銳意識到身體的感覺。她這樣描述道：

> 煤礦工人使用的是十字鎬與鐵鍬——最原始也最耗費體力的工具。採挖黏土時首先要使用巨大的十字鎬，再將一塊塊泥土攪拌、踩踏到正確的稠度。麵包的製作也幾乎都仰賴人力，最困難的部分是準備生麵團，「這個工作通常是在地下室進行，一個上身赤裸的男人費力從濕黏的麵團伸出手指，再握拳用力搥打，如此周而復始。」[28]

除了粗重的工作以外，低技術的工作也相對較多。一九一四年亨利．福特（Henry Ford）為吸引更多低技術勞工，提供每天五美元的高薪，約當時標準時薪的兩倍。底特律湧進大量新工人，幾十年裡人口成長數倍。研究顯示，在二十世紀初讀大學並不划算，大學生的薪水並不比中學生高多少，而且還會損失四年的薪資與福利[29]。在工作的爭取下，實質工資年年穩定調高，一九四〇與一九五〇年代可說是低技術藍領階級最風

表 5.1　七大工業國製造業占總就業人口百分比

	美國	英國	義大利	德國	日本	加拿大	法國
1970	25.9	38.7	27.3	38.6	26	19.7	27.7
1990	17.5	22.5	21.8	32.2	23.6	14.9	21.3

資料來源：曼紐爾．卡斯提（Manuel Castells），《網絡社會的興起》（*The Rise of the Network Society*）

光的時代，汽車、鋼鐵、肉品包裝等行業最當紅。

然而到一九七〇與一九八〇年代便好景不再。在國際競爭、政府減少經濟干預以及（最重要的）科技進步下，出現各種新的高技術工作，很多低技術工作逐漸消失。教育成了高報酬的投資，大學以上學歷與中學以下的距離愈來愈大。表5.1列出一九七〇與一九九〇年之間七大工業國製造工作減少的幅度，尤以英美兩國最明顯。

從最極端的角度來看，資訊時代的經濟是以勞心工作取代勞力工作，這時女性自然能扮演較吃重的角色。一九六〇到九五年間美國婦女勞動參與率從三五％提高到五五％，以二十歲到三十九歲生育顛峰期的婦女而言，勞參率也從四〇％上升到六八％。男性勞動參與率則是從七九％略下降到七一％。同樣的改變也出現在其他工業國家，尤其是北歐（參考圖5.2）。日本婦女勞動參與率一開始就比較高（可能是太平洋戰爭導致男性勞工缺乏），後來增加的幅度較小。

圖 5.2　女性勞動參與率，年齡 20-39，1950-2000 年

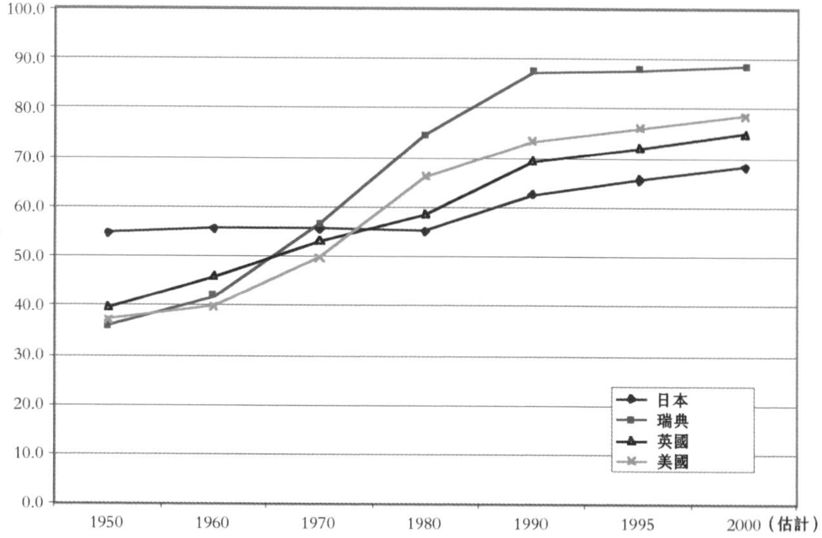

資料來源：國際勞工組織資料統計處（International Labor Organization, Bureau of Statistics），《經濟活躍人口，1950-2010》（*The Economically Active Population, 1950-2010*）〕

除了勞動參與率提高，婦女的所得也隨之增加。圖 5.3 列出一九四七到九五年兩性的中間收入與比率。期間女性的絕對收入穩定增加，雖然一九九〇年代增加的幅度較平緩。經濟學家分析女性收入提高的原因有幾點：工作經驗較豐富，累積的經驗可獲得較佳報酬，教育程度提高，女性選擇的職業改變（如選擇當律師而非教師）[30]。其中第一項可能是最重要的。以前的婦女會離職數年帶孩子，喪失年資、經驗與晉升機會，現在不但

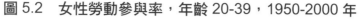

圖 5.3　美國男女中間收入，1947-1995

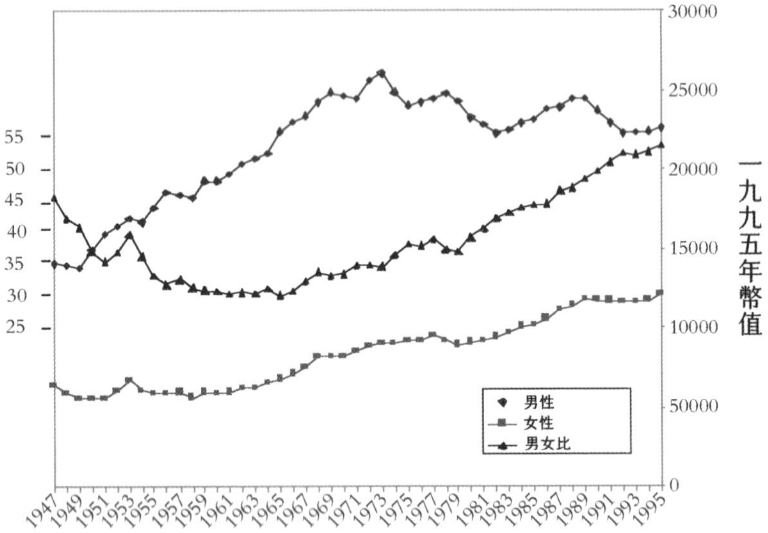

資料來原：美國人口調查局網站

生育子女較少，且生育期間也同時在工作。於是婦女不再局限於傳統的打字或職員的工作，而能直接與男性平等競爭。

二次大戰後到一九七〇年代對美國男性是比較美好的時代，男性的實質收入到一九七三年達到顛峰。在一九四〇年代末與一九五〇年代的嬰兒潮時期，女男收入比率的變化是男性較占優勢的。但到一九七三年以後男性的地位開始下滑，到一九九〇年代中期其中間收入甚至減少了百分之十三以上[31]。

這個現象與男性勞動參與率的下降都有複雜的成因。以勞動參與率下降為例，原因之一是很多男性活到退休之後，因此是自動退出勞動市場的[32]。但經濟學家注意到另一個重要的現象——愈來愈多年輕男性退出勞動市場（尤其是低技術、低教育者），甚至在工作機會豐富的時期。這個階層的危機比總數字顯示的要嚴重得多[33]。所得差距的擴大對男性的衝擊比女性大，高所得的男性賺得不亦樂乎，低所得者實質收入減少的幅度往往非常驚人。非工業化基本上影響的是男性——一九八〇年代末停留在藍領工作的男性高達四一%，女性僅九%[34]。男性的挫敗其實與女性的成長有關，尤其是低技術的工作，女性往往顯得較聰明、堅毅、沒有野心，因而能輕易打敗男性獲得青睞[35]。如果條件相當的一男一女同時應徵低技術而又不耗體力的工作，多數人事經理概心照不宣地都會選擇女性，因為女性比較不會有行為上的問題。

這些現象自然對勞工階級的婚姻造成很大的衝擊。一般人可能以為一九七〇年代與一九八〇年代在地位與收入上大有斬獲的是高薪的新聞主播與律師，事實上是收入與技術相對較低的婦女[36]。一個藍領階級的丈夫頓時價值掃地，與上一代的情形恰好相反，許多工人階級的婦女突然發現自己的薪水高於丈夫或男友。再加上婚姻市場上女性往上爬的機會比男性高，低技術的男性選擇對象是更加困難。各國家庭崩解程度多少與製造業的比重有些關係，例如英、美非工業化的時間早於日、德，離婚率與非婚生子比率的增加幅度似乎便較大。

圖 5.4　美國 16-19 歲失業率，1972-96

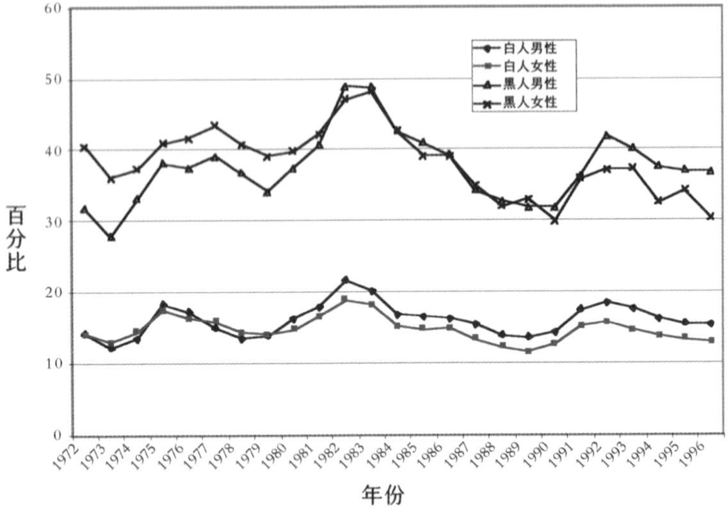

資料來源：美國勞工局

黑人年輕男性的處境尤其困難。過去的年輕人失業率多是隨著經濟循環起起伏伏，但經過一九七〇年代的經濟危機後，黑人年輕男性的失業率卻從此居高不下，即使到一九八〇年代經濟好轉時仍無法改善。圖5.4顯示黑白年輕人的失業率變化，在一九七〇年代黑人男性的失業率都低於黑人女性，到一九九〇年代卻高出許多。

相對於黑人男性的窘境，女性的成長顯得相當突出。到一九九〇年代，黑人女性無論在所得、教育程度、壽命等方面大致都已趕上白人女性，黑白男性的差距卻愈來愈大。原因究竟是種族主義、經濟結構的問題或黑人男性特有的文化困境，至今仍

圖 5.5　女男中間所得比率，1951-1995

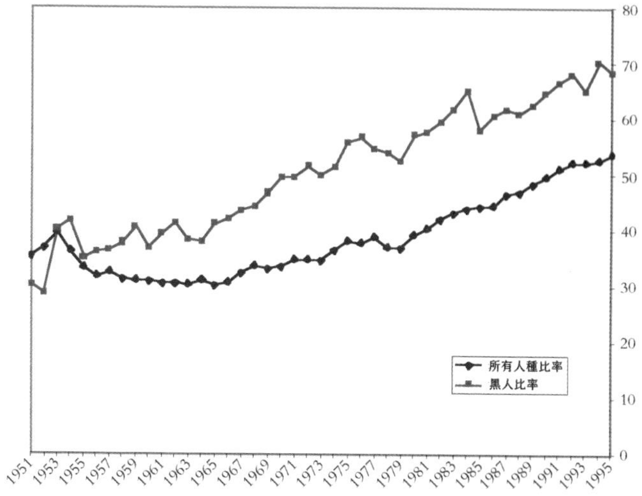

資料來源：美國人口調查局網站

無定論[37]。（白人年輕男性也有類似問題，只是沒有那麼嚴重。）從各種證據來看，黑人女性的高就業率只能從文化因素來解釋[38]。

根據古特曼（Herbert Gutman）的研究，黑人的家庭崩解率不但高於白人，就黑人而言也是前所未有的[39]。社會學家威爾遜（William Julius Wilson）認為，黑人年輕男性的高失業率是大都市中心貧窮地區家庭不穩固的重要原因，從前面的資料來看確是如此[40]。然而家庭不穩固並不只是貧窮黑人的問題，中產階級也無法倖免。以中產階級而言，兩性所得比率的影響可能比失業率還重要。圖5.5顯示一九五一到五九年黑人女男所得比率及全國女男比率，顯然黑人女性超越男性的速度要快得多。戰爭剛結束時黑人與全國的比率大致相當，到九五年黑人女男比率較全國的比率要高出百分之十五。這還是指有工作的人，若再考量黑人男性的高失業率，顯然黑人男性在過去三十年來經濟地位下滑得很嚴重。

圖5.3的女男所得比率變化大致與美國家庭財富的變化成正比，這一點很符合家庭經濟理論的說法。一九四〇年代末與一九五〇年代恰逢嬰兒潮、生育率提高、戰亂後家庭觀念抬頭，所得變化對男性較有利。但從一九六〇年代中開始，女男所得比率愈來愈高，此趨勢一直持續到一九九〇年代中才略為下降（原因仍無解）[41]。因此我們認為，以一九六〇年代中作為大斷裂的開端很合適。

註釋

1 Gary Becker, *A Treatise on the Family*, enl. ed. (Cambridge, Mass.: Harvard University Press, 1991), pp. 135–178.

2 Naohiro Ogawa and Robert D. Retherford, "The Resumption of Fertility Decline in Japan: 1973–92," *Population and Development Review* 19 (1993): 703–741.

3 用經濟學用語來說，不只是養育孩子的成本在相對價格上有所變化，女性勞力的機會成本也有所改變，而且還在喜愛孩子方面有自主性的改變。人們就是沒有那麼想要生小孩了。

4 引用自 Michael Specter, “Population Implosion Worries a Graying Europe,” *New York Times*, July 10, 1998, p. A1.

5 Alice Rossi, “The Biosocial Role of Parenthood,” *Human Nature* 72 (1978): 75–79.

6 Alice Rossi, “A Biosocial Perspective on Parenting,” *Daedalus* 106 (1977): 2–31.

7 Lionel Tiger and Robin Fox, *The Imperial Animal* (New York: Holt, Rinehart, and Winston, 1971), p. 64.

8 事實上，雖然鳥類會尋找配偶，但它們通常不是一夫一妻制。參見 “Infidelity Common Among Birds and Mammals, Experts Say,” *New York Times*, September 27, 1998, p. A25.

9 參見 William J. Hamilton III, “Significance of Paternal Investment by Primates to the Evolution of Adult Male-Female Associations,” in David M. Taub, *Primate Paternalism* (New York: Van Nostrand Reinhold, 1984).

10 Robert Trivers, *Social Evolution* (Menlo Park, Calif.: Benjamin/Cummings, 1985), p. 214.

11 Ibid., p. 215.

12 關於此議題的延伸討論，可 Matt Ridley, *The Red Queen: Sex and the Evolution of Human Nature* (New York: Macmillan, 1993), pp. 181–183.

13 Tiger and Fox, *Imperial Animal*, p. 67.

14 Ibid., p. 71.

15 關於家庭理論如何隨著時間改變，其歷史性解釋可參見 David Popenoe, *Disturbing the Nest* (New York: Aldine de Gruyter, 1988), pp. 11–21.

16 參見 Stevan Harrell, *Human Families* (Boulder, Colo.: Westview, 1997), pp. 26–50.

17 Adam Kuper, The Chosen Primate: *Human Nature and Cultural Diversity* (Cambridge, Mass.: Harvard University Press, 1993), p. 174.

18 Ibid., p. 170.

19 參見 Peter Laslett and Richard Wall, *Household and Family in Past Time* (Cambridge: Cambridge University Press,

1972); and Peter Laslett and Richard Wall, *Family Forms in Historic Europe* (Cambridge: Cambridge University Press, 1983).

20 David Blankenhorn, Fatherless America: Confronting America's Most Urgent Social Problem (New York: Basic Books, 1995), p. 3.

21 Margaret Mead, *Male and Female* (New York: Dell, 1949), pp. 188–191. 許多觀察者也作此主張，包括 David Blankenhorn, Fatherless America.

22 關於此點請參見 Becker, Treatise, pp. 141–144.

23 感謝 Lionel Tiger 指出這點。

24 U. S. Department of Health and Human Services, *Report to Congress on Out-of-Wedlock Childbearing* (1995), p. 72.

25 參見 George Akerlof, Janet Yellen, and Michael L. Katz, "An Analysis of Out-of-Wedlock Childbearing in the United States," *Quarterly Journal of Economics* 111 (May 1996): 277–317.

26 Becker, "Treatise," pp. 347–361.

27 Gary S. Becker and Elisabeth M. Landes, "An Economic Analysis of Marital Instability," *Journal of Political Economy* 85 (1977): 1141–1187. 亦可參見 Cynthia Cready and Mark A. Fossett, "Mate Availability and African American Family Structure in the United States Nonmetropolitan South, 1960–1990," *Journal of Marriage and the Family* 59 (1997): 192–203.

28 Shoshana Zuboff, *In the Age of the Smart Machine: The Future of Work and Power* (New York: Basic Books, 1984), p. 37.

29 Lawrence F. Katz and Kevin M. Murphy, "Changes in Relative Wages, 1963–1981: Supply and Demand Factors," *Quarterly Journal of Economics* 107 (February 1992): 35–78.

30 June O'Neill and Solomon Polachek, "Why the Gender Gap in Wages Narrowed in the 1980s," *Journal of Labor*

Economics 11 (1993): 205–228.

31 Valerie K. Oppenheimer, "Women's Rising Employment and the Future of the Family in Industrial Societies," *Population and Development Review* 20 (1994): 293–342.

32 Ibid.

33 Annette Bernhardt, Martina Morris, and Mark S. Handcock, "Women's Gains or Men's Losses? A Closer Look at the Shrinking Gender Gap in Earnings," *American Journal of Sociology* 101 (1995): 302–328.

34 O'Neill and Polachek, "Why the Gender Gap?"

35 Elaine Reardon, "Demand-Side Changes and the Relative Economic Progress of Black Men: 1940–90," *Journal of Human Resources* 32 (Winter 1997): 69–97. 作者認為，當白人女性在取代白人男性之際，黑人男性則是被白人中產階級女性所取代。

36 Bernhardt, Morris, and Handcock, "Women's Gains or Men's Losses?" p. 314.

37 John Bound and Richard B. Freeman, "What Went Wrong? The Erosion of Relative Earnings Among Young Black Men in the 1980s," *Quarterly Journal of Economics* (1992): 201–232; John M. Jeffries and Richard L. Schaffer, "Changes in the Economy and Labor Market Status of Black Americans," in National Urban League, *The State of Black America*, 1996 (Washington, D.C.: National Urban League, 1997).

38 Cordelia W. Reimers, "Cultural Differences in Labor Force Participation Among Married Women," *ABA Papers and Proceedings* 75, no. 2 (1985): 251–255.

39 Herbert G. Gutman, *The Black Family in Slavery and Freedom*, 1750–1925 (New York: Vintage Books, 1977).

40 參見 William Julius Wilson, *The Truly Disadvantaged: The Inner City, the Underclass, and Public Policy* (Chicago: University of Chicago Press, 1988), and *When Work Disappears: The World of the New Urban Poor* (New York: Knopf, 1996).

41

Tamar Lewin, "Wage Difference Between Men and Women Widens," *New York Times*, September 15, 1997, p. A1.

其中一項意見是，自從一九九〇年代中期福利制度開始改革以來，勞動力當中存在著先前福利受惠者的低技能，以至於拖累整體女性的收入。

CHAPTER 6

第六章

大斷裂的影響

本書開頭就提出一個假定：犯罪、家庭崩解與信賴感的降低都是社會資本的負面指標。前面幾章詳述各種社會規範的改變，至於這些改變如何影響人與人之間的聯繫與互信，則有待進一步闡釋。

生育率降低對社會聯繫的影響

前面談到生育率降低的問題時，主要著眼於對社會安全的負面影響，老一輩退休後要仰賴人數愈來愈少的年輕一輩供養[1]。這個問題當然很重要，但與本書的主題更息息相關的是生育率對家庭生活與社會資本的影響。不過，這方面的影響很難預測，且往往相互衝突。首先，生育率降低顯然有助於提升社會秩序，因為血氣方剛的年輕人是社會問題的一大亂源，而他們所占的比例愈來愈小；幾代以後，歐洲與日本的半數人口都在五十歲以上，這個年齡層一向不太具有革命的熱情或犯罪的傾向。從經濟的角度來看人口減少也沒有明顯的損失：國內生產總值（GDP）的絕對數字也許會縮小，每人平均收入卻會大幅提高。人口減少加上國家歲入縮水，這類國家在國際舞台上的影響也會愈來愈小，反正他們的年長的國民大概也不會有建立帝國或征服他國的野心。

壽命的延長也有助於社會資本的增加。幾年前法國社會學家弗拉斯蒂（Jean

Fourastié）便提出壽命延長的一大影響：讓更多人可以在接受教育後過著顛峰狀態的創意生活（他認為是四十到六十歲）[2]。現代社會中高品質的教育已不再為少數人獨享，很多年長人口可以享受到所謂的「優質生活（tertiary life）」。教育對社會資本的有多方面貢獻，學校提供的不只是技術與知識的訓練，也讓學生做好社會化的準備，以便將來進入職場與社會。所以說，年長者社會化程度較佳不只是因為年少的血氣已降溫，更因為受過社會的形塑。

另一方面，生育率降低會削弱社會資本重要的一環：親屬關係，對社會凝聚造成不利影響。大斷裂期間離婚率提高的一個理由便是壽命延長，現代的美滿婚姻必須比以前維繫更長久。現在很多怨偶都是希望等到子女長大獨立再離婚，十九世紀的人便無法這麼做，子女長大時其中一方可能已經死了，當時的婚姻真的是至死方休。

現代的家庭愈變愈小，在可預見的未來這個趨勢應該還會持續。幾代之後，多數歐洲人與日本人可能只有直系親屬。人長大後還能看到父母、祖父母活著將變得極為平常，這在人類歷史上是前所未有的。根據人口統計學家艾柏斯達（Nicholas Ederstadt）的研究，依目前的生育率往後推兩代，未來義大利的兒童五分之三沒有兄弟姐妹、堂表兄弟或叔伯，大約只有百分之五的兒童會有兄弟姐妹與堂表兄弟姐妹[3]。義大利的文化非常重視家庭，這樣的趨勢當然會使生活產生很大變化。此外，獨居人口也大幅增加（參看表6.1），原因之一是老年婦女比男性活得久。核心家庭崩解得最嚴重的北歐似乎也是最孤獨的，幾乎一半的家戶是獨居人口。（在奧斯陸獨居人口更高達所有家戶數的百分之七十五。）[4]有些國家為彌補本國人口的減少，特別鼓勵外來移民。美加兩國處理大量文化互異的外來移民相當得心應手，但在歐洲與日本，外來移民似乎較容易引發社會不安與反彈。此外，本國人之間也有新的衝突出現，例如老一輩拒絕與下一代妥協時所產生的世代衝突。

至此我們應該已完整探討了生育率下降對社會的全部影響。

表6.1　獨居人口占總家戶數的比例

國家	家戶數	年度
奧地利	29.2	1993
丹麥	50.3	1997
愛爾蘭	21.5	1996
荷蘭	31.8	1996
挪威	45.6	1997
瑞士	32.4	1990
英國	12.0	1995
美國	25.1	1997

資料來源：參見附錄

家庭崩解的影響

西方社會核心家庭的崩解對社會資本有很不利的影響，與底層社會的貧窮、犯罪率提高乃至信賴感降低恐怕也都脫離不了關係。

家庭內部社會資本降低最嚴重的影響是減損後代的人力資本。一九六六年美國衛生教育福利部委託製作一份柯爾曼報告，主要針對教育成果的根據做廣泛的研究。研究發現家庭與同儕對教育成果的影響極大，遠超過公共政策所能控制的因素（如教師薪資、班級大小、學校設備等等）[5]。其後的很多研究都支持這些發現。大斷裂期間美國學生的考試成績大幅滑落，歸究起來與家庭的崩解、貧窮及其他有礙知識、技能傳承的問題有關。反觀很多亞裔美籍孩童表現優異，與其穩固的家庭結構及相關文化很有關係。

自一九六五年莫尼漢報告出爐以來，離婚、非婚生、單親對兒童福祉的影響一直是眾多研究與激烈爭議的主題。提出這份報告的莫尼漢（Daniel Patrick Moynihan）當時是勞工部門的官員，他認為家庭結構是美國黑人之所以貧窮的關鍵中間變數[6]。這份報告引起很大爭議，論者指責莫尼漢不是「怪罪受害者」，就是強制將白人中產家庭價值觀套在少數族群身上，後者的家庭結構雖與白人不同，卻不見得更差[7]。

關於這項論戰在此沒有什麼可以補充的，只能說卅五年後的今天莫尼漢的論點證明是對的。任何人只要以客觀的態度閱讀該報告應該都會同意，同樣的條件下生長在傳統的雙親家庭優於單親或無親家庭。有些人辯稱家庭結構對孩子的福祉影響不大，因為破裂或單親家庭常與其他社會問題糾結在一起，包括貧窮、學校較差、居住環境治安不佳、毒品泛濫等。問題是最精密的統計分析也很難將這些現象的因果關係釐清，但若能掌控社會經濟地位的變數（即父母的收入與教育）、離婚或單親家庭對孩子福祉的影響，就不見得那麼大[8]。

換句話說，金錢可以減輕家庭破裂所造成的人力資本與社會資本的損失。當然，有些孩子在父母離異或家庭失和的情況下成長，最後仍可成為成熟健康的人。但我懷疑閱讀本書的讀者聽過多少這樣的例子。歷史上確有不少偉人是被奶媽或細姨養大的，或是在古怪甚至不健康的環境成長。但因為有良好的家教、學校與良友，家庭問題未構成太大的障礙，反而可能是人格成熟的一項助力。

上述論點有三個問題。第一，並不是每個家庭都很有錢。窮人的家庭破裂只能透過政府的介入替代父親之責，以減輕傷害。但這無異是將父親應負的責任轉嫁到納稅人身上，事實上並不公平。福利制度雖可在某種程度內解決貧窮單親家庭的問題，但成本高昂，且可能變相鼓勵原本意圖減少的現象。默里（Charles Murray）便認為政府補助間接造成家庭崩解，這個指控也許稍嫌誇大，但並非毫無根據。

第二個問題：家庭破裂本身就是貧窮的原因。這不只是常識判斷，也有眾多研究可資佐證：單親家庭喪失規模經濟的優勢、收入、勞力、社會資本都僅及雙親家庭的一半，同時也喪失雙親家庭勞力分工的優點。實際研究也發現，離婚後帶小孩的家庭收入大減，不論離婚前的社會經濟地位多高都一樣[9]。結果受害的幾乎都是女性；以非貧窮家庭而言，母親與小孩得到離婚前家庭收入的一半不到，父親的收入則反而增加[10]。也因此，社會學家稱社經地位是依賴變數（而非獨立變數）。

第三個問題：有些面向是統計研究無法反映出來的，例如影響童年教育與社會化品質的重要因素（尤其是父親的角色更容易被忽略）。父親的角色是社會建構的產物，可以僅是精子與生活費的提供者，也可以是主導孩子教育與社會化的重要角色，因社會及個人因素而定。但最起碼，家庭中有一個父親會讓母親有更多時間照顧孩子。一般人可能以為對多數孩子而言，父親最重要的功能是養家，其實不然[11]。父親是兒子很重要的角色模範；男人的侵略性會被視為美德，往往就是從父親的言教身教中學習得來。女兒對男性的觀感也會受父親影響，如果父親（或母親的男友）對母親很不尊重，女兒對未來的伴侶可能也不會有太高的期許。一九九〇年代有愈來愈多的美國人認為多數父親不夠負責任[12]，父親的角色是如此不穩定，大眾的評價不高也就不足為奇[13]。

家庭的崩解雖然會造成社會資本的減損，另一方面卻可能促進家庭成員與家庭之外的世界有更多聯繫，包括朋友、支援團體、男權或女權促進團體等。中國或拉丁美洲綿密的家庭網絡往往導致陌生人之間缺乏互信，相對的現代西方家庭的崩解則可能促進家庭之外的社會互動。

家庭的變動對公民社會的影響不只於此，例如很多調查顯示，職業婦女的組織參與率比家庭主婦高[14]。這個現象並不令人意外：一九五〇年代美國郊區的家庭主婦對生活最不滿意的就是與社會脫節，甚至覺得比以前的鄉下婦女更孤立，後者與鄰居的互動還比較密切。現代職業婦女參與的組織性質與以前大不相同，她們不再只是教會或學校的義工，還會參加與工作相關的組織。外出工作雖有助於與社會互動，對單親的幫助卻不大，因為他（她）們要花很多時間照顧孩子。這個問題同樣可以靠金錢解決一部分，但也只是一部分，即使是有錢人的小孩同樣需要父母的陪伴。

西方家庭的變化對社會資本的影響很複雜，一方面家庭所代表的社會資本顯然日益減少，對家庭之外的社會互信與互動卻帶來中性、正面居多的影響。

親屬關係的式微影響最大的可能是人際關係的品質。俗語說「朋友可以選擇，親戚卻無法選擇」，意思是有些親戚你可能不是那麼喜歡，但總覺得有份特別的責任。老人院的例子可以試煉出親疏的意義。假設你認識的某個人因身體或心理的疾病進入老人院或類似機構。這個人已不再性感、活潑，相處起來沒什麼意思，他（她）也不再能為你做什麼，甚至像孩子般倚賴別人的照顧，但是又沒有孩子的可愛。什麼情況下你願意年復一年，到未來不知那一天地每個週末去探視這個人，大概只有親人（父母、兄弟姐妹、配偶）可以通過這個試煉。至於其他深交淺識的朋友，我們通常會要求某種回報，而且不久就會失去興趣或耐性。

你有沒有想過衰老的意義也會隨時間而改變？試比較廿一世紀初歐洲或北美的老年人和三百年前有何不同。在十八世紀初，能活到七、八十歲已很了不起，當時有半數的孩童活不過十五歲，只有少數幸運的人可以活到五十二歲。佛瑞斯蒂認為這些「人瑞」理所當然會受到景仰。反觀廿一世紀，活到五十二歲的人也許自覺是「歷盡滄桑的倖存者」，事實上絕大多數人都做得到。十八世紀的老人很可能在家中去世，身旁環繞著二、三代甚至更多代的子孫，這些人共度人生寶貴的許多年。人的一生遵循各種大小儀式，從每天餐桌的禱告，直到最後的送葬儀式。

再看看廿一世紀的老人（以嬰兒潮一代為例），可能離過兩三次婚，老年獨居過活，已經退休且健康亮起紅燈的兒女偶爾來探視。這種親情關係非常淡薄，因為年輕時的生活太複雜——可能有過幾段婚姻與感情，離婚時不免為了財產與子女監護權有過爭執——以致親情雖存卻相當疏離，面對時空距離或比家庭責任更有趣的活動時，可能便經不起考驗。比較可能的情形是某個孫子或前夫（妻）突然對老人的行蹤健康產生興趣，但這純屬偶然。老人成長在電腦網路時代，朋友眾多，甚至遠及國外。每天與許多人接觸，談的可能是正經八百的政治、宗教，也可能是個人興趣如園藝、烹飪。現代通訊的便利原本是美好的（打破空間、文化、政治的藩籬），現在卻開始出現問題。老人住進老人院後立刻發現周圍都是陌生人，那些深交淺識透過網路表達關心與同情，但都說不方便來探訪。現代人的生活不再有儀式，過去從一個階段進入另一個階段總會有熟悉讓人安心的儀式，讓個人與過去的世代與未來的世代產生關係。年輕時不斷追求創新與自我改造可能是一項資產，到年老卻往往造成無可言喻的孤獨。人生最終的旅程只能一個人孤單面對。

何人得益？

前面探討家庭變動對社會資本的減損絕無歸咎婦女之意。婦女進入職場、持續拉近與男性的收入差異，以及愈來愈能掌控生育，基本上這些都是好事。社會規範最重要的改變在於男性對妻與子的責任，話說回來，即使這項改變與節育及女性收入提高有關，男性還是要為後續的影響負責。當然，男性過去的表現也未必見得較佳。傳統家庭為維持穩定往往要付出很大的代價，除了精神與情感的耗損，還可能喪失個人發展的機會，這些成本通常都不成比例的落在婦女身上。

從另一方面來說，男女性別角色的重大變革也並非如女性主義者所說的那麼美好。其中有得也有失，失的部分很大比例是由小孩承擔的。這是任何人都能想得到的結果，傳統女性的角色都是以生養子女為重心，女性走出家庭投入職場，對家庭造成衝擊是必然的。

事實上，女性自身往往也是輸的一方。一九七〇與一九八〇年代女性工作增加最多的不是光鮮的管理職位，而是低階的服務工作。為了稍微爭取一點經濟獨立，很多女人的下場是丈夫拋棄她另尋年輕的新歡。基於純粹生物的理由（年紀大的男性比女性易維持性吸引力），女性再婚的機率通常比丈夫低。男性之間的貧富差距，在女性之間同樣看得到。教育程度高、有野心、有才能的女人較能打破障礙，證明男人的職位她能做得一樣好。但眾多教育程度不高、野心不大、才能不多的姐妹卻看到腳下的世界在崩塌，辛苦做著毫無出路的低薪工作養活子女，等而下之的甚至要靠社會救助。社會大眾不見得會注意到這些問題，因為以口說、筆寫引導性別論戰的女性主義者幾乎清一色屬於優勢的一群。

反之，男人的境遇是比較平均的。很多人也許覺得地位與收入不如從前，也有很多人樂於卸下獨自養家的責任。花花公子式的生活型態並不是雜誌創辦人海夫納在一九五〇年代發明的，歷史上有錢有權的人向來妻妾成群，這也是男人追求權勢地位的一個重要動機。一九五〇年代之後的改變是一般男人也可以左擁右抱，盡情享樂，這不再是社會最頂層少數男人的專利。有些人以為性革命使男女同等受益，且與女性主義革命有關，這大概是大斷裂時期最大的謊言。事實上性革命不但使男人獲益，也使女人從傳統角色解放出來的應有收穫受到限制。

犯罪對社會資本的影響

高犯罪率反映出社會資本的低落，反之亦然。高犯罪率可能使原本奉公守法、嚴守規範的公民彼此互不信任，以致在很多方面減少合作的可能。下面引述威爾森（James Q. Wilson）的話：

> 嚴重的犯罪傷害的不只是個人，同時也阻撓甚至破壞社區的形成與維繫。犯罪破壞了鄰里間正式、非正式的細微聯繫，使社會趨於分裂，每個人都只為自身的利益與生存算計。除非為了追求共同的保障，人與人之間很難發展合作關係。
>
> 一個人若是對治安沒有信心到晚上不敢出門，當然不太可能去參加家長會或童

子軍（唯一的例外是威爾森所說的鄰里巡邏隊）。前面說過，犯罪與信賴感有密切的關係：一九六〇年代犯罪率的提高可能是信賴感降低的最重要原因。事實上美國很多地區治安並不差，但大眾普遍有治安敗壞的觀感，加上媒體推波助瀾，導致人心不安。在這方面媒體的影響極大，而且常常是負面的。[15]

大眾對犯罪率的觀感確實多方面影響到人與人的互動，兒童受虐事件便是很好的例子。第四章提到過，過去三十年英美的虐童比例明顯提高，其他工業國家可能也是如此。一九八〇年代美國發生幾件聳動的新聞，使大眾對虐童問題產生誇大的印象。《華爾街日報》的拉比諾維茨（Dorothy Rabinowitz）持續數年追蹤報導，發現很多案子是過度熱心的檢察官炒出來的，甚至可能導致許多冤獄[16]。但媒體的報導讓大眾相信虐童事件在全國都很普遍。這個觀念對父母的教育方式有很廣泛的影響，到一九八〇年代末，每個學齡前兒童被灌輸的基本觀念，就是不要相信任何陌生人。

大眾相信兒童受害案件增加的結果，是兒童的社會化學習過程變成個人的事。在人際緊密互動的傳統社會，兒童的社會學習通常是社區的責任。即使在自由主義與個人主義至上的美國，父母以外的成人通常也會對兒童的行為加以監督、獎賞甚至懲罰。隨著美國都市化的程度愈來愈深，各個社區愈來愈缺乏特色，家庭以外的成人也逐漸失去過去的權威。經過一九八〇年代虐童案件的喧騰，當父母看到陌生人管教自己的孩子時，大概不會覺得是社區精神的發揮，比較可能的是報警處理。更糟糕的是連關愛的表現都受到遏阻，據說現在的老師都盡量避免擁抱孩子，因為有不少人因此被控性騷擾[17]。

美國人也體認到社會資本與犯罪率的關係，在一九八〇與一九九〇年代推行極有意義的警務改革。美國從一九六〇年開始，不但重犯罪率提高，幾乎每個城市都可以看到塗鴉、遊民、破壞等「脫序行為」的明顯增加，到一九八〇年代末更達到高峰。這個趨勢與脫序行為去罪化及精神病患走出病院有關。一九八〇年代有一段時間，紐約市地鐵幾乎每一塊地方都佈滿塗鴉，體無完膚。公權力的無能讓人們強烈感覺整個社會彷彿失去控制。

一九八二年出現了一篇重要的文章，凱林（George Kelling）與威爾森呼籲警察應該注意這些社會脫序行為，而不只是吸引媒體注意的強暴、殺人、搶劫案[18]。一棟窗戶破損的建築容易引來歹徒，不去修理等於傳遞一個訊息：這個社區的人不在乎外觀美醜，對於其他規範的維護當然也不會太熱衷。凱林二人認為，修理窗戶這種小事也許無助於遏止重罪，卻能讓人對社區有較好的觀感，因而樂於參與社區營造，提高社會資本。

社區巡邏的政策就是源於這個觀念，到一九九〇年代末在美國許多社區推行。最初的概念是讓警察走出巡邏車到人行道上，增進和社區的互動[19]。甚至希望警察能協助組織社區志願巡邏隊或球隊，注意到派對噪音、狗吠等各種擾民的小問題。一九八〇年代紐約市開始積極投入資源清理地鐵的塗鴉，趕走以公園為家的遊民，總之要讓人民知道政府將用心維持社會秩序。早期的警政方針大體就是出事才出面，而且也只限於嚴重的事件。這當然可以節省很多人力與資源，卻也讓警察與社區非常疏離，錯失很多因警民互信而自然可得的寶貴資訊[20]。比較傳統的警察單位仍排斥改革，甚至譏諷是把警察變成社工，但是到一九九〇年代社區巡邏的成效愈來愈明顯[21]。

刑法與警政改革對美國社會資本的影響可能遠超過上面所敘述的。人們提出很多脫序行為去罪化的理由，多數是基於美國尊重個人人權與尊重的傳統，聽起來也都言之有理。例如美國公民自由聯盟（ＡＣＬＵ）及其他弱勢權益促進團體都認為，將遊民入罪無異認定貧窮是罪。中產階級也許認為遊民又髒又臭、有礙觀瞻，孩童看到遊民自言自語也許覺得害怕，上述團體認為這些都不構成將遊民逐出大街與公園的充分理由。至於地鐵塗鴉也是無傷大雅的小事，不喜歡的人不過是表現出他們有文化偏見。所謂社會脫序行為在這些團體及自由改革派眼中都是小事，甚至部分警察也認為應該把心力放在日益惡化的殺人、強暴、吸毒等問題。

看似微不足道的脫序行為長期下來對都市社會資本的影響卻不可小覷。很多研究顯示，將中產階級逐出大都會中心貧窮地區的不是嚴重的犯罪，而是脫序行為，如走過公園總要被乞丐追著走，孩子回家路上得經過紅燈戶等[22]。當然，這不是唯一的理由，種族與學區也是中產階級紛紛遷到郊區的因素，偏偏這群人正是維護社區行為標準的最重要力量。中產階級出走的現象在黑人或白人社區同樣明顯，尤其是一九六〇年代取消種族社區分離政策之後。很多都會中心如哈林區、波士頓的羅斯貝瑞（Roxbury）、芝加哥的南區等，人口外移極嚴重，經濟狀況好的居民都遷往郊區或治安較佳的地方[23]。留下來的是較貧窮、低教育程度、較具犯罪傾向的，這些人占據人口比例愈來愈高，社會資本所賴以建立的社會價值自然日益惡化。也就是說，小小的脫序行為會以更迂迴的方式導致危險的犯罪行為與社區解體。

一九七〇與一九八〇年代封閉式的社區在美國郊區如雨後春筍般興起，很多人認為這象徵美國人變得互不信任、分裂與孤立，變成「孤島王國」。事實確是如此，珍．雅各描述有都市擁擠的人行道及小鎮臨街敞開門廊的舊社區，現在都已不復存在。現代人居住在有柵門的社區，晚上通過守衛站直接進入家中電視機前的沙發，甚至左鄰右舍互不照面。這種社區最初會出現並不是因為汽車普及、汽油便宜或人心不古，而是試圖在圍牆內重新創造舊社區的安全感。如果政府當局再不掃除當街乞討與塗鴉的問題，人們只會自力救濟，結果就是豎立圍牆、自外於社會。一九八〇年代末因政府逐漸能確保公共安全與社會秩序，人們又開始回到都市，畢竟住在都市是比較有趣的。由此看來，社區巡邏等公共政策的創舉不僅能降低犯罪率，更能賦予都市新的生命力。

註釋

1 情況在義大利已是如此，六十歲以上的人口數量與二十歲以下一樣多。聯合國人口司自一九九七年初次估量到低成長變量，在此低成長變量之下，扶養比——六十五歲以上人口占工作年齡人口的百分比——會有劇烈的改變。今日西方世界整體的扶養比是二〇%，但是至西元二〇五〇年時，德國的扶養比會增加到六〇%，日本是六五%，義大利則是驚人的八〇%。在沒有移民活動的情況下，中位數年齡依然會增加，德國會增加到五十五歲，日本為五十歲，義大利則是五十八歲。這項估計所根據的假設是，出生率會持續下降並趨近於零，而且沒有大量的移民活動。當然，我們沒辦法知道，在未來五十年間出生率會不會又突然上升。然而，對於歐洲、日本人口劇烈減少與老化的估計，並不需要大膽去假設未來行為之改變，它們乃是大斷裂時期建立的生育率模式之結果。參見 Nick Eberstadt, “World Population Implosion?” Public Interest no. 129 (1997): 18.

2 Jean Fourastié, “De la vie traditionelle à la vie tertiaire,” *Population* (Paris) 14 (1963): 417–432.

3 Eberstadt, “World Population Implosion?” p. 21.

4 Lionel Tiger, *The Decline of Males* (New York: Golden Books, 1999).

5 James S. Coleman et al., *Equality of Educational Opportunity* (Washington, D.C.: U.S. Department of Health, Education and Welfare, 1966).

6 Daniel P. Moynihan, *The Negro Family: A Case for National Action* (Washington, D.C.: U.S. Department of Labor,

1965).

7 例子可參見 Carol Stack, *All Our Kin: Strategies for Survival in a Black Community* (New York: Harper & Row, 1974); 亦可參見 William J. Bennett, "America at Mid-night: Reflections on the Moynihan Report," *American Enterprise* 29 (1995).

8 持此論點的先驅者有 Elizabeth Herzog and Cecilia E. Sudia, "Children in Fatherless Families," in B. Caldwell and H. H. Ricciuti, eds., *Review of Child Development Research*, vol. 3 (Chicago: University of Chicago Press, 1973). 關於該論點更近期的版本，可參見 Michael Katz, *The Undeserving Poor: From the War on Poverty to the War on Welfare* (New York: Pantheon, 1989), pp. 44–52.

9 參見此書總結出來的證據，Sara McLanahan and Gary Sandefur, *Growing Up with a Single Parent* (Cambridge, Mass.: Harvard University Press, 1994), pp. 79–94.

10 Ibid., pp. 24–25; Greg J. Duncan and Saul D. Hoffman, "A Reconsideration of the Economic Consequences of Marital Disruption," *Demography* 22 (1985): 485–498.

11 關於父親對於孩子的影響，這方面的研究較為缺乏，參見 Suzanne M. Bianchi, "Introduction to the Special Issue, 'Men in Families,'" *Demography* 35 (May 1998): 133.

12 在此課題上，最佳的結論之一乃是 David Popenoe, *Life Without Father* (New York: Free Press, 1996). 亦可見 Patricia Cohen, "Daddy Dearest: Do You Really Matter?" New York Times, July 11, 1998, p. A13.

13 例子可參見 David Blankenhorn, *Fatherless America* (New York: Basic Books, 1995).

14 Robert Putnam, "Tuning In, Tuning Out," PS (1995).

15 James Q. Wilson, *Thinking About Crime*, rev. ed. (New York: Vintage Books, 1983), p.26.

16 拉比諾維茨的文章包括："Kelly Michaels's Orwellian Ordeal," *Wall Street Journal* (WSJ), April 15, 1993, p. A14; "A Darkness in Massachusetts," WSJ, January 30, 1995, p. A20; "A Darkness in Massachusetts II," *WSJ*,

March 14, 1995, p. A14; "A Darkness in Massachusetts III," *WSJ*, May 12, 1995; "Wenatchee: A True Story," *WSJ*, September 29, 1995, p. A14; "Wenatchee: A True Story—II," WSJ, October 13, 1995, p. A14; "Wenatchee: A True Story—III," *WSJ*, November 8, 1995, p. A20; "Verdict in Wenatchee," WSJ, December 15, 1995, p. A14; "The Amiraults: Continued," *WSJ*, December 29, 1995, p. A10; "Justice and the Prosecutor," *WSJ*, March 21, 1997, p. A18; "The Amiraults' Trial Judge Reviews His Peers," *WSJ*, April 10, 1997; "Justice in Massachusetts," *WSJ*, May 13, 1997, p. A22; "The Snowden Case, at the Bar of Justice," *WSJ*, October 14, 1997; "Through the Darkness," *WSJ*, April 8, 1998, p. A22; "From the Mouths of Babes to a Jail Cell," Harper's (May 1990): 52–63.

17 June Kronholz, "Chary Schools Tell Teachers, 'Don't Touch, Don't Hug'," *Wall Street Journal*, May 28, 1998, p. B1.

18 James Q. Wilson and George Kelling, "Broken Windows: The Police and Neighbor- hood Safety," *Atlantic Monthly* 249 (1982): 29–38.

19 關於社區警務之概論，參見 Robert Trojanowicz, Victor E. Kappeler, Larry K. Gaines, and Bonnie Bucqueroux, *Community Policing: A Contemporary Perspective*, 2d ed. (Cincinnati, Ohio: Anderson Publishing, 1996).

20「警方若想獲得更多資訊，其需要面對的挑戰是，人們對於和警方合作的信任度必須夠高。」Ibid., p. 10.

21 Wesley G. Skogan, *Disorder and Decline: Crime and the Spiral of Decay in American Neighborhoods* (New York: Free Press, 1990), p. 15.

22 George Kelling and Catherine Coles, *Fixing Broken Windows* (New York: Free Press, 1996), pp. 12–13.

23 關於此過程之解說，可參見 Nicholas Lemann, *The Promised Land: The Great Black Migration and How It Changed America* (New York: Alfred A. Knopf, 1991), pp. 347–348.

CHAPTER 7

第七章

大斷裂無法避免嗎？

前面說一九七〇與一九八〇年代美國司法體系不重視低層次社會秩序的控制，導致社會資本嚴重流失，但社區巡邏可恢復一些社會資本。也就是，公共政策對社會價值的瓦解與恢復可以發揮一定的影響力。然而大斷裂的問題有多少是在社會控制範圍之內，又有多少是經濟與科技進步的必然產物？

所謂在社會的控制範圍內可以有兩個意思。第一，透過公共政策直接達到某種目標，第二是透過文化力量改變社會。通常這兩者相輔相成，有些公共政策就是為了支持文化偏好而設計，例如天主教國會議員爭取立法禁止離婚或墮胎。但兩者也常常彼此扞格，文化可能影響公共政策的實施或被公共政策形塑。

了解哪些社會問題源自經濟與科技變遷，哪些屬於社會可以控制的範圍，才能避免兩種誤解。第一種誤解來自左派：他們相信所有的社會問題都可透過公共政策來解決。一九六〇年代犯罪率開始提高，詹森與尼克森政府便號召社會學家共謀對策。很多人提出根本問題是前面幾章談到的，如家庭崩解、貧窮、教育不足等。這些都沒有錯，然而這群專家接著竟建議直接由聯邦政府來解決問題，因而產生詹森政府所謂的對貧窮宣戰計畫[1]。立意偉大，但連貧窮問題的表面都碰觸不到，更遑論降低犯罪率。這項計畫耗資龐大，效果不彰，最後終於導致選民反彈。正如威爾森（James Q. Wilson）所說的，社會學與公共政策有很大的差異，前者的目標是探索社會行為背後的基本原因，這不是公共政策能夠左右的。三十年後的今天，多數公共政策已不再那麼大而無當，可以說是實際得多了。例如社區巡邏在一個小範圍裡可以發揮很大的作用，但沒有人會相信可因此解決任何根本問題。

第二個常見的誤解來自保守派，他們認為社會風氣變差是因為道德廢弛，矯正之道就是嚴加訓誨，宣場正確的價值觀，其實人們都有能力自己做道德判斷，過去四十年道德廢弛的情形也確實頗嚴重。但多數情況下，人們係根據不同的經濟動機做道德判斷，除非能根本改變動機，再多的說教與文化論辯也無力扭轉社會風氣。

大斷裂現象之所以快速在許多國家同時發生，顯示應該有更基本普遍的理由。本書開頭談到大斷裂與十九世紀從社區到社會的過渡現象很類似，不同的是這一次是從工業經濟走入資訊經濟，而不是農業社會轉型為工業社會。現代社會發生很多技術的改變——勞力工作漸為勞心工作取代，原料產品被資訊產品取代，製造業被服務業取代，醫學的進步幫助人們延長壽命、控制生育——到二十世紀後半兩性的角色因而產生重大的改變。

人口學家戴維斯（Kinsley Davis）認為，女性主義革命的發生純粹是因為人類壽命延長了[2]。在一九〇〇年，歐美女性一生的時間幾乎都在家庭度過：大概在二十二歲時，她會從原生家庭直接走入結婚後成立的新家庭，女性平均壽命約六十五歲。因此大概幺子離家獨立不久她就去世了。到一九八〇年，女性獨立於原生家庭之外或免於育兒辛勞的時間多出三二．五年——超過成年歲月的一半。即使一個女人想要盡心經營家庭，但資訊時代沒有為她創造太多就業機會，這麼多時間她要做什麼？除非生物科技進步到女性可以不必生育，否則女性投注家庭與子女的心力必然多於男性，勞動參與率與所得當然都無法與男性完全相等。不過兩性的差異會愈拉愈近，女性投入就業市場的程度也會愈來愈深。

有些工業化國家並未出現大斷裂的所有徵象（或情況較不嚴重），顯示大斷裂並不是經濟與科技變遷的必然產物，文化與公共政策對社會規範的形塑應有相當大的影響。亞洲高所得國家（日、韓、臺灣、新加坡、香港）便避免了很多大斷裂的問題，與其他已開發國家相較形成強烈的對比。顯然大斷裂並不是社會經濟現代化到某個階段就必然會發生，而是與文化因素有很大的關係。但依我判斷，文化因素終究只能延遲亞洲出現大斷裂出現的時間，要完全避免是不可能的。

亞洲價值與例外

一九九〇年代初期新加坡前總理李光耀特別推崇亞洲價值的優越，認為這是亞洲經濟奇蹟的功臣，同時也藉此合理化李光耀式的父權獨裁。亞洲文化強調服從集團威權、辛勤工作、重視家庭、儲蓄與教育，李光耀認為這些因素造就戰後亞洲史無前例的經濟起飛。東南亞盛行的柔性獨裁政權多以上述價值觀為基礎，這也是新加坡、馬來西亞、印尼等國不需要西方民主的理由。李光耀認為這些價值觀的優越不只反映在政治層面，美國與愈來愈多西方國家常見的高犯罪率、吸毒、貧窮、家庭破裂等問題，在亞洲國家相對較少[3]。馬來西亞總理馬哈地*也推崇亞洲價值觀的優越。

一九九七年亞洲經濟危機後，太平洋兩岸都沒有人再熱衷提倡亞洲價值了。所謂的亞洲價值顯然未能使各國免於經濟政策的錯誤。其後的經濟蕭條導致許多亞洲國家的財富縮水一半（以美金計）。亞洲價值論既以經濟成就為基調，經濟成長的結束已足以推翻整個論點[4]。

不過，有些亞洲價值雖不見得如李光耀或馬哈地所說的，與經濟成就有密切的關聯，卻顯然與西方價值非常不同。亞洲各國彼此間雖有很大差異，他們在因應經濟現代化時還是表現出某種特殊的社會調整模式。下面的討論重點是OECD的兩個會員國——日本與韓國，主要是因為這兩國的資料最完整，且兩國的社會與價值觀相似，並有

* 馬哈地為馬來西亞前總理（第四任及第七任）。

頗多異於西方之處。

日、韓兩國異於西方之處甚多[5]，例如犯罪率比歐洲低很多，更不必說美國了。在日本，犯罪種類在過去四十年裡實際上是逐漸降低（參考第二章與附錄）。戰後的韓國倒是比日本多了許多政治暴力事件，甚至因好鬥而有「東方的愛爾蘭」之稱。一九八二年犯罪率稍微提高，顯然與光州事件及全斗煥的高壓政治有。但整體而言，韓國的犯罪率相當低。一般總認為都市化與工業化必然會導致犯罪率提高，日、韓的例子證明這個論調不攻自破。

核心家庭的穩固也是同樣的情形。過去四十年日、韓的離婚率都提高，但多數西方國家一九六五年後爆發的家庭崩解風潮並未出現。日、韓非婚生子比例極低，也是核心家庭極穩固的明燈。

日、韓能維持低犯罪率的原因並不明確，兩者的原因可能也不相同。日本社會傾向非正式規範與義務的網絡壓制脫序行為，韓國則習於直接以政府的力量控制。韓國在一九八七年之後雖走向民主化，在公共秩序的維持上，警察仍然很強勢。

日、韓核心家庭的穩固倒是比較有脈絡可尋——基本上與婦女在社會中的地位很有關係。日、韓婦女的勞動參與率雖然都穩定增加，但相對其他OECD國家仍然較低。更重要的是他們（及東南亞其他開發程度較低的國家）的女性勞動參與率曲線仍維持M

型——年輕女性進入職場從事輕工業或服務業，二十餘歲回歸家庭結婚生子，子女長大後又重回職場。

上述現象又造成兩性的收入差異。多數已開發國家的女男收入比例都逐漸提高，日本的情形在OECD國家中是比較特殊的，不但比例偏低，從一九七〇到九五年間增加的幅度也較小[6]。很多日本婦女在工作是暫時性的或根本是低就，例如那些在百貨公司門口或電梯站崗的小姐。

日、韓的勞工法對兩性有不同待遇，在西方這會被稱為性別歧視，在亞洲則多被視為保障婦女權益。日本一九四七年通過的勞動基準法規定：十八歲以上婦女一週加班時數、假日或夜晚工時不得超過六小時。日本員工是出了名的拼命三郎，這項規定有效地阻礙婦女完全投入職場與終身職制度。一九八六年的就業機會平等法對經理及部分白領職位解除這方面限制，不過意義並不大，因為女性經理原本就不多[7]。藍領員工的限制遲至一九九七年才解除，計畫在之後三年陸續施行[8]。

日本與西方的女性主義者可能會覺得這樣的法律歧視女性，但多數日本婦女不見得這樣想。一次又一次的民調顯示，絕大多數日本婦女結婚生子時寧可辭掉工作，等子女長大再回到職場[9]。即使薪水因而難與男性並駕齊驅，她們似乎不像西方女性那麼在意。顯然男女分工的觀念反映的是更深刻的文化價值觀，不是勞動基準法的修改可以輕易改變的。

韓國的情形也差不多，只是因工業化時間不同而較晚發生。韓國婦女勞動參與率從一九六三年的三四・四%提高到一九九〇年的四〇・四%，相較其他OECD國家還是較低。韓國婦女和日本人一樣也是結婚生子便辭職，但在戰後的軍事統治下受到的保護較少，職場上的性別歧視處處可見。直到軍事統治後次年（一九八八年）才通過勞動平等法，明訂同工同酬的原則及禁止歧視[10]。法律制定後還要能落實，但韓國的女性主義者卻常抱怨勞工部執行得不夠徹底。就像日本一樣，很多韓國婦女還是偏好結婚生子便辭職。

日、韓與西方國家的另一項差異是製造業仍占國民生產毛額較大的部分。在二十世紀後半，全世界已開發國家的製造業都是以男性為主，美國製造業重鎮在一九七〇與一九八〇年代面臨產業空洞化的問題[11]，亞洲的製造業則遲至一九九〇年代才發生。如表5.1所示，一九七〇到九〇年間日本製造業的工作占全部工作的比例從二六・〇降到二三・六%，與美國的大幅滑落（從二五・九%降到一七・五%）相對緩和許多。這或許可以解釋男女收入差異為何難以縮小。一九九〇年代的日本經濟和西方國家一樣，都面臨製造業輸出及以科技業替代傳統產業的壓力。一九九〇年代末的經濟蕭條導致產業重點快速移向服務業，加上人口減少，可以預見將來會有更多婦女投入職場。

談到西方核心家庭的崩解，一般都認為避孕及女性收入提高使男性責任大為改變有關。有趣的是到一九九九年避孕藥在日本還不是完全合法，生育控制的主要方法是墮胎（一九五〇年代初在日本已合法）、保險套及計算安全期。在日本墮胎比在西方容易，但一般人還是認為是一種汙點。（佛教與神道教都反對墮胎，祭祠嬰靈使日本寺廟香火鼎盛。）[12]西方早已認為性與生殖是兩回事，在日本從未能完全分離兩者。

日、韓核心家庭的穩固與婦女的角色很有關係，因為她們較可能為子女離開工作，獨立賺錢機會較有限，性與婚姻之間的關聯較密切。不過，日、韓婦女並不把自己當作西方女性主義者所譏諷的「生殖機器」。日、韓兒童在國際測驗競賽中表現優異，大部分要歸功於母親對子女教育的重視。但不可諱言的，這些婦女本身的事業機會比西方婦女受限許多。日、韓家庭也許較穩固，但夫妻情感似乎較疏離[13]。

如果我們把目光移到日、韓以外的亞洲國家，會發現一些奇特的社會形態，甚至與一般認為的經濟現代化對家庭的影響完全背道而馳。例如在馬來半島與印尼大部分地區，穆斯林教徒的離婚率在二十世紀前半非常高，反倒是隨著現代化的腳步而急遽下降，到一九七〇年代才降到西方水準以下[14]。工業化之前的高離婚率與當地伊斯蘭教贊同一夫多妻制及離婚相當有關，這種經濟與婚姻穩定度同步成長的情形在二十世紀的歐洲是絕無僅有的。

其實未來日、韓婦女的職場壽命與收入也不見得就趕不上歐美婦女。生育率遽減已使日本的勞動人口愈來愈少，一九九〇年代末日本勞動人口絕對數字首現負成長。前面說過，由於生育率逆向成長，下個世紀初日本的人口每年會減少百分之一以上。人口快速老化加上勞動人口與退休人口比例下降，日本未來將面臨龐大的社會安全問題。事實上日本現在已感受到壓力，能否安然度過一九九八～九九年的經濟危機還是個問號。解決的方案之一是引進更多外勞，這一點日本人強烈反對。另一個方案是鼓勵婦女進入職場，而且要繼續工作到婚後。看起來日本決策者比較偏好第二方案，果真如此，日本家庭的穩定性可能會受到動搖，西方國家所經歷的社會問題也可能在日本上演[15]。

文化至上？

日、韓兩國至今仍能免於大斷裂現象，證明人類的經濟行為確實受到文化力量的牽引。日、韓兩國的文化都偏好傳統的女性角色，也都保留歧視性的法律限制女性進入職場。韓國的父權家庭尤其受到儒家思想的支持。在歐洲，文化同樣扮演重要的角色，當歐洲各國的家庭結構普遍發生巨變時，義大利、西班牙、葡萄牙的相對穩定，顯得相當突出。（有趣的是西班牙與義大利的離婚與非婚生子比率雖相對較低，生育率卻也是歐洲最低。目前雖無證據顯示兩者有關，依我推想，可能這兩國的婦女較難離婚，因而選擇少生孩子以維持自主權。）天主教對家庭結構也有很大的穩定功能，至少形式上是如此[16]。德國與荷蘭天主教人口不少，家庭穩定程度雖不及義大利與日本，卻明顯高出北歐英語國家。

文化與公共政策的影響力確實不容小覷，對工作與家庭規範的影響可能不下於科技的改變。十九世紀末大量出現所謂傳統的女性工作，如職員、打字員，然而這些工作並非自然而然成為女性專屬的。首先，婦女與其家人必須說服自己做這些工作是合宜的。男性體力確實大過女性，但並不表示女性就無法從事需要體力的工作。例如蘇俄與二次大戰時的美國，女性被動員從事粗重的製造與農務工作，表現同樣可圈可點。因此，我們要探討的是：非工業化與服務業取代製造業是否必然對女性有利，或只有因藍領工作主要由男性擔任的結果？我們不能採取某些手段，如日本與許多歐洲國家那樣保護家庭經濟支柱（男性）的工作機會，避免科技變遷帶來的傷害嗎？

科技與文化兩種因素很難完全分開，兩者的交互作用更是異常複雜。文化對社會規範改變的速度有很大的影響。科技與勞動市場雖然會改變人與人的關係，社會多少可努力控制改變的程度。例如過去三十年來日本政府便一直努力延緩避孕藥的合法化。再如無過失離婚合法也許不是北歐與其他英語國家離婚率偏高的原因，但義大利與愛爾蘭等天主教國家可能就是因為沒有這樣的法律，才能維持較穩定的家庭結構。美國在一九九〇年代通過法律允許所謂的盟約婚姻，亦即新婚夫妻簽訂較難離異的契約。這項法律也許無法將離婚率拉低到一九五〇年代的水準，至少可以讓夫妻自我約束，讓婚姻更穩固一些。

社會秩序的重建

探討至此，關於未來如何重建社會資本的問題還是沒有解決。我們雖能透過文化與公共政策控制社會崩解的速度，但並不能回答二十一世紀社會秩序重建的問題。日本與一些天主教國家確實比北歐與英語國家更能維持傳統家庭觀，也因此節省不少社會成本。但我們很難想像未來三十年這些國家還能維持不變，更遑論重建工業時代男主外、女主內的核心家庭，即使能夠，他們也未必願意復古。

至此我們似乎陷入進退維谷之局：向前走是不斷惡化的社會失序與分裂，向後又已無路可退。那麼現代社會是否注定只能陷入無止盡的道德衰退與社會混亂直到毀滅？哲學家柏克（Edmund Burke）說，社會混亂是以理性取代傳統的必然結果，難道他的話果真一語成讖？

我認為不會，原因很簡單，人類天生會為自己創造道德規範與社會秩序。無規範的狀態（或涂爾幹所謂的脫序）是人類無法忍受的，我們自然會努力創造出新的規範。如果科技使得某些舊的社區形式無法存續，我們會運用理性營造新的形式，讓人的利益、需求與熱情得到滿足。

我們對未來不抱悲觀當然是有理由的，要了解這些理由，首先應從抽象層次探討社會秩序的起源。很多人似乎把文化當作代代相傳的靜態規範，如果身陷低社會資本或低信賴的國家，彷彿便一籌莫展。無可否認，公共政策對文化的影響很有限，了解文化的局限才能制定最理想的公共政策。但別忘了文化是有生命力的，而且會不斷產生新的生命力，這股創新的力量即使不是來自政府，也必來自每一個社會成員。文化的演進速度雖不及正式的社會或政治機構，卻能隨著環境而調整。

社會秩序與社會資本有兩大基石。第一個基石是生物性的，源自人的本質。晚近生命科學的重要發展重新印證人性存在的古典觀點，簡單地說，人的本性是社會性與政治性的動物，具備建立社會規範極大的能力。從某個角度來看。這項發展並未超出亞里斯多德的知識範圍，也讓我們更精確了解人的社會性與天賦本質。

社會秩序的第二個基石是人類的理性——能自發尋找方法解決社會合作的問題。前面說人類具有創造社會資本的天賦能力，但這不足以解釋社會資本為何在特定情況下產生。人類社會會產生特定行為規範是屬於文化的範疇而非天性，在文化領域裡，我們發現社會秩序常常是人與人透過協商、辯論、對話的水平互動產生的。也就是說，社會秩序未必只能由政府或宗教由上而下創造。

自然或自發的秩序還不足以構築社會秩序的全部規範，關鍵點還需要階級權威的補強。回想歷史我們會發現，分散的個人一直在為自己創造社會資本，而且總能找到方法適應技術與經濟的變遷。事實上，今天在最高科技的領域裡我們便可見證社會資本的創造。

接下來我們要探訪的是社會秩序的兩大來源：人性與自我組織。

註釋

1 參見 James Q. Wilson, "Thinking about Crime," in Wilson, *Thinking About Crime*, rev. ed. (New York: Vintage Books, 1983).

2 Kingsley Davis and Pietronella Van den Oever, "Demographic Foundations of New Sex Roles," *Population and Development Review* 8 (1982): 495–511.

3 例子可參見 Fareed Zakaria, "A Conversation with Lee Kuan Yew," *Foreign Affairs* 73 (1994): 109–127.

4 參見 Francis Fukuyama, "Asian Values and the Asian Crisis," *Commentary* 105 (1998):23-27.

5 日本與韓國所經歷的社會規範變化，某些方面與西方的狀況類似。舉例而言，在全球價值調查中，日本與韓國在一九八一至一九九〇年間，對於大型機關組織的信任度都是減少的，其首先針對的是政府。日本的狀況不令人驚訝，因為它曾爆發系列醜聞；至於韓國，它的民主制度組成不甚完整，且其制度在一九九〇年時尚未滿三年。在日本，人民對於宗教寺廟、軍隊、教育與法律系統、工會、警察的信任度減少，而對於媒體、國會（程度極輕）、公務員、大公司的信任度則增加。在韓國，人民對於所有機關組織的信任度都是降低的，除了工會以外。西方的組織成員數的變化不固定，日本與韓國類似，但日本是些微下降，而韓國則是提升（尤其宗教團體成員）。這兩個國家的生育率在上個世代劇烈減少，日本尤其如此。兩國的家庭結構也有所改變，多世代家庭轉變為核心家庭（此變化在日本發生的時間頗早於韓國）。亞洲與西方的家庭結構變化類似，在其他方面也是，這包括工作地點與住宅分開、機構組織的教育狀況、兒童能獲得更多經濟資源等。參見 Arland Thornton and Thomas E. Fricke, "Social Change and the Family: Comparative Perspectives from the West, China, and South Asia," *Sociological Forum* 2 (1987): 746– 779.

6 Organization for Economic Cooperation and Development, *Employment Outlook* (Paris, July 1996), and personal correspondence.

7 Marguerite Kaminski and Judith Paiz, "Japanese Women in Management: Where Are They?" *Human Resource Management* 23 (1984): 277–292.

8 Eiko Shinotsuka, "Women Workers in Japan: Past, Present, Future," in Joyce Gelb and Marian Lief Palley, eds., *Women of Japan and Korea* (Philadelphia: Temple University Press, 1994); Andrew Pollack, "For Japan's Women, More Jobs and Longer and Odder Hours," *New York Times*, July 8, 1997, p. D1.

9 Shinotsuka, "Women Workers," p. 100.

10 Roh Mihye, "Women Workers in a Changing Korean Society," in Gelb and Paley, *Women of Japan*.

11 狀況未必一定如此。在西方、日本與當代亞洲，輕工業（如紡織）乃是年輕女性的主要工作機會。參見 Claudia Goldin, “The Historical Evolution of Female Earnings Functions and Occupations,” *Explorations in Economic History* 21 (1984): 1–27.

12 Miho Ogino, “Abortion and Women’s Reproductive Rights: The State of Japanese Women, 1945–1991,” in Gelb and Paley, *Women of Japan*, pp. 72–75; 亦可參見 Naohiro Ogawa and Robert Retherford, “The Resumption of Fertility Decline in Japan,” *Population and Development Review* 19 (1993): 703–741.

13 Ronald R. Rindfuss and S. Philip Morgan, “Marriage, Sex, and the First Birth Interval: The Quiet Revolution in Asia,” *Population and Development Review* 9 (1983): 259– 278.

14 Gavin W. Jones, “Modernization and Divorce: Contrasting Trends in Islamic Southeast Asia and the West,” *Population and Development Review* 23 (1997): 95–114.

15 有些證據顯示，這些問題或許已經發生了。參見 Mary Jord and Kevin Sullivan, “In Japanese Schools, Discipline in Recess,” *Washington Post* (January 24, 1999): A1, A22.

16 許多國家——尤其是天主教國家——的常見狀況是，男性在另有情婦或女友的狀況下，家庭依然為正式、合法的組織且相對而言不受影響。雖然上述這個狀況蠻虛偽的，但是就保護被扶養人法律權的優點而言，這還是比有清教傳統的國家如美國有一夫多妻制之狀況更好。

PART 2

道德系譜學

On the Genealogy of Morals

CHAPTER 8

第八章

規範的生成

我居住在華盛頓郊區外，在離家數里處，我每天早上都看到同樣劇情上演。[1]上班尖峰時間，在某個街角的鮑伯餐廳內，總有一堆人排隊。一輛車靠過來，排在前面的兩三人坐進車，一起坐到北邊的市區。到了傍晚，同樣的劇情反方向再演一次，一車車載滿陌生人的車子開回來，乘客下車後再改開自己的車子回家。

這些共乘的人自稱為蛞蝓族（slug），這個現象始於一九七三年的石油危機，政府將南方郊區通往哥倫比亞區的州際九五公路的內車道規畫為高承載道路，每一輛車至少要有三個乘客。州際九五公路是華盛頓區阻塞最嚴重的交通要道。實施高承載限制後，司機與乘客往返都可縮短四十五分鐘。

多年來蛞蝓族發展出一套規矩來，例如汽車與乘客都不可插隊。乘客可拒絕進入某輛車，車上禁止抽菸或換錢，車上不談爭議性話題（性、宗教、政治）等基本禮儀。共乘制實施後秩序絕佳，過去十三年裡只發生過二件凶案，都是發生在乘客稀少的冬天深夜。之後，再沒有人會讓婦女單身等車。

蛞蝓族創造了社會資本，這些人共同制定一套合作的規則，讓彼此都能早一點到達上班地點。蛞蝓族文化最有趣的地方是它不是任何人刻意創造出來的。例如等車地點或行為規範都不是政府、歷史傳統或某位領導者立下的，而是單純源於上班族想要節省時間的願望。當然蛞蝓族的源起政府也有一點貢獻，當初若沒有指定高承載道路，可能不會有蛞蝓族的出現。或者若是政府將高承載人數由三個改為兩個，蛞蝓族可能也會很快消失。但政府的規定只是創造一個有利的環境，蛞蝓族的社會秩序還是人們因個人利益自發創造出來的。

雖然說蛞蝓族不是任何人創立的，卻也不是任何地方都可能發生。華盛頓地區很多地方都不可能出現蛞蝓族，有些可能因治安太差而沒有人敢在街頭等車，有些可能因居民差異性太大而無法達成行為規範的共識。蛞蝓族願意和完全陌生的人坐進同一部車子，願意信賴不認識的人，原因可以如一位蛞蝓族所說的：「這些人都是公務員……大概做不出什麼壞事。」[2]

規範體系

蛞蝓族看似與第一部所討論的犯罪、家庭崩解、信賴等沒什麼關聯，其實不然，透過這些因素我們看到社會資本的形成。社會資本並不是代代相傳的珍貴文化遺產，一旦失落便不可復得，社會資本是人們日常生活中不斷創造出來的，不只傳統社會中有，現代資本社會的個人與組織同樣每天在累積。隨著科技的進步，管理組織扁平化，企業關係漸由網絡取代階級，社會資本的重要性也愈來愈顯著。

蛞蝓族現象之所以發人深省，是因為從這個小例子可以看到社會秩序是可以由下而上發展出來的，雖然規模並不大卻很有效。這與一般人所了解的社會秩序大相逕庭，多數人認為社會秩序是規定出來的。現代政治思想的鼻祖霍布斯認為，人性原本的狀態是彼此敵對，要避免混亂就要靠強勢政府維持秩序。也因此談到社會秩序容易讓人有負面的聯想，聽在美國人耳裡尤其有獨裁與控制的模糊概念。但另一方面，當人們面對可能的脫序現象時，又很容易變為霍布斯的擁護者。如果是對「完全自由市場」感到懷疑的人，希望的是政府戴上調節者的面具維持秩序。如果是傳統的保守派，則通常希望人們服從宗教的權威。

二十世紀末最重要的一項知識發展就是：研究秩序（亦即社會資本）如何能以自發分散的方式形成。帶領這些研究的毫無疑問地是經濟學家，因為經濟學的研究中心——市場——本是自發秩序的最佳範例[3]。知名學者海耶克（Friedrick von Hayek）研究的主題是「人類互助合作的延伸秩序」，亦即資訊社會中人與人合作關係賴以維持的所有規則、規範、價值、行為共識等。海耶克以反中央集權與支持自由市場著稱，但他堅信秩序是必要的，他的研究重點就是秩序如何能自發生成而不需要仰賴中央化層級型的機構（如政府）。

自發秩序的概念並不是經濟學才有，達爾文以後的科學家已確定一件事：生物界的高階秩序並不是上帝或其他造物主的傑作，而是簡單個體互動的自然結果。《連線》（*Wired*）雜誌執行編輯凱利（Kevin Kelley）指出，一窩蜜蜂所表現的行為相當複雜，但並不是由蜂后或任何一隻蜜蜂所控制，而是每一隻蜜蜂遵循簡單行為的結果（如飛向花蜜、避開障礙、靠近同類等）[4]。又如非洲白蟻的窠比人還高，配備有暖氣與空調系統，也不是任何人的傑作，當然更不是神經系統簡單的白蟻設計出來的。自然界諸如此類的例子不勝枚舉，所謂秩序都是盲目非理性的進化與自然淘汰過程中衍生出來的[5]。電腦能模擬複雜的行為也不是靠著由上而下的精密程式指揮，而是仰賴能遵循簡單規則的模組。一九八〇年代創立的聖塔菲研究所（Santa Fe Institute）就是專門研究這種現象的——所謂複雜的調整系統[6]。

不可否認社會秩序常常是透過層級組織創造出來的，然而秩序的起源可以很多樣，從中央化的層級式權威，到完全分散的個人自然互動都有可能。圖8.1顯示出此一光譜。事實上，層級也有很多種形式，可以是超自然的（如帶著十誡自西奈山下來的摩西），也可以是俗世的（如企業主宣布以新的企業精神維持與客戶的關係）。自發的秩序同樣有多種來源，從自然力量的盲目運作（如亂倫的禁忌），到律師之間結構嚴謹的談判都是。一般而言，自發形式的規範多為非正式的，亦即未經明文規定公諸大眾。層級權威所創造的規範多採文字形式，如法條、憲法、規章、聖典、組織結構圖等。不過，這兩

圖 8.1　規範光譜

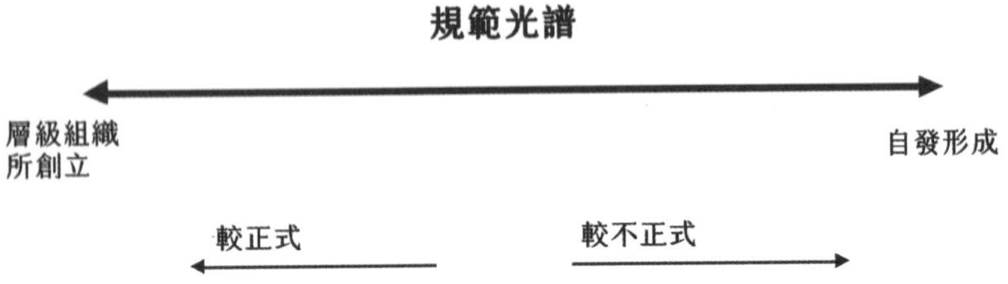

種規範的界線有時很模糊。以英、美等英語系國家為例，習慣法是法官與律師一連串互動自發形成的，但在正式法律體系中也被認可具約束力。

從另一個角度分析，規範的來源可為兩種，一是理性選擇的產物，一是與理性無涉，是社會延襲的產物。這個分析與圖8.1合併，便形成圖8.2，可以看出規範的可能形式有四種象限。這裡所說的理性是指不同的規範事先經過辯論與比較。當然，理性的討論也可能產生不符討論者利益的壞結果。反之，非理性的規範可能成效絕佳，如某些宗教信仰極有助於維護社會秩序與經濟成長。

從很多方面來說，社會學與經濟學的差異也可說是理性與非理性之別。社會學基本上就是研究社會規範的科學，認為人類長大成熟後會社會化成為各種角色——天主教徒、工人、母親、官僚等，這些角色都是根據錯綜複雜的社會規範來定義。規範將社會凝聚在一起並被眾人嚴格執行，使人們的選擇受到極大的限制。譬如說母親被期待

圖 8.2　規範體系

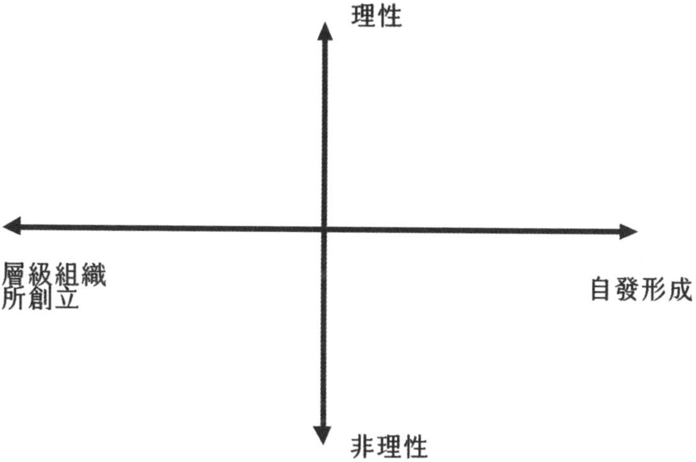

要疼愛孩子，一九九四年南卡羅萊州一個母親將孩子溺斃，社會便會施以嚴厲的法律制裁與道德譴責。

涂爾幹認為社會學在人性動機的解析上比經濟學更勝一籌。經濟學家認為人類接觸時會進行市場交易，涂爾幹指出這項假定其實就是建立在非經濟學的因素上，認定有一種社會規範讓買方與賣方能和平協商，而不會掏出槍來互相搶奪[7]。韋伯也說，經濟學假定提高物品單價，便可增加工人產出是錯誤的，因為追求最大效益本身就是歷史制約的社會規範。在某些傳統社會裡，提高農產品單價反而促使農民提早收工，因為他們只求溫飽就好[8]。

看來社會學家極度重視社會規範，

甚至讓人懷疑社會學與經濟學的最大差異是前者談約束，後者論自由。社會學家丹尼斯·朗（Denis Wrong）有一篇文章經常被引用，文中他抱怨同僚對人的了解「太強調社會化的觀點」。他質疑如果人性就是規範與約束，我們如何理解那些特立獨行，最後成為企業家、開創者、叛逆者的人[9]？相反的，現代新古典經濟學則是以理性追求最大效益來解釋人類行為，強調人的選擇。換句話說，人類的行為是經過選擇的結果，選擇的原因是理性判斷符合自身的利益。根據某些經濟學家的說法，似乎人類的行為就是因應環境變化所做的一系列理性選擇，內化的社會行為規範則影響甚微。

然而在過數十年裡，經濟學家愈來愈注重社會規範的重要。海納（Ronald Heiner）便指出，理性的人類就是不可能在日常生活每一刻做出理性的抉擇[10]。果真如此，人類的行為將變得完全無法預測或陷入癱瘓，包括要不要給服務生或計程車司機小費、每個月要不要儲蓄一筆錢做退休基金，所有大小事情都要經過算計。人們遵循簡化的行為規則其實是理性的，即使這些規則不一定每次都適用。因為決策的過程就附帶有成本，需要作為決策依據的資訊又往往無法取得或不完整[11]。很多人會自己設定規則：絕不在衝動下購物、第一次約會絕不讓對方碰重要部位，萬一碰到千載難逢的好商品或白馬王子，上述規則可能導出錯誤的決定。但長期平均來說，人們總覺得以簡明扼要的規則限制自己的選擇畢竟是有利的。這中間可能也有生物上的邏輯：人們喜歡遵循規定，也希望別人遵循。當自己做不到時會覺得愧疚，別人做不到則會感到憤怒。

經濟學裡有一派叫做「新制度主義（new institutionalism）」，認為社會規範對理性經濟行為很重要[12]。經濟史學家諾斯（Douglass North）所謂的「制度」是指，主宰人類社會互動的正式或非正式規範[13]。他指出規範有助於降低交易成本。例如尊重他人的財產權就是一種規範，如果沒有這項規範，每一筆所有權的協商都將因個案而定，結果必然不利市場運作、投資乃至經濟成長。

所以說經濟學與社會學對規範的重視並無二致，只是對規範的來源自認有不同的解釋能力。大體而言，社會學家（與人類學家）較善於敘述社會規範，較不擅長解釋其來源。社會學家所描述的人類社會常常是非常靜態的，如：在紐約的義大利社區中，低下階層的男孩會加入幫派多肇因於「同儕壓力」[14]。這樣的敘述卻不能解釋同儕壓力究竟從何而來，我們或許能追溯到一兩代之前的狀況，更遙遠的證據終究渺不可考。社會學與人類學曾出現過「功能主義（functionalism）」，試圖為稀奇古怪的社會規範找尋理性實用的理由。例如印度教禁吃牛肉，學者的解釋是牛必須留作他用——耕作或供乳。然而印度的穆斯林教徒也面對同樣的生態與經濟環境，為何卻大啖牛肉？新德里的麥當勞可以從澳洲、阿根廷大肆進口牛肉，印度教不吃牛肉的禁忌為何還能維持？這些問題都無法解釋[15]。

這個缺口便由經濟學家來填補，他們大膽地以經濟學的方法對日益豐富多樣的社會行為提出解釋。經濟學有一門龐大而發展成熟的旁支稱為博弈論（game theory），對社會規範的來源有一套說法[16]。事實上，經濟學並不否認人類行為受制於社會規範，只是認為規範的形成過程是理性而可以解釋的。

在此姑且略為簡化說明，博弈論的基本前提認為人生來世上不是如丹尼斯・朗所說的是過度社會化的共產社會的一分子，或與他人有許多聯繫與義務，而是一個個孤立的個體，有許多自私的欲望與偏好。不過，在很多時候，與他人合作可以更有效滿足個人的偏好，因此才會協商出種種社會互動合作的規範。依據此一說法，人確實會表現利他的行為，但只是出於利他、也可利己的考量（理論上可引發別人的互惠行為）。足見博弈論背後有一套數學邏輯，可以從嚴肅的角度了解人們從自私導向合作的軌跡。

這套理論基本上延伸自古典自由派（如霍布斯、洛克、盧梭）關於社會起源的解釋。這幾位思想家都認為自然社會是由孤立自私的個體組成的。霍布斯認為公民社會的形成是這些人協商出一套社會契約，建立強勢政府——此一政府可維持秩序，保障個人在自然社會下無法完全實現的權力[17]。洛克心目中的自然社會雖比霍布斯所說，人人彼此敵對要溫和許多，但也認為人類除了家庭之外，並不具備社會本能。盧梭對原始人類的孤立狀態敘述的更極端：只有性是自然的，連家庭都不是。社會是後來人們在歷史關

圖 8.3　秩序的起源

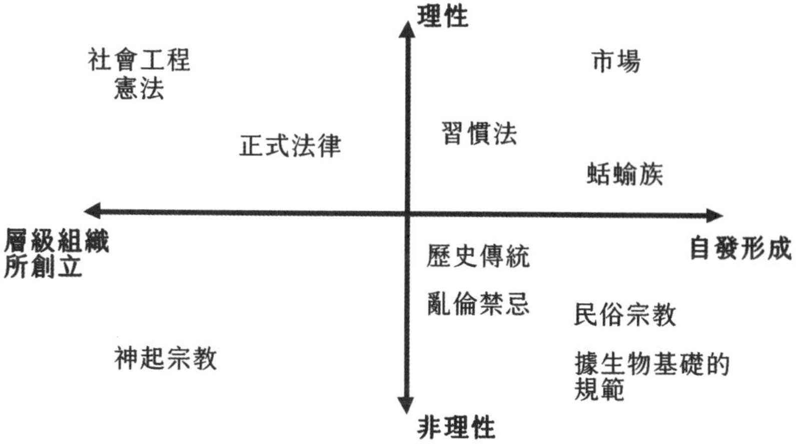

鍵時刻互動下才創立的。這派理論的現代繼承人仍延襲這套「方法論的個人主義」（methodological individualism）[18]，包括博弈理論學家與經濟學家如貝克（Gary Becker）與布坎南（James Buchanan），他們甚至企圖將這套論點延伸到非經濟學的領域——如政治、種族關係、家庭等。

我們試著將各種社會規範套入前述的四種象限，製成圖8.3。例如本章開頭提到的蛞蝓族屬於理性自發形式的規範，雖然是以分散的方式形成的，但應是經過討論、嘗試與錯誤經驗。至於正式的法律（不管是獨裁者或民主政體所頒布）[19]、憲法、社會工程及所有由上而下引導社會的努力都屬於理性層級象限。但習慣法與蛞蝓族一樣，屬於理性自發形成的。根據

圖 8.4　學科象限

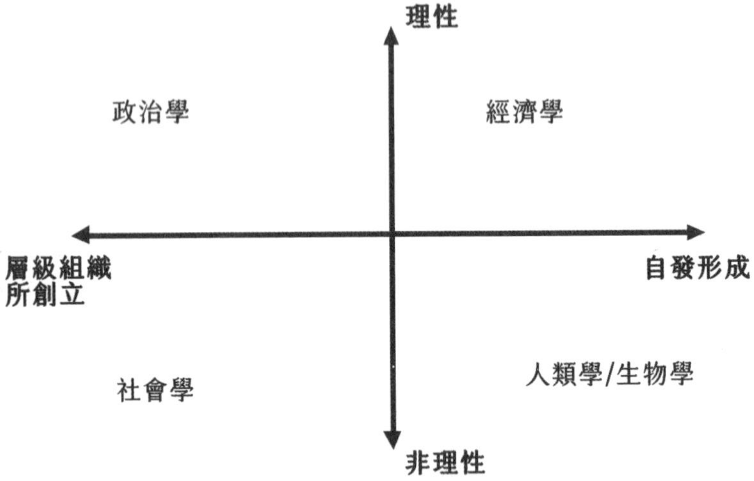

神啟的組織化宗教通常有一個層級式的來源——最終的來源便是上帝——所採取的規範當然也未經理性辯論。有些民俗宗教（如道教、神道教）與偽宗教的文化習俗可能是以分散、非理性的方式形成的。現代很多民俗宗教都被志願的聚會式教派取代，基本精神不是階級權威，而是小眾的共同信仰，因此這類型宗教分別屬於左下與右下的象限。最後有些規範是建立在生物基礎上，自然落在非理性、自發形成的類別，亂倫禁忌就是其中之一。最近的研究顯示，亂倫禁忌其實與人類天生不喜與近親性交有關，也就是說，若沒有明顯的文化力量支撐，亂倫禁忌可能還是會存在。

我們可以用同一個象限圖來區別各

個社會學科（如圖8.4）。例如經濟學專門研究市場，主要探討理性、自發的交換行為。政治學的重點是法律與正式的政府機構；社會學探討宗教與其他層級性非理性的規範；人類學關切的是非理性非層級性的規範（生物學也愈來愈傾向如此）。不過，各學科顯然都努力跨越自己所處的象限。現在有所謂的法律社會學與經濟社會學，政治學者開始注意政治文化及其他非理性、非層級性的政治規範，經濟學者更是積極擴張版圖，試圖以強大的理性抉擇解釋運用到人類行為的每個層面。

註釋

1 此解釋乃是根據於 Lee Lawrence, "On the Trail of the Slug: A Journey into the Lair of an Endangered Species," *Washington Post*, August 10, 1997, p. 1 ("Style" section).

2 雖然蛞蝓行為不是由州政府所創造，但州政府隨後便介入了，哥倫比亞特區大都會警察局企圖抑制第十四街上的「蛞蝓線」。反之，維吉尼亞州代表詹姆斯・莫蘭（James Moran）引入立法，以保護蛞蝓族的利益，在階層權威的干預之下，不正式的規則由此轉化為正式規範。參見 "Slugfest," *Washington Post*, August 2, 1998, p. C8.

3 Friedrich A. Hayek, The Fatal Conceit: The Errors of Socialism (Chicago: University of Chicago Press, 1988), p. 5; 亦可參見他的 *Law, Legislation and Liberty* (Chicago: University of Chicago Press, 1976).

4 關於這一點的討論，請參見 Kevin Kelly, Out of Control: The New Biology of Ma- chines, Social Systems, and the Economic World (Reading, Mass.: Addison-Wesley, 1994), pp. 5–7. 亦可參見 John H. Holland, Hidden Order: How Adaptation Builds Complexity (Reading, Mass.: Addison-Wesley, 1995).

5 這是下列此書之主題，Richard Dawkins, *The Blind Watchmaker* (New York: W. W. Nor- ton, 1986).

6 關於聖塔菲研究所肇始之記述，可參見 M. Mitchell Waldrop, *Complexity: The Emerging Science at the Edge of Order and Chaos* (New York: Simon & Schuster, 1992).

7 參見 Emile Durkheim, *The Rules of Sociological Method* (Glencoe, Ill.: Free Press, 1938), pp. 23–27. 亦可參見 Dean Neu, "Trust, Contracting and the Prospectus Process," *Accounting, Organizations, and Society* 16 (1991): 243–256.

8 Max Weber, *The Protestant Ethic and the Spirit of Capitalism* (London: Allen and Unwin, 1930).

9 Dennis Wrong, "The Oversocialized Conception of Man in Modern Sociology," *American Sociological Review* 26 (1961): 183–196.

10 Viktor Vanberg, "Rules and Choice in Economics and Sociology," in Geoffrey M. Hodgson, ed., *The Economics of Institutions* (Aldershot: Edward Elgar Publishing Co., 1993).

11 Ronald A. Heiner, "The Origin of Predictable Behavior," American Economic Review 73 (1983): 560–595, and "Origin of Predictable Behavior: Further Modeling and Applications," *American Economic Review* 75 (1985): 391–396.

12 關於新制度主義之描述，及其與舊學說之間的差異，參見 Geoffrey M. Hodgson, "Institutional Economics: Surveying the 'Old' and the 'New,'" *Metroeconomica* 44 (1993): 1–28.

13 Douglass C. North, Institutions, *Institutional Change, and Economic Performance* (New York: Cambridge University Press, 1990).

14 小團體行為的古典社會學解釋，乃是 George C. Homans, *The Human Group* (New York: Harcourt, Brace, 1950).

15 關於此點請參見 Adam Kuper, *The Chosen Primate* (Cambridge, Mass.: Harvard University Press, 1993), pp. 98–99.

16 此學科分支開始於 John von Neumann and Oskar Morgenstern, *Theory of Games and Economic Behavior* (New York: John Wiley, 1944).

17 關於原初的自由「獨立權利擁有者」，參見 Mary Ann Glendon, *Rights Talk: The Impoverishment of Political Discourse* (New York: Free Press, 1991), pp. 67–68.

18 關於方法論的個人主義及其批判，其討論可參見 Kenneth J. Arrow, "Methodological Individualism and Social Knowledge," *AEA Papers and Proceedings* 84 (1994): 1–9.

19 有些人可能質疑，透過民主政治程序所公布的法律，是否應當被歸諸階級範疇，因為民主在定義上是由平等的投票者所從事，而且若民主施行良好，其則能夠反映廣大人民的希望。此處所使用的階級化，指的是法律被發布或執行的方式，卻不是指立法的程序。經民主程序所決定的法律，依然是由上而下地頒布，而且是用國家全部的執法力量來加以推行。

CHAPTER 9

第九章

人性與社會秩序

經濟學家的政治立場常是偏右，有一個觀點卻與偏左的社會學家傾向一致——亦即相信社會規範是文化建構出來的。不過兩者的解讀角度還是有所不同，經濟學家認為社會規範是地位相當的個人理性協商的結果，社會學家則認為是強者制定出來凌駕弱者的（所謂強弱之分可能是社會階級、性別、種族或其他地位象徵）。本世紀的社會學主流觀念也是持這種觀點，認為要解讀某種社會現象時，便必須溯及「更早的社會現象」（涂爾幹用語），而不必從生物學或基因遺傳找答案[1]。當然人類也有天賦的本質，社會學家絕不會認為人體也是後天環境形塑的。但所謂的標準社會學模式認定生物學只及於身體；創造文化、價值、社會規範的精神部分則完全是另一個領域[2]。

精神領域的定義則是建立在人類認知能力的各種假定上。從十七世紀英國哲學家洛克、華生到史金納（B. F. Skinner）的行為學派認為人腦是一張白紙，具備計算、聯想、記憶等能力，但也只有這些能力。成人的所有知識、習慣、聯想等都是出生後經驗獲得的。人類的選擇受制於一定的規範，這是理性選擇的結果（經濟學的說法），或是童年社會化的影響（社會學家的說法）。

然而，愈來愈多的證據顯示標準社會科學模式不夠周延，人類似乎天生具備某些認知架構，同時到了一定年齡自動具備某種學習能力，使其自然融入社會。換句話說，確實存在有所謂人類的天性。對社會學家與人類學家而言，這意味著文化相對論值得重新省思，文化與道德的普遍標準是可能存在的，並可據以評估特定的文化行為。不僅如此，這也表示人類的行為可能不如他們原先以為的那般具可塑性。對經濟學家而言，這表示社會學將人類視為社會性的動物可能是比較正確的。至於人類學家、社會學家、經濟學家以外的人，這表示過去數十年社會科學的觀念完全被推翻，一般人的常識觀念反而獲得印證——例如男女天生有其差異，例如人類是具道德本能的政治性與社會性動物。這個觀念對社會資本的討論非常重要，表示人類會依本能創造社會資本。

相對論的歷史起源

要了解人性觀念再獲重視的意義，首先必須回頭檢視二十世紀前半的社會思想史。所謂文化相對論是認為文化規範是任意形成的，是社會建構的產物，世上沒有普遍的道德標準，我們也無法評斷其他文化的規範。美國每個學童都被灌輸這種價值相對論，在美國社會早已深植人心。文化相對論的起源可溯及尼采、海德格等現代哲學家及其對西方理性主義的批判。正如布魯姆（Allan Bloom）在《封閉的美國心》（*The Closing of the American Mind*）中所說的，寬容這項自由主義的美德在本世紀緩慢但堅定地滲透成為一種信念——認定沒有一種理性基礎足以作為道德或倫理判斷的根據。現代人不只學會寬容多元，更學會禮讚多元，這項改變對民主社會中社區的形成意義重大。

文化相對論在美國是人盡皆知的名詞，原因不只是受到上述高層次思想家的影響，也是若干人類學觀念的普及有關。在這方面，哥倫比亞大學人類學家波亞士（Franz Boas）與其學生米德（Margaret Mead）、潘乃德（Ruth Benedict）扮演重要的角色。

波亞士認為，不同群體的外在差異——如科技發展程度、藝術與學術成就，甚至是智力的差異都不是基因決定的，而是教養與文化的產物。這個說法與十九世紀末二十世紀初的社會達爾文傳統大相違背：思想家史賓賽（Herbert Spencer）便認為既有的社會階級反映出天賦能力的差異，作家葛蘭特（Madsen Grant）甚至認為北歐白人是種族進化最先進的。波亞士最有名的研究是測量移民孩童的頭顱大小，發現歐亞「落後」地區的移民與美國人攝取同樣食物後，智力與能力都不遜色，可見透過反移民或優生學來保存白人的純粹是錯誤的觀念。波亞士相信不同族群間並無顯著的認知或心理差異，並嚴厲批評歐美人士批判所謂原始族群文化是嚴重的種族中心主義。潘乃德與米德對這些觀念的普及貢獻很大，並直接影響西方社會在性、家庭、性別角色等方面的行為。

上述人類學的發展只是奠立了學術的基礎，納粹的滅族暴行才徹底推翻了以生物學解釋人類行為的觀念。納粹深信種族有階級之分，並殘暴地以生物學的論點合理化，導致後人強烈反對以基因作為理解人類行為的基礎，到今天這股反對力量在歐洲仍十分強大。這個趨勢又與文化相對論的興起有關——既然不能以天賦特質來解釋社會行為，自然無法以任何普遍的標準來評斷任何文化。也就是說，人類所有的行為都是「文化建構」的產物，受到後天文化規範的形塑。這也是為什麼紀爾茲（Clifford Geertx）等人類學家會主張，文化人類學應以厚描（thick description）為重心，亦即著重個別文化體系的詳細人種誌，但不試圖納入任何理論架構[3]。

新生物學

二十世紀後半的生物革命涵蓋多種豐富的層面。最驚人的發展是在分子生物學與生化領域，DNA結構的發現開拓出基因控制的嶄新產業。在神經生理學也有長足的進步，對各種心理現象能夠提供化學與生理學的理解角度，例如專家發現人腦不是一多用途的計算機，而是具多種特殊功能的模組式器官。最後在宏觀行為（macrobehavior）領域，無論是動物行為學、行為基因學、靈長類動物學、進化心理學與人類學等方面都有大量新的研究出爐，結果顯示某些行為模式比過去認定的更具普遍性。例如第五章談到女性在擇偶時比男性更挑剔，這個現象不只適用於人類各種文化，幾乎所有性繁殖的動物都適用。我相信宏觀與微觀層次的研究遲早會結合起來。隨著老鼠、果蠅、線蟲乃至人類的基因排列逐漸能完整呈現，未來或可就個別基因任意開關，直接觀察其對行為的影響。

相對於文化人類學徹底的文化相對論觀點，新的生物學認為人類的文化差異可能沒有表面那麼大。就好像不同的語言看似南轅北轍，其實多具有共同的語言架構——同樣源自人腦新皮質的語言區。不同的文化背後可能反映出同樣的社會需求——不是文化的需求而是生物的需求。我想沒有一個生物學家會否認文化的影響力，文化甚至可以超越自然的本能與趨力。如果文化可以定義為透過基因以外的方式傳承人類行為規範的能力，文化本身其實就存在人腦的機轉，也是人類進化上的一大優勢。但文化不能凌空而立，背後的生物基礎會限制及影響人們的文化創造力。新生物學提倡的不是生物決定論，而是採取較平衡的觀點，承認人類行為是先天條件與後天環境交相影響的結果。

很多社會現象（如親屬或組織傾向）一方面受到基因的影響，一方面也受到文化的牽引。也就是說，我們不能斷然推斷核心家庭與某種攸關繁殖的基因傾向有直接的因果關係。人類有很多行為看似受到生物趨力的控制，其實可能只是反映出人類在特定階段學習特定事物的傾向。這裡我們要再度引用語言為例，說明基因與文化的關係。人類的語言學習能力似乎受到嚴格的基因控制，大約從週歲開始，到幼兒期展現驚人的學習力——每天都可以學會很多新單字。不過這個能力只能維持數年，一個孩子如果在成長過程中沒有學習說話，或是一般人長大後要學習新的語言，都無法擁有幼兒的流利程度。對語言結構的認知能力似乎也是與生俱來的，孩童對時態、單複數等文法自然會預期有某種規律，因而可以不太費力就學會。但文字本身與句子的結構以及詞彙的隱藏意涵則多半是文化決定的。孩童能在特定時間學習特定事物，這是源於生物基礎，至於學習的內容則是文化的範疇。

亂倫禁忌

有些社會規範是自然的本能直接創造出來的，亂倫禁忌便是最佳例證。幾乎所有人類社會都有這項禁忌，但多年來社會科學家一直相信這是社會建構出來的，目的是壓制深植的自然欲望。佛洛伊德在《圖騰與禁忌》（*Totem and Taboo*）中說，亂倫是人類最深最黑暗的渴望，必須以特別強烈的社會規範加以控制。一般也都以為動物一律是雜交且經常亂倫的。根據佛洛伊德的論調，避免亂倫是最原始的文化行為，使人類有別於純粹受本能驅使的動物。換句話說，亂倫禁忌是人類特有的行為，而且是人為創造出來的。

福克斯是相關議題的權威專家，他指出其實還有很多異於佛洛伊德的論點值得一提[4]。例如芬蘭有一位年輕學者韋斯特馬克（Edward Westermarck），他的論點幾乎與佛氏完全相反。韋斯特馬克指出，動物（包括人類）天生厭惡亂倫，亂倫禁忌不是壓制而是鼓勵自然傾向。關於佛洛伊德與韋斯特馬克的辯論已有很多作家詳論，在此不擬贅述[5]。福克斯告訴我們，很多當代的證據都支持韋斯特馬克的論點，例如以色列與臺灣便有一些很優秀的研究，發現從小和兄弟姐妹一起長大的人對彼此沒有性吸引力[6]。有一派理論以為早期的人類及動物都是雜交與亂倫的，現在證明是錯的，例如在人類的靈長類近親中亂倫是相當罕見的。福克斯認為人類社會普遍存在亂倫禁忌，最終目的是避免女性與少男發生關係[7]。

亂倫禁忌的形成與執行方式很多。阿帕契印第安人視亂倫為罪大惡極，觸犯者必施以殘酷的懲罰。根據馬林諾夫斯基（Bronislaw Malinowski）的研究，特洛布雷島民比較寬容，王室甚至還鼓勵亂倫。不過，所有的社會都有一套強烈鼓勵非親屬結合的機制，讓人們能離開成長的家庭與他人產生社會互動，如李維史陀（Claude Lévi-Strauss）所說的[8]。

依據圖8.2的分類，亂倫禁忌是非理性自發規範的好例子。這項禁忌幾乎在所有人類社會都是自發形成的，一方面源於人類天性對亂倫行為的厭惡，一方面源於群體有必要規範個人的性行為與社會互動。這顯然不是任何層級權威創造出來的，倒是宗教與文化給予相當的支持，並因而形塑出各社會不同的禁忌模式[9]。

經濟人的命運

過去三十年來生物學與經濟學有過多次交互影響[10]。兩者在方法的運用上有愈來愈多交集，但不容忽略的是新進化生物學對人的解釋還是傾向社會人，而非經濟人。亦即認為人天生是政治與社會的動物，而不是孤立自私的個體。但人的社會性並非一視同仁的利他主義，即使人類獨具合作與創造社會資本的特殊能力，目的仍在保護個人的利益。

進化生物學與經濟學都同意所謂實用個人主義的方法，亦即從個人的利益著眼來解釋群體的行為，而非反其道而行[11]。過去很多學者認定群體是人類最重要的單位，大自然傾向於讓個人為群體犧牲自身利益。達爾文有時候也會透露類似的意涵，彷彿自然淘汰的原理主要作用在種族，而非個人身上。早期很多社會達爾文主義者也是將自然淘汰的觀念套用在國家或種族的競爭上[12]。最後一次提起群體大於個體觀念的重要人士是韋恩—愛德華茲（V. C. Wynne-Edwards），他認為動物有時會為了族群的存續而降低自身的繁殖機會[13]。

然而一九六〇年代發生了進化生物學的革命，率先發難的是威廉斯（George Williams）與漢彌爾頓（William Hamilton）。他們抨擊韋恩－愛德華茲的偏頗，認為動物界任何利他的行為都應從個人利益的角度著眼。群體無法傳承基因，只有個體才能。如果有一種基因為顧及群體的存續而危及個人的繁殖機會，這樣的基因很快就會死亡[14]。群體利益與個體利益必須在短時間內重疊，至少要讓個體有機會將利他基因傳給下一代。

在彼此互相競爭的群體中某些利他行為特徵為何能存留下來？生物學家在建立這個問題的數學模式時相當程度借重經濟學的博弈論，尤其是進化博弈論。

儘管如此，生物學的很多重要發現都推翻了經濟學的假定。個人利益也許是利他行為的根本原因，但某些利他與合作行為確實也對個人的利益很有幫助。事實上，透過複雜的合作行為創造社會資本可能是人類獨有的優勢，也是今天人類能完全主宰地球的原因。這個過程是經過漫長的進化慢慢形成的，其成果也就逐漸深植在一代代人們的基因，而無須每一代重新發明[15]。

社會上有這麼多合作的現象常讓經濟學家感到訝異，因為博弈論認為合作的方案是很難達到的。他們無法解釋為何有這麼多人投票、捐款給慈善機構、對雇主保持忠誠——根據自利行為的理論這些都是不理性的。多數非經濟學者會說合作行為不足為奇，因為人天生是社會性的，與他人合作不需要經過周延的算計。進化生物學也支持這種說法，並進一步就社會性的產生與表現做更精確的解釋。他們認為規則的訂定與遵循、破壞規則的懲罰（包括自我懲罰）都有天賦的基礎，而且人類具有特殊的認知能力可分辨合作者與欺騙者。

從人猿到人類

要證明人類的合作行為是基因的一部分而不是純粹文化建構的結果，最簡單的方法可能是觀察人類的近親黑猩猩。黑猩猩的社會行為與人類相似的程度常讓人覺得不可思議。荷蘭靈長類動物學家德瓦爾（Frans De Waal）在全世界最大的黑猩猩園（荷蘭安恆市的柏格動物園）做長期觀察。一九七〇年代他見證了一場馬基維里式的權力鬥爭。黑猩猩群的領袖伊倫已年老，逐漸被年輕的路易奪權。但路易本身的體力不足成事，遂與另一隻年輕的黑猩猩尼基聯盟。然而路易掌權不久，尼基卻轉而與被罷黜的伊倫結盟，將自己拱上王位。但尼基不甚得眾望，因為維持群體秩序是領袖必須具備的能力之一。路易一直是尼基的心腹大患，最後竟被尼基與伊倫殺害[16]。

德瓦爾與其他靈長類動物學家都指出，黑猩猩取得領導地位不是靠體力。在一個

二、三十隻黑猩猩組成的群體中，任何一隻都不可能強壯到可以壓倒群猩，因而必須靠結盟與政治手段——乞求、哄騙、賄賂、威脅，無所不用其極。爭取同盟的方式有一套標準姿態與表情，如求助於人時伸手作祈求狀，對其他求助者則指指點點、噓聲不斷。表達善意的方式是互相梳理毛髮，制服敵人的姿態是露出屁股。領袖甚至要有主持正義的能力，碰到危及群體安定的鬥爭時得出面仲裁。

黑猩猩和人類一樣，社會階級的競爭很激烈。可以說社會秩序的維持主要就是靠階級的存在。生物人類學家朗漢（Richard Wrangham）解釋：

> 可以說雄黑猩猩壯年時的生活幾乎都圍繞地位問題打轉。為了達到並維護領導地位，黑猩猩表現出狡猾、毅力與精力，並且投入大量的時間。舉凡與誰同行、為誰梳理、眼光注目的方向、搔抓的次數、活動的範圍，甚至早晨起床的時間都受到影響。（緊張的雄猩猩首領會早起，並常因過度急切的衝撞動作吵醒其他猩猩。）這些行為都不是為暴力而暴力，而是有更深的情緒根源，按照人類的說法是「驕傲」的表現，或者應該說是「傲慢」更貼切[17]。

當黑猩猩覺得沒有得到牠的地位應有的尊敬時——亦即「被否定」時，便會感到憤怒。

黑猩猩為了集體競爭或拼鬥而結黨，且有雄性結盟的現象，這些地方都和人類非常相似。朗漢觀察坦尚尼亞岡貝（Gombe）國家公園的黑猩猩，發現有南北兩大幫派[18]。北幫的雄黑猩猩會三五成群出來，不只是護衛勢力範圍，甚至常深入敵區，有系統地挑選落單或未防備的敵人。凶殺的過程很殘酷，攻擊的一方還會發出嘯聲，激昂雀躍。南幫的所有雄性及部分雌性會被殺害，剩餘的雌性被迫加入北幫。大約三十年前，人類學家泰格還認為，人類的男性是因為必須合作打獵才發展出獨一無二的結盟心理[19]。朗漢的研究證明雄性結盟的生物根源要追溯到更早的時期，在人類以前就已存在。

黑猩猩的社會行為之所以重要，是因為與人類的關係太接近。靈長類動物學家現在相信，人類與黑猩猩源於同一祖先，歷史不超過五百萬年前。這兩者的行為模式不僅較諸其他數千種哺乳類都接近，從分子的層次來看兩者的基因也很近似。雖然有證據顯示猴子與人猿能發展出類似文化的東西——亦即後天學習並代代相傳的行為——但沒有人會認為黑猩猩有多少社會建構的行為，因為黑猩猩缺乏文化創造與傳承最重要的工具——語言[20]。

我們很容易將動物與人類的行為做類比，但這是很危險的。人類與黑猩猩最大的不同就在於人有文化與理性，能夠以多樣複雜的方式修正受基因控制的行為。另一方面，靈長類動物學的發現也給我們許多啟發，重新省思現代政治理論與道德正義等觀念究竟建立在何種人性觀上。前面說過，現代自由主義鼻祖霍布斯、洛克、盧梭等的政治理論都是建立在「自然狀態」的人性觀，所謂自然狀態是指人類進入公民社會及發展文明之前。自然狀態下的人類究竟是什麼樣子我們都沒有直接的經驗知識，不能斷言人類祖先（黑猩猩）的行為是文明的產物。除非早期的人類與更早的靈長類及之後的文明人極不相同，我們可以假定，黑猩猩與人類行為的連續部分也存在自然狀態中。那麼，上述哲學家的論述也就不盡正確。

例如霍布斯最有名的論點是自然狀態的特徵是「人人皆彼此為敵」，因此每個人的生活都是「惡劣、貧窮、殘酷、短暫」。我想比較正確的說法應該是「部分人與部分人為敵」，亦即最初的人類已有基本的社會組織，以維持合作性的事業與內部的和平。當然衝突是難免的，團體或部落的人們會競奪領導權，有時則會與他族開戰。根據我們對集獵社會的了解與史前社會的考古資料，古時候衝突的程度絕不下於現代社會，雖然在社會組織與科技方面可能有很大的差異[21]。但從自然狀態與衝突到公民社會與和平，中間其實沒有戲劇的過渡期：所謂公民社會常只是組織群眾的手段，目的是以更有效率的方式處理外在的衝突。

同樣的，盧梭在《人類不平等的起源與各種基礎》（*Second Discourse*）中也說，自然狀態下的人類極其孤立，甚至連家庭都不是自然的。他認為自利心是自然存在的，自私與虛榮（即與他人比較）則是在文明發展與私人財產發明之後才出現的。人類對彼此沒有多少自然的感情，憐憫大概是唯一的一種。

這些論點同樣經不起考驗。人類本是群居的動物，多數人的悲慘病徵源於孤立而非群居。此外，某種家庭形式也許不自然，但血緣是自然的，而且在人類與其他動物身上可以找到共同的結構。其次，不只人類會與人比較，其他靈長類也會。就我們所能了解，黑猩猩的社會地位被認可時會有強烈的驕傲感，反之則會憤怒不平。

當然，霍布斯等人所說的自然狀態未必是敘述人類進化的特定時期，可能是象徵人類去除一切文化附加物的本性。然而，即使從這個角度來看，靈長類動物學的研究仍然很有意義，讓我們知道很多社會行為不是後天學習來的，而是人類與猿猴祖先的基因遺產。

上述自然狀態的古典論述有一個共同的問題，亦即都建立在原始個人主義之上。認為人類是法律理論家格倫登（Mary Ann Glendon）所謂的「單獨的權利所有者」，每個人都沒有自然的社會傾向，參與合作也只是為了達到個人的目的[22]。然而人性不一定只能有這樣的解釋。亞里斯多德在《政治學》（*Politics*）開宗明義即指出人天生是政治動物，界於禽獸與神之間[23]。這個論點建立在一個常識觀察上：每個時代、每個地方的人都會自己組成政治組織，此組織特性有別於家庭、村落等社會結構，其存在是人類完全滿足欲望所必需的[24]。當然，人類不是真的貼近神（如啟蒙時期的右派所說的），或具有無限利他可能的「物種（species-beings）」，但也絕不是禽獸。人類天性會組織成家庭、部落乃更高階的組織，並具有維護這些組織所需的道德能力。這個觀點應該是當代進化生物學家舉雙手贊成的。

註釋

1 關於社會建構論觀點如何濫用十九世紀達爾文主義而興盛，其歷史歷程可參見 Carl N. Degler, In *Search of Human Nature: The Decline and Revival of Darwinism in American Social Thought* (New York: Oxford University Press, 1991), pp. 59–83. 亦可參見 Francis Fukuyama, "Is It All in the Genes?" *Commentary* 104 (Sept. 1997): 30–35.

2 關於此模型的批判敘述，參見 J. H. Barkow, Leda Cosmides, and John Tooby, *The Adapted Mind* (New York: Oxford University Press, 1992), p. 23.

3 Clifford Geertz, *The Interpretation of Cultures* (New York: Basic Books, 1973), chap. 1.

4 Robin Fox, *The Red Lamp of Incest* (New York: Dutton, 1983). 亦可參見他的文章 "Sibling Incest," *British Journal of Sociology* 13 (1962): 128–150.

5 尤其可參見 Degler, In Search of Human Nature, pp. 245–269; Adam Kuper, *Chosen Primate* (Cambridge, Mass.: Harvard University Press, 1993), pp. 156–166; Matt Ridley, *The Red Queen* (New York: Macmillan, 1993), pp. 282–287.

6 Degler, In Search of *Human Nature*, pp. 258–260.

7 Fox, *Red Lamp*, p. 76.

8 Claude Levi-Strauss, *The Elementary Structures of Kinship* (Boston: Beacon Press, 1969).

9 Edward O. Wilson, "Resuming the Enlightenment Quest," *Wilson Quarterly* 22 (1998): 16–27.

10 關於經濟學者從生物學中找尋模式與證據的例子，可參見 Jack Hirshleifer, "Economics from a Biological Viewpoint," *Journal of Law and Economics* 20 (1977): 1–52; Gary S. Becker, "Altruism, Egoism, and Genetic Fitness: Economics and Sociobiology," *Journal of Economic Literature* 14 (1976): 817–826; Richard E. Nelson and Sidney G. Winter, *An Evolutionary Theory of Economic Change* (Cambridge: Belknap/Harvard University Press, 1982); and Robert H. Frank, Passions Within Reason: *The Strategic Role of the Emotions* (New York: Norton, 1988).

11 關於社會科學之中的方法論個人主義，參見 Kenneth Arrow, "Methodological Individualism and Social Knowledge," *ABA Papers and Proceedings* 84 (1994): 1–90. 亦可參見 James Coleman, *Foundations of Social Theory* (Cambridge, Mass.: Harvard University Press, 1994), p. 5.

12 馬克思將人視為「類存有」，假定人具有某種自然的利他主義而可將物種視為一個整體。

13 參見 Vero C. Wynne-Edwards, *Animal Dispersion in Relation to Social Behaviour* (New York: Hafner Publishing, 1967), and *Evolution Through Group Selection* (Oxford: Black- well Scientific, 1986). 關於韋恩－愛德華茲的批評，參見 Robert Trivers, *Social Evolution* (Menlo Park, Calif.: Benjamin/Cummings, 1985), pp. 79–82. 亦可參見 Ridley, *Red Queen*, pp. 32–33.

14 George C. Williams, *Adaptation and Natural Selection: A Critique of Some Current Evolutionary Thought* (Princeton, N.J.: Princeton University Press, 1974).

15 Jack Hirshleifer 指出，生物學的新發現可以呈現人性本質的實質性結論，但他無法更進一步申論。Jack Hirshleifer, "Natural Economy Versus Political Economy," *Journal of Social Biology* 1 (1978): 319–337.

16 Frans de Waal, *Chimpanzee Politics: Power and Sex Among Apes* (Baltimore: Johns Hopkins University Press, 1989).

17 Richard Wrangham and Dale Peterson, *Demonic Males: Apes and the Origins of Human Violence* (Boston: Houghton Mifflin, 1996), p. 191.

18 Ibid.

19 Lionel Tiger, *Men in Groups* (New York: Random House, 1969).

20 洛克認為靈長類之間的梳理（grooming）行為類似於人類的聊天。參見 John L. Locke, *The De-voicing of Society: Why We Don't Talk to Each Other Anymore* (New York: Simon & Schuster, 1998), pp. 73–75.

21 關於此議題可見Lawrence H. Keeley, *War Before Civilization* (New York: Oxford University Press, 1996), chap. 2.

22 Mary Ann Glendon, *Rights Talk* (New York: Free Press, 1991), pp. 47–75.

23 *Politics* Book I 1253a.

24 亞里斯多德之所以判斷人類是政治性動物，部分原因是人類擁有語言，所以人類可以表達對於好壞對錯的意見，而最高的德行形式只有可能在城市中實現。*Politics* Book I 1253b.

CHAPTER 10

第十章

合作的起源

如果說人類的合作傾向不只是社會建構或理性選擇的結果，而是與基因有關，接下來要探討的是這個傾向是如何產生的。前面說過，當代進化生物學與經濟學同樣認為：要解釋群體的行為唯有從個人的利益著眼。那麼，利他主義與社會行為又要如何解釋？

第一個因素：親屬

個人利益導向社會合作的兩個主要路徑是親屬選擇（kin selection）與互惠。親屬選擇理論是一九六〇年代漢彌爾頓提出[1]，因為道金斯（Richard Dawkins）的書《自私的基因》（*The Selfish Gene*）而有名[2]。他們認為，任何社會行為的理論都必定從個人自私的利益開始，但所謂自私的利益是將個人基因傳承下去，而未必是追求自身的生命存續。道金斯由此得出一個結論：自私的是基因而不是個體生命。漢彌爾頓的說法更具體：親戚間彼此利他的程度與共享的基因數成絕對正比。父母與子女、兄弟姐妹的基因有一半相同（雙胞胎則是完全相同），堂表兄弟、叔姪等共享四分之一的基因，所以前者利他的程度是後者的兩倍[3]。其他動物也有類似的情形，如栗鼠對同窩出生或不同窩出生的兄弟姐妹便有差別待遇[4]。

當然，親屬選擇絕不只是這麼簡單，親戚間的關係不只有合作，還有競爭。崔弗斯

（Robert Trivers）認為，父母對子女的利他行為未必源於不變的動機，父親與母親會有所不同，子女漸成長獨立後也會產生變化。此外，對很多動物（包括人類）而言，辨識親戚都是很重要的事[5]。例如布穀鳥要成功繁衍後代，就是靠其他鳥類誤認布穀鳥為自家子弟。人類在DNA測試發明以前，也無法完全確定親戚關係。

所以說人類的社會性始於血緣，利他程度因親疏而定。當然，這個道理很淺明，不需要擁有大學學歷才能了解。比較值得注意的是，即使在法律最嚴格的國家，族閥主義與偏袒親戚仍是重要的趨力。這可以解釋父母為什麼總是單向將資源傳承給子女，世界各國很多事業剛開始都是家族事業，且常常是運用家族免費的人力。這也可以解釋為什麼最親的朋友通不過養老院的試煉，你的母親卻絕對可以。還有很多不易引起聯想的社會現象也是——例如家庭殺人案件只有極少的比例是發生在血親之間[6]，又例如西方國家在繼父母增多之後兒童虐待事件也跟著增多[7]。

互惠

社會性雖始於血緣，但自然界很多利他與合作的行為顯然都發生在非親戚之間。上一章開頭談到黑猩猩的合作行為，包括打獵與奪權聯盟，合作者彼此多半沒有血緣關係。

類似的例子比比皆是，例如吸血蝙蝠會餵哺非親戚，狒狒會保護非親生的小狒狒[8]。某些負責清潔的魚與被清潔的魚之間甚至存在不同族群的利他行為[9]。事實上，人類社會中很多親戚關係根本是虛構的。例如中國人有所謂同姓宗親，其實彼此的關係不過是好幾十代以前共有一個祖先[10]，但他們彼此合作的樣子卻似有很深的血緣。

除了親屬選擇之外，一般認為社會行為的第二個自然來源是互惠利他精神[11]。生物學在討論互惠利他主義時，大量借用經濟學與博弈論，尤其是阿克塞爾羅（Robert Axelrod）的囚犯難題之解[12]。

博弈論認為合作論的問題是：如果理性自私的個體會互相合作追求群體最大利益，當他們有機會違背合作規範以獲取更大的個人利益，如何能抗拒這種誘惑？博弈論提出的典型範例是囚犯的難題。假設你我是同一監獄囚犯，我們計畫合作越獄。兩人合作則可同獲自由。但如果我遵守約定，而你向獄卒告密，我將被嚴懲。反之，如果你遵守約定，而我去告密，我將獲重賞。如果兩人都去告密，兩人都落空。也就是說，兩人都遵守約定是最佳結果，但我總是冒著被你背叛的風險，另一方面我又會想到背叛你可得到獎賞的誘惑。儘管合作則兩利，被騙的風險卻可能遏阻合作的可能。

博弈論稱兩人都背叛的可能構成恐怖平衡，這也是囚犯難題難解之處。對你而言背叛是最佳策略：可使你被背叛的機會降到最低。但這只是就個人而言，如果將兩人的行為都列入考量，則可能導致較差的結果——經濟學所謂社會次佳結果。因此最後的問題還是回到原點：兩人如何達到合作的結果？

如果兩人只見面一次，合作的唯一方法只能事先約定。（但這無法解決囚犯難題，而只是把問題改變為：如何事先表現承諾之意並讓對方相信？）阿克塞爾羅為此舉辦合作策略競賽，最後得出重複互動方案，亦即兩人必須不斷互動[13]。簡單的說就是無論一方表現出合作或背叛行為，另一方都以同樣行為回報。這樣便構成一種學習過程，讓彼此發現，長期而言合作比背叛更符合個人利益，當然也就是最佳的理性選擇。

這個道理在日常生活中很容易理解。假想在一種情況下你必須信賴一個不認識也不會再見面的人，你一定會很謹慎，因為彼此信賴的基礎太薄弱。反之，重複互動則有助於建立聲譽，不管是誠實或欺騙的聲譽[14]。對聲譽不佳者，人們自是敬而遠之，誠實的人則會彼此合作。當然，過往的聲譽不是未來的絕對保證，今天與你合作的人明天還是可能背叛你。但即使是這樣不完美的分辨能力，已足以構成合作的相當基礎。

阿克塞爾羅的囚犯難題解答公布以來，博弈論已有很大的進步，也有人提出不少新的方案，甚至可能比以牙還牙法更有效。不過阿克塞爾羅還是提供一個非常重要的基本概念，讓我們知道信賴與合作如何在不同情況下產生——從集獵時代的共同打獵，現代企業如何說服消費者相信產品的品質。關鍵在於重複：如果你知道會和同一群人有長時間的互動，且對方會記得你所有誠實與不誠實的記錄，那麼誠實才最符合你的利益。在這種情況下，聲譽成為一種資產，互惠的規範於是自然形成。原始人不會規避驅趕動物的守夜任務，因為隔天將面對族人的憤怒。同樣的，製藥公司若知道產品有瑕疵會立刻下架，為的是維護產品品質的聲譽。

理性的人類會採用阿克塞爾羅這套重複以眼還眼的策略，當人們根據經驗而學會合作，此一規範便成為文化的一部分。然而，非理性的生命（如動物）也可能在盲目互動中採行此一策略，只是學習的結果不是形成文化，而是形塑出獎勵合作而懲罰背叛的基因傾向。也就是說，非親屬之間長期互助合作可能提高繁殖能力，久而久之，互惠的特質便融入主宰社會行為的基因。

最容易發展出互惠利他行為的動物應該具備下列特質：能有重複互動的經驗、壽命相對較長，具認知能力可根據各種複雜的訊息分辨合作者與背叛者。生物學家崔弗斯認為這正是人類發展的軌跡：

> 在人類較近的進化史（至少在最後五百萬年），我們的祖先可能經歷淘汰的過程而發展出各種互惠的關係。這可以從人際關係背後強大的情感體系得到印證。人類在面臨危險時通常都會互相幫助（如發生意外或遭遇攻擊時）……在洪積世或甚

至更早之前，人類應該已具備發展互惠利他主義的條件——諸如相當長的壽命、居住地點較集中、發展出互相倚賴的小型社會群體、父母長時間照顧子女，因而使近親之間有長達多年的共處時間。[15]

很多人可能會認為這不過是社會學家以一貫想當然爾的邏輯杜撰出來的故事。但我們還是要探討，人類為什麼具有憤怒、驕傲、羞慚、愧疚等情緒，且全部都與囚犯難題的情境有關，亦即因他人的誠實合作或欺騙背信而產生不同的反應。

打獵對男性乃至兩性互動非常重要，這一點其他進化人類學家也都提到過。大場面的狩獵尤其提供互動的動機。在集獵社會中，植物與昆蟲可能只限於小家庭的成員分食，肉類則比較可能與其他人共享。理由很簡單，大型動物需要集眾人之力獵殺，每個人當然都有權分一份。其次，大量的肉類無法由一個家庭吃完，但也無法保存，因此眾人分享反而是最有利的[16]。事實上，在人類社會中飲食幾乎總是公開的活動。其他與身體有關的活動多是私下進行，唯有吃這件事，人們似乎天生喜與人共享，不管是政壇的餐會、公司野餐或家庭聚會總是離不開吃。人類學家庫帕（Adam Kuper）指出，即使在個人主義與競爭至上的美國，最重要的兩個節日：感恩節與聖誕節都是以吃為主，而且慶祝的是社會融洽而不是個人的成就[17]。種種證據顯示，人類會發展出互惠傾向與早期的環境有關，這不能單從文化因素來解釋。

很多人會將互惠利他主義與市場交換混為一談，兩者其實有很大的差異。後者的物品交換行為是同時發生的，且買賣雙方會清楚記住交換的比率。互惠利他雖然也有交換行為，但並不是同時發生，施予的一方可能並不期待有立即或同等的回報。互惠利他可以說比較接近道德的交換，其情感內涵當然與市場交換大不相同。但互惠利他與純粹的利他主義又不相同，事實上，自然界很難找到無血緣關係的純粹利他行為。我們所認知的道德行為幾乎都涉及某種雙向交換，最後總是能使雙方共蒙其利，本書第三部談到市場交換與道德交換的異同時會做深入探討。

為競爭而合作

當人們因個人主義與集產主義（Collectivism），或資本主義與社會主義發生兩極爭辯時，常會選擇性地舉自然界的例子，證明人性本是侵略、競爭、具階級性，或相反的是合作、和平、善良的。略加思考就會知道，這些看似衝突的特質從進化觀點來看是密切相關的。人類最初會有合作與互惠利他行為，是因為可以從中獲益。對早期的人類與猿猴而言，合作的能力就是競爭的優勢，於是合作的特質逐漸散播開來。隨著團體形成後，團體之間也出現了競爭，自然促成團體內部追求更高度的合作。岡貝動物園內黑猩猩的社會行為多數與競爭因素有關，套用生物學家亞歷山大（Richard Alexander）的話，人類合作是為了競爭[18]。

學政治的人可能都聽過一個名詞「防衛性現代化」（defensive modernization）。簡單地說，當一國發明新的軍事科技，競爭國不只要趕快取得同一技術，同時也必須配備發展該技術的必要條件，諸如稅制、法律、標準化度量衡、教育等。十九世紀的土耳其便是如此，四十年後遭遇西方軍事威脅的日本也是如此[19]。換句話說，軍事的競爭會促進國內政治的團結。

從進化的時間來看，人腦的發展相當快速，而且大小超過其他動物，這應該與人類的武器競賽有關。其後會產生語言、社會、政府、宗教及其他一切合作機制，又都是隨著人腦的發展而來的。朗漢認為侏儒黑猩猩是人類另一種可能的進化方向，也就是說，人類也可以不是像現在這般暴力與侵略性。侏儒黑猩猩是自由主義者理想的典範：雄侏儒黑猩猩不似黑猩猩那般暴力，無論雌、雄都不熱衷地位的競爭，雌侏儒黑猩猩在政治上扮演較重要的角色，無論雌、雄都經常從事性行為，包括異性戀與同性戀。人類的祖先為什麼較接近黑猩猩而不是侏儒黑猩猩，這個問題我們恐怕永遠找不到答案。也許就是因為人類的祖先是既暴力又富侵略性，人類才能發展出今天的智力、社會性格及其他的合作能力。

天使與魔鬼之間

進化博弈論不僅有助於理解靈長類與人類社會本能的發展，對人類認知與情緒特徵的演化也可提供解釋。很多博弈論對人類行為的敘述都不夠精確，弔詭的是，破解之道仍要從博弈論著手。

我說人類天生是社會性動物，意思並不是說人類有天使般的美德。人類既沒有豐沛不竭的利他精神，也不是百分之百誠實，更沒有特殊的動力將同類或甚至少數他人的福祉置於自身之上。進化博弈論有一套解釋。即使我們可以想像一個天使構成的社會，人人都誠實，基於基因或文化因素願意為共同的目標而攜手合作，即使如此，這個理想國也無法維持穩定。只要有一個投機客存在，他必會利用人人都信守承諾的弱點而趁機獲利，比身處互相競爭的團體更悠游自在。萬一這個投機客特別狡詐，天使也會被變成多疑的凡夫俗子。無論從基因或文化層次來看，這都是很真實的：單一的投機基因會在喜好合作的人口中散播開來，正如投機的行為很容易在多數人都誠實的社會中散播。這也是為什麼投資騙局在猶它州特別盛行，那些誠實的摩門教徒是騙徒的最愛，而且騙子常常就是深諳內部文化的摩門教徒。

反過來說，一個魔鬼組成的社會也不會穩定。當每個人都想欺騙別人時，只要存在極少數誠實合作的人，眾多的騙子也無力招架。因為騙子不會彼此合作，漸漸得便不敵協力合作的天使。進化博弈論常舉的例子是老鷹與鴿子，當鴿子全部被吃掉後，老鷹將因缺乏食物而互相攻擊。

進化博弈論給我們的啟示是，所有的社會都是天使與魔鬼的組合，或者更精確的說，其成員應同時兼具天使與魔鬼的成分。至於天使與魔鬼的成分各占多少則視報酬而定，要看天使合作的報酬較大，還是魔鬼狡計得逞的報酬較大。進化博弈論便可據此預測兩者的比例以及維持比例穩定的策略。

人類既是生活在天使與魔鬼並存的社會，應該具備那些心理特質最有利生存？答案當然不是人人都進化成天使，如此只要碰到一個魔鬼立刻顯得不堪一擊。我們需要的特質必須能解答平日常見的囚犯難題。首先我們需要特別的認知能力以辨別天使與魔鬼，其次必須具備特殊的情緒或直覺能力，持續不斷地賞善罰惡：獎賞天使，懲罰魔鬼。事實上，這正是人類心理進化的軌跡。

心理學家漢弗萊（Nicholas Humphrey）與生物學家亞歷山大都認為，人腦之所以能快速發展，一部分源於彼此合作、欺騙、解讀他人行為的需要[20]。自五百萬年前人類與黑猩猩開始分家，人腦增大了三倍有餘，幾乎到了女性產道能容納的極限。從進化的角度來看，這個變化發展得極快速。多年來人們總以為，腦子大、智商高，好處是在打獵、工具製造等方面較占優勢。然而其他動物雖沒有人類的認知能力，同樣也能打獵、製造與使用工具，甚至能創造與傳承某種基本文化。亨佛瑞與亞歷山大指出，人類很快發現，生存環境中最重要、最危險的威脅就是其他人。因此，發展出社會互動的認知技巧很快成為生存的必要條件。當一群人的主要競爭對手是另一群人時，接著便會出現類似今日的武器競賽，人類在競爭下會無止境地發展出愈來愈高明的社會技巧[21]。

人類可憑藉很多行為指標判斷別人是否在欺騙自己，並且具備精密的神經機制協助判斷[22]。說謊時會有很多生理特徵，如音調改變、眼睛游移、手心出汗、心跳加速、緊張等。高度精密的視覺皮質不但能辨識人的臉孔，也可解讀臉上的表情[23]。至今電腦仍無法像人一樣解讀臉部表情或身體語言的細微變化，或許就是因為如此，很多情況下網際網路仍無法取代面對面的溝通。

除了直接觀察別人的行為，要知道一個人是否值得信賴，最重要的資訊來源是別人的實際經驗——也可稱之為集體的社會記憶，這與重複互動有同樣的效果。事實上，閒談對人類智商的提升有很大的推動力量。人們在社交場合交換其他人的資訊，據以評價某人是否適合作為配偶、事業夥伴、教師、同袍等。閒談要靠語言，這正是黑猩猩與其他具高度社會能力的靈長類所沒有的。（請想像黑猩猩如何表達下列想法：這傢伙平常還算可靠，碰到困難時一定會趁機開溜，事後又來爭功勞。）[24]

語言是說謊的媒介，也是辨識謊言的工具。語言能力是人類獨有的，占據人腦新皮質很大的部分（新皮質是進化上最後發展的）[25]。說謊不但會留下視覺的線索，也有聽覺方面的證據。最困難的是如何根據說話者過去與現在的行為，綜合判斷出未來的可信賴度。例如對方告訴你：這麼優惠的條件以後不會再有了，你如何判斷其真偽。這類問題很大一部分與文化資訊有關——如深夜暗巷中一位穿著怪異的人向我走來，我是否要避開？而文化資訊的收集與處理正是人類與生俱來的能力。

神經生理學家洛克（不是十七世紀哲學家）提出所謂的親密談話，認為是人類獨有且非常重要的活動[26]。人們談話未必是要交換特定資訊，有時是為了建立社會聯繫。從集獵社會到今天，人類談話的大部分還是閒談——關於天氣、朋友、個人的問題等，最重要的功能就是交織成社會關係與義務的網絡。

米勒（Geoffrey Miller）認為，新皮質的發展一大部分要歸功於求愛的需要——求愛時必須展現風趣幽默，善欺騙且善於識破欺騙[27]。兩性的遊戲永遠在上演，男性的目的是增加性伴侶，女性則志在尋找能照顧她與下一代的最佳男主角[28]。男性有足夠的動機偽裝資源豐厚與忠誠不變，女性也有足夠的動機識破這個偽裝。反過來說，女性必須確保下一代擁有最佳基因，不管對方是否是實際照顧她的人。男性則必須避免戴綠帽子，浪費資源撫養別人的後代。事實上，很多社會習俗都是源於避免被騙的目的——只與處女結婚、貞操帶、印度婦女的深閨制度及法律上對男女不貞的各種懲罰[29]。有一首歌一再問：明天你還會愛我嗎？要得到準確的答案確實需要高明的認知能力。

大腦

洛克認為人腦就像一部多用途電腦，出生後才輸入資料。這個觀點受到嚴重的挑戰，代之而起的觀念認為人腦比較像一系列專門的模組。這些模組是早期人類因應環境需求形塑出來的，因此具備解決某些環境問題的內在知識。嬰兒並不是如洛克與史金納所說的是一張白紙，相反的，他們似乎對世界有某種內在的先驗知識。例如讓嬰兒看一種影像，暗示兩個物品同時占滿同一個空間，嬰兒會顯出不安與無所適從，他們知道這是不可能的[30]。

最有名的腦部模組是左右半球的皮質，兩者功能既分離又重疊（切除連接兩半的胼胝體或神經束，便可分別測試其功能）[31]。另外有專門的模組主掌語言、視覺、音樂、決策，甚至道德抉擇。

專家研究過腦部執行社會合作的機轉，最有趣的是心理學家托比（John Tooby）與柯斯麥（Leda Cosmides）在六十年代所做的實驗。他們請實驗者就「如果……就……」的題型分辨真偽。第一次實驗發現，多數人面對抽象問題時較難做邏輯推理——只有百分之二十五的人可以做正確回答。但是當題型表達出明確的社會約定時，實驗者回答正確的比例大幅提高。例如問到「如果滿二十一歲就可以喝酒」時，受訪者很快就可回答是或否。反之，不涉社會契約的問題即使很簡單（如果到波士頓就應該搭地鐵），受訪者似乎較難回答[32]。托比與柯斯麥認為，這表示人腦具備解決囚犯難題以達成合作的功能。

不理性選擇

進化博弈論雖指出魔鬼構成的社會無法繁榮，但也不認為人們就會變成天使，而是認為會變成康德所說的「理性的魔鬼」，亦即會因為符合個人利益而表現道德或利他的行為。根據康德的說法，真正的天使遵循一項原則是為了原則本身，尤其是當道德行為會損及個人利益時。在柏拉圖的《理想國》裡，蘇格拉底談到一種讓人隱形的環[33]。蘇格拉底提出一個問題，如果我們能戴上隱身環，做壞事不被人發現，還有人要行善嗎？

博弈論的答案當然是否定的：真正有價值的是誠實的聲譽，而不是誠實本身。經濟學家法蘭克（Robert Frank）進一步分析，建立誠實聲譽的最佳策略就是真的做到誠實，偽裝的人總有一天會因失誤而前功盡棄[34]。但歸根究柢，只有旁人的觀感才是最重要的。

然而，即使是最周全的博弈論也無法涵蓋人類所有的道德行為。無可否認，人們的善行與利他行為多半是出於算計，製藥公司主動撤回瑕疵品當然不完全是基於道德感。但人們總是相信行善本身就是目的，受尊崇的是真正的天使，而絕不是理性的魔鬼。人類的道德規範究竟是手段還是目的，這個問題不只困擾柏拉圖與康德，幾乎所有嚴肅的哲學家都曾探索過。然而，即使我們認定道德規範是手段，人類不斷爭辯這個問題，就足證道德在人心中的重量。

前面說過，進化理論可以解釋互惠利他主義的興起，我們以為的很多道德行為其實是不同時間發生卻雙向的利益交換，長期而言通常有助於實行者的生存，然而，人們仍堅信有更純粹的利他主義，只是並不常見。是否果真如康德與黑格爾所說的，人類具自由的道德抉擇能力？或者在進化過程中發展出嚴格遵循規則的本能，有時甚至不惜違背自身利益？

晚近神經生理學的進步可以提供若干線索，證明人類的道德行為——規範的制定與遵循——遠出經濟學家採用的博弈論理性選擇論更複雜。一般人所說的欲望、願望、衝動等在經濟學統稱為偏好（preferences），同樣源於腦部較古老的邊緣系統（包括海馬體與杏仁核）。邊緣系統是情緒中樞，丘腦下部直接與內分泌系統交互作用，後者會分泌賀爾蒙調節體溫、心跳等[35]。所謂理性選擇則發生在新皮質——哺乳類腦部最晚進化的部分，主導意識、語言等。

到目前為止似乎都沒什麼問題。經濟學家會說，邊緣系統提供偏好，新皮質則透過理性選擇滿足此偏好。問題是實際上情緒對理性選擇的影響力大得多，這可以從神經生理學家達馬西歐（Antonio Damasio）的研究得到證明。達馬西歐大半生研究前額葉皮質腹側與正中部分受傷的病患[36]。其中最有名的是鐵路工人蓋奇（Phineas Gage），他在一八四〇年代發生嚴重的意外，一根一吋半寬的鐵條從臉頰貫穿到頭骨上部。蓋奇奇蹟式活了下來，但從此性格大變。原本他是一個謙虛勤奮的工人，突然變得行止乖張，完全不在乎自己的行為對別人有何影響。工作沒有定性，後半生都在怪物秀裡進進出出，死時窮苦潦倒。

蓋奇與達馬西歐研究的其他病患有一共同特點，他們都有理性選擇的能力，能就特定情況分析可能的選擇並比較優秀，但就是缺乏動力與實踐力[37]。不僅如此，他們也喪失了道德感：無法與人產生同理心，像蓋奇便是不在意自己的行為對別人的影響。艾略特是另一個病患，當他看到可怕可憎或色情圖片時毫無情緒反應，對別人可能受到的影響卻能侃侃而談。

達馬西歐認為情緒因素漫布整個理性選擇的過程，而不只是偏好的來源。人類很清楚自己的行為對別人的影響，在同理心與慚愧心的驅使下，會不斷因別人的感受調整自己的行為。這不只是理性算計：蓋奇與艾略特就是因變成純粹的理性算計者，反而無法與周遭環境和諧共處。

達馬西歐認為人腦會設立情緒喜惡的標記，讓腦子跳過一些不須考慮的選擇，快速達成決策。當思考過程碰觸這類標記時，立刻停止算計，達成決定。達馬西歐舉一個例子，一個商人在考慮要不要和好友的勁敵做生意。純粹理性的作法涉及極複雜的算計，以經濟學的角度來說，包括與該客戶合作的「預期價值」及損及友誼的成本；他可以選擇的策略也很多，例如隱藏此事不讓好友知道或是事先徵得好友同意等。這時思考標記便發揮了作用，某些決策結果會被賦予情緒反應，提早中斷進一步的理性考量。例如商人可能想像好友得知此事時的表情，立刻決定放棄合作。

換句話說，是人類自己在很多規範上附加標記，而最初那不過是理性算計的副產品[38]。從此人們開始遵循規範，不是因為實用，而是因為遵循規範本身就是目的——一個飽含情緒意涵的目的。我們身邊總有些人非常堅持某些簡單的行為規範，如絕不打朋友的小報告，即使這類規範可能讓自己與社會付出昂貴的代價。莎士比亞名劇〈量．

度〉（Measure for Measure）描寫女主角伊莎貝陷入道德難題：她不願為了拯救兄長性命而放棄貞操。若純粹從實用的角度考量，這個問題當然很容易解決。

某些情緒特別與遵循規範有關，大體上與爭取地位與他人認可的情緒相同：即憤怒、愧疚、驕傲、慚愧。人類有時會做出違背自身利益的行為，原因可能是因別人違背某重要規範而憤怒，或是因自己違背規範而愧疚。要了解規範的情緒意涵，我們不妨先探討阿克塞爾羅所謂的「後設規範」（metanorms）。一般的規範直接作用於社會的合作行為（如兄弟姐妹應均分遺產），後設規範則是涉及一般規範的定義、公布與實行問題（如依循儒家經典促進社會和諧，人人都應尊重警察）[39]。每個人都樂於見到共同制定的一般規範能被遵守，如此才符合自身的利益。如果我不能確保兄弟遵守遺產均分的規範，我可能會吃虧。但理論上，理性的人對後設規範的執行較不感興趣。因為這是經濟學家所謂的公共財：執行結果縱使有利益，個人也很難從中獲利，當然也就沒有感興趣的動機。

但現實生活中總有人費心盡力監督後設規範的執行，亦即一般所說的追求正義，即使與自己的利益完全無涉。生物學家崔弗斯稱這種行為為「道德義憤」（moralistic aggression）[40]。看看美國殺妻案被告辛普森無罪開釋時，多少人跑去抗議審判不公。這些人當然不是出於自身利益考量，怕辛普森沒關起來會拿刀子追殺他們。依據博弈論探討前面說過的囚犯難題，背叛也是一種策略，是否選擇背叛則要經過一連串理性算計。但在現實世界中，背叛在道德與情感上絕對不是一種中性的策略。任何一種語言敘述背叛者都充滿貶意，如漢奸、叛徒、牆頭草。當然，語言是文化的產物，但語言附帶的情緒如憤怒、慚愧卻是自然的。

人們不只因別人不守規範而憤怒，自己違背規範也會感到憤怒或失望，這種情緒稱為愧疚。很多時候愧疚感是可以理性自圓其說的：我沒有施捨給那個流浪漢是因為他會拿去喝酒吸毒；我是耍了手段讓保險公司多理賠給我，反正那是一家大公司不會注意到，而且他們本來就知道客戶申請理賠會灌水。依據博弈論，違背規範根本不值得憂心，那不過是理性算計的結果。然而規範對人們有特殊的情感牽繫，一個完全客觀冷靜算計個人利益的人絕不會被視為正常人。

人類的祖先可能很早就開始進行囚犯難題的遊戲以尋求彼此的合作，經過數十萬年甚至數百萬年的練習，對人類的欺騙手法也愈來愈熟悉。由於後設規範的落實有助於促進人類的合作，人類似乎也因此發展出特殊的情緒機轉，讓個人有足夠的動機主動提供此公共財。

法蘭克提出另一種思考的角度。他認為人類的情感機轉有一個特殊功能，可以解決只有一次互動機會的囚犯難題。一般認為，只有一次互動機會則不可能有合作的方案，除非雙方能達成事先承諾的協議，但這只是把問題的性質轉變為如何表示承諾。法蘭克認為這時候情緒便發揮了作用，讓人們甘於違反短程利益，為了長遠的利益而做出可信的承諾[41]。我們可以透過一種遊戲來說明，有人給甲一百元，請他與乙朋友分。遊戲規則是兩人必須同意分配的方法，有一人不同意，兩人都得不到半毛錢。對甲而言，理性策略應該是保留九十九元，給乙一元。理論上乙會接受，因為總比半毛錢都沒有好。但當真正玩這個遊戲時，平分的比例幾乎都接近一半一半。因為甲認為九十九比一會讓乙覺得受辱（實情確是如此）而拒絕接受。換句話說，乙的自尊有效地讓甲自動拉近平分比例，若無驕傲的情緒因素，這情況不可能發生，可見驕傲對乙的長程利益是有利的。法蘭克進一步指出，很多與可信度有關的生理現象受情緒控制，如鼻翼煽動、呼吸重濁等。

人腦不僅有內在機制可偵測背叛者及理性討論社會契約，還設計了懲罰背叛者的情緒機制，即使犧牲眼前利益也無所惜。因此，我們說人類天生是社會性動物，並不是說人類本質上就是合作、和平、可信賴的，因為人類的確常表現暴力、侵略、欺騙的行為。應該說人有特殊的能力可偵測及處置欺騙者，同時趨近合作者與遵循道德規範的人，於是個人主義者認為難以達成的各種合作規範得以一一制定。

註釋

1 參見 William D. Hamilton, "The Genetic Evolution of Social Behavior," *Journal of Theoretical Biology* 7 (1964): 17–52. 關於親屬選擇理論之概觀，參見 Leda Cosmides and John Tooby, "Cognitive Adaptations for Social Exchange," in J. H. Barkow, Leda Cosmides, and John Tooby, eds., *The Adapted Mind* (New York: Oxford University Press, 1992), pp. 167–168.

2 Richard Dawkins, *The Selfish Gene* (New York: Oxford University Press, 1989).

3 單倍二倍性物種如螞蟻與蜜蜂，展現出不可思議的社會利他主義，個體放棄繁殖而養育自己的姐妹，這種利他主義的奇特原因是，這些社會性物種當中的姐妹其實有個體四分之三的基因。

4 P. W. Sherman, "Nepotism and the Evolution of Alarm Calls," *Science* 197 (1977): 1246–1253.

5 參見 Robert L. Trivers, "Parental Investment and Sexual Selection," in Bernard Camp- bell, ed., *Sexual Selection and the Descent of Man* (Chicago: Aldine, 1972), pp. 136–179.

6 Martin Daly and Margot Wilson, *Homicide* (New York: Aldine de Gruyter, 1988), chap. 1.

7 Ibid., Owen D. Jones, "Evolutionary Analysis in Law: An Introduction and Application to Child Abuse," *North Carolina Law Review* 75 (1997): 1117–1241; and Owen D. Jones, "Law and Biology: Toward an Integrated Model of Human Behavior," *Journal of Contemporary Legal Issues* 8 (1997): 167–208.

8 Cosmides and Tooby, "Cognitive Adaptations," p. 169.

9 此事在下列著作中有敘述，見 Robert Trivers, *Social Evolution* (Menlo Park, Calif.: Benjamin/Cummings, 1985), pp. 47–48.

10 Francis Fukuyama, *Trust: The Social Virtues and the Creation of Prosperity* (New York: Free Press, 1995), pp. 83–95.

11 關於此點，參見 Robert Trivers, "The Evolution of Reciprocal Altruism," Quarterly *Review of Biology* 46 (1971):

35–56; 以及 Trivers, Social Evolution, pp. 47–48.

12 參見 Matt Ridley, *The Origins of Virtue: Human Instincts and the Evolution of Cooperation* (New York: Viking, 1997), p.61.

13 Robert Axelrod, *The Evolution of Cooperation* (New York: Basic Books, 1984).

14 參見 Daniel B. Klein, ed., *Reputation: Studies in the Voluntary Elicitation of Good Conduct* (Ann Arbor: University of Michigan Press, 1996).

15 Trivers, *Social Evolution*, p. 386.

16 Ridley, *The Origins of Virtue*, pp. 96–98.

17 Adam Kuper, *The Chosen Primate* (Cambridge, Mass.: Harvard University Press, 1993) p. 228.

18 Richard D. Alexander, *How Did Humans Evolve? Reflections on the Uniquely Unique Species* (Ann Arbor: Museum of Zoology, University of Michigan, 1990), p. 6.

19 關於防衛性現代化，參見 Francis Fukuyama, *The End of History and the Last Man* (New York: Free Press, 1992), pp. 74–76.

20 Nicholas K. Humphrey, "The Social Function of Intellect," in P. P. G. Bateson and R. A. Hinde, eds., *Growing Points in Ethology* (Cambridge: Cambridge University Press, 1976), pp. 303–317; Alexander, *How Did Humans Evolve?* pp. 4–7; Richard Alexander, "The Evolution of Social Behavior," in Richard F. Johnston, Peter W. Frank, and Charles D. Michener, eds., *Annual Review of Ecology and Systematics*, vol. 5 (Palo Alto, Calif.: Annual Reviews, 1974), pp. 325–385. 亦可參見 Steven Pinker and Paul Bloom, "Natural Language and Natural Selection," in Barkow et al. (1992); and Robin Fox, *The Search for Society: Quest for a Biosocial Science and Morality* (New Brunswick, N.J.: Rutgers University Press, 1989), pp. 29–30.

21 Matt Ridley, *The Red Queen* (New York, Macmillan, 1993), pp. 329–331

22 John L. Locke, "The Role of the Face in Vocal Learning and the Development of Spoken Language," in B. de Boysson-Bardies, ed., *Developmental Neurocognition: Speech and Face Processing in the First Year of Life* (Netherlands: Kluwer Academic Publishers, 1993).

23 這個主題是達爾文特別熱衷者，他為此寫了一整本書，見於其 *The Expression of Emotion in Man and Animals* (New York and London: D. Appleton and Co., 1916).

24 有些生物學家推測語言是從梳理行為中演化出來的。參見 Robin Dunbar, *Grooming, Gossip, and the Origin of Language* (Cambridge, Mass.: Harvard University Press, 1996).

25 關於大腦及其功能的概述，參見 George E. Pugh, *The Biological Origin of Human Values* (New York: Basic Books, 1977), pp. 140–143.

26 Locke (1998), pp. 48–57.

27 Ridley, *Red Queen*, p. 338.

28 可參見先前本書第一部分關於男性與女性吸引力的論述。

29 參見 Martin Daly and Margo Wilson, "Male Sexual Jealousy," Ethology and Sociobiology 3 (1982): 11–27. 亦可參見 Ridley (1993), pp. 243–244.

30 Michael S. Gazzaniga, *Nature's Mind: The Biological Roots of Thinking, Emotions, Sexuality, Language, and Intelligence* (New York: Basic Books, 1992), pp. 60–61, 113–114. 其他的生物學家則認為，內在知識有其他的形式：威爾森（Edward O. Wilson）以為怕蛇這件事情可能是基因遺傳，而不是文化傳遞。而根據威爾森提出的證據，其主張之對錯是不可能被證明或否定的。Edward O. Wilson, *On Human Nature* (Cambridge, Mass.: Harvard University Press, 1978), chap. 1.

31 關於此研究之概論，參見 Michael S. Gazzaniga, *The Social Brain: Discovering the Networks of the Mind* (New York: Basic Books, 1985), and "The Split Brain Revisited," *Scientific American* 279 (1998): 50–55.

32 Tooby and Cosmides, "Cognitive Adaptations," pp. 181–185.

33 Plato, *Republic* 359d.

34 Robert Frank, *Passions Within Reason* (New York: Norton, 1988) pp. 18–19.

35 Pugh, *Biological Origin*, p. 131.

36 Antonio R. Damasio, *Descartes' Error: Emotion, Reason, and the Human Brain* (New. York: G. P. Putnam, 1994); and Antonio R. Damasio, H. Damasio, and Y. Christen, eds., *Neurobiology of Decision-Making* (New York: Springer, 1996).

37 Damasio, *Descartes' Error*, pp. 34–51; R. Adophs, D. Tranel, A. Bechara, H. Damasio, and Damasio, "Neuropsychological Approaches to Reasoning and Decision-making," in Damasio, Damasio, and Christen, *Neurobiology*, pp. 157–179.

38 P. S. Churchland, "Feeling Reasons," in Damasio, Damasio, and Christen, *Neurobiology*, p. 199.

39 Robert Axelrod, "An Evolutionary Approach to Norms," American Political Science Review 80 (1986): 1096–1111; 亦可見他的 *The Complexity of Cooperation: Agent-Based Models of Competition and Collaboration* (Princeton, N.J.: Princeton University Press, 1997).

40 Robert Trivers, "The Evolution of Reciprocal Altruism," *Quarterly Review of Biology* 46 (1971): 35–56.

41 Frank, *Passions*, pp. 4–5.

CHAPTER 11

第十一章

自我組織

圖 11.1　規範體系之二

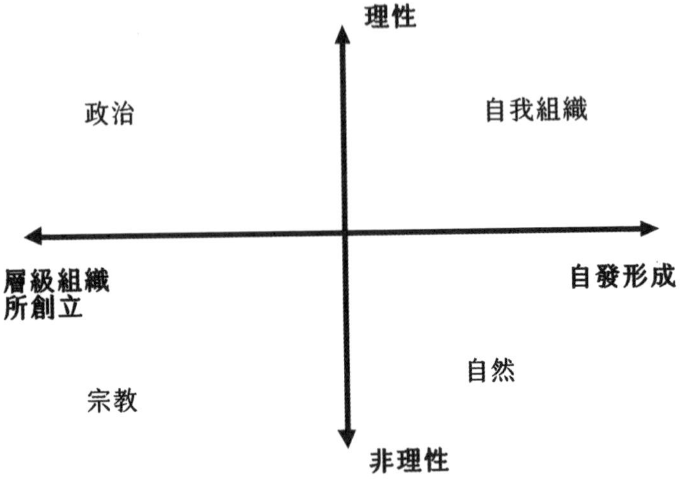

人類天生有解決集體問題的傾向，但各個群體會選擇何種規範與後設規範則屬於文化層面，而不是自然的產物。就好像人類與生俱來有學習及使用語言的能力，至於實際使用何種語言則與生長的文化環境有關。因此我們必須超越全人類共通的認知與情緒結構，探討各個社會實際衍生出來的規範。

首先有兩個問題應釐清：第一是規範究竟如何產生的，其次是產生後又如何演化。圖11.1是根據第八章的分類圖而來，區分出規範的四種產生方式。包括理性層級式的選擇（如美國憲法），非理性層級來源（帶著十誡從西奈山下來的摩西），理性自發的規範（共乘者與習慣法），非理性自發規範（亂倫禁忌

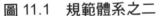

或民俗宗教）。如果我們將這四大來源加以簡化，則可分別以政治、宗教、自我組織、自然形成來代表。這四大類對新規範的形成都很重要，要概括論定何者較重要既不必要也不可行。

很多人都認為，隨著社會現代化，愈來愈少新的規範來自下半象限，而多來自上半部，尤其是左上象限（即政府）。看看梅因、韋伯、涂爾幹、滕尼斯等人談到現代化的用語——理性化、官僚化、從地位走向契約、從社區走向社會——無不暗示現代社會秩序的主要來源是正式理性的法律權威，而這類權威通常來自政府。別忘了現代美國職場與學校的兩性關係有多少不成文的規範，曾涉足其中的人一定知道，非正式的規範並未從現代社會中消失，將來也不太可能。

正式的法律究竟只是將既有的社會習俗法制化，或是在道德價值的形塑上扮演積極的角色，這兩種論點各有支持者。法學理論家艾利克森（Robert Ellickson）認為兩者可以各打五十大板，認為正式的法律只是反映非正式規範的一派被他稱為「法律邊緣主義者」，認為法律是形塑社會規範的關鍵力量者則是「法律中心主義者」[1]。人們在分析規範的起源時常帶有意識形態的偏見，偏袒自以為是的起源。十九世紀無政府主義者、六十年代以降的嬉皮、右派反政府的自由論者及左派的科技自由論者共同的夢想是政府無限縮小，他們的理想不是霍布斯的人人互相為敵，而是人人自發遵循非正式社會規範，和平共存的美好境界。簡而言之，最理想的秩序是自發形式的秩序。相反的，很多左派人士認為非正式的規範是菁英主義、布爾喬亞階級、種族主義、性別主義的遺毒。他們希望利用政府的正式層級權威重塑理想中的個人形象，如新蘇俄人，或是女性化善於照顧人的現代好男人。也有些右派人士希冀透過層級式宗教達到相似的目的。

人們通常較容易注意到源於層級權威的規範，而忽略海耶克的「合作秩序的延伸」。也許我們可以仔細看看圖11.1右邊的兩個象限，對自發秩序的範圍與極限先有所了解。自我組織現在是很流行的名詞，除了經濟學家、生物學家之外，資訊科技大師、管理顧問師、商業學校教授都能朗朗上口。不少人的職業就是教導企業如何放棄階級，進行自我「生物性」組織，亦即催化高度分散的自發合作[2]。不過，自我組織雖然是社會秩序的重要來源，卻必須在特定條件下才能發生，而且並不是群體合作的普遍模式。

自然淘汰常會盲目地創造變化，結果或許是好的，但過程常常是無謂的浪費。人類社會規範的創造過程有時候也是同樣地盲目。例如前面提到的亂倫禁忌，其起源其實是因為人類天生對亂倫有非理性的厭惡。很多風俗習慣可能並不是源自層級權威或理性協商，可能只是一個偶然的結果。例如一個人突然決定將一塊石頭當作打獵的幸運石，後來石頭崇拜竟普及整個社區。即使在現代社會，組織的創新也未必都是理性的，常有企業沒有特殊原因地變換技術或內部組織。長期競爭的結果自然會汰弱留強[3]。

不過社會規範的創造比基因突變要複雜得多，也比較有目的性。規範的產生或許有些偶然的意味，但更常是協商的結果。過去三十年來，關於自發秩序的研究主要來自經濟學或相關領(如法律與經濟學、公共選擇等)，早期的研究多與私有財產起源有關[4]。探討人類合作的問題時，公共資源(牧地、漁場、森林、地下水、空氣等)是最難以解決的，哈定(Garrett Hardin)稱之為「公有地的悲劇」(tragedy of the commons)[5]。這些資源為眾人共享，但每個人對資源創造與維護的貢獻不一，因資源而獲益或受害的程度也不等。一個在河流中放養魚苗的人不只自己獲益，也兼利他人。反之，如果他汙染河川，其他人也會受害。

所謂的公有地的悲劇其實就是囚犯難題的擴大版，共有的人可以有兩個選擇：貢獻己力維護公共資源(合作)，或是不付出只享受(欺騙)。後者不像囚犯難題那般可採取簡單的重複互動方法解決，尤其是當合作的人數規模變得極大時。在大團體裡撿現成便宜的人是很難察覺的，這個問題在過去三十年來引起許多經濟學家與社會科學家的關注，認為是探索人類合作起源的關鍵[6]。

哈定指出，共有的悲劇引起很多社會問題，如海洋魚類的濫捕、草地過度放牧等。他認為唯一的解決之道是借助層級權威的力量，如強勢的政府或甚至是國際組織[7]。他舉人口過剩的問題為例——生兒育女雖符合個人的利益，結果卻導致地球資源不夠的問題，應透過強力的人口控制措施來解決。關於這個問題經濟學家歐爾森（Mancur Olson）的觀點被奉為經典，他提出兩種解決方法，一是哈定的層級權威，如強勢政府強迫人民納稅。第二個方法是存在一個公共資源的超大使用者，此使用者因需要的緣故，願意片面付出而又容許他人享用[8]。

另外也有經濟學家提出自發形成的規範，一個簡單的方法是將公共資源轉變為私有財產。經濟學家德姆塞茨（Howard Demsetz）提出「將外部效應內化」的觀念，公共財變成私有財後，人們自然有保護的動機[9]。十八世紀初拉布拉多半島的印第安人便實際採行過這套方法。諾斯（Douglas North）與湯瑪斯（Robert Thomas）將這個觀念進一步引申，據以解釋歐洲公有財產制度如何從一〇〇〇年到一八〇〇年慢慢建立起來[10]。這個觀念有一個很大的問題：很多公共資源無法轉變為私有財產，因為無法固定一處（如空氣和魚），或無法分割（如飛機和核子武器）。

整個法律與經濟學（Law and Economics）領域的起源可追溯到一篇文章，即芝加哥大學經濟學者寇斯（Ronald Coase）的〈社會成本的問題〉（The Problem of Social Cost）。文中提到，當交易成本為零時，改變義務規範不會影響資源的分配[11]。換個角度來說，如果私人的協商不費成本，政府就無需介入去規範製造外部效應的人，因為受影響的人自有足夠的動機結合起來解決問題。寇斯舉的例子是牧場與農人的衝突，因為牧場的牛常跑到農田造成破壞。政府可以規定牧場必須賠償損失，但寇斯認為農人有足夠的動機用更簡單的方式解決——花錢請牧場約束牛群。也就是說，人與人基於自利而產生的互動便可創造出社會規範，不一定要透過法律或正式的機構來規範。

這套理論也有一個很大的漏洞，實際生活中交易成本鮮少是零。私人間的協商常常要耗費很大的成本，特別是當雙方的財力或勢力差距甚大時。但有時候的確因交易成本極低，而出現社會規範由下而上創造出來的例子。經濟學家薩格登（Robert Sugden）舉了一個例子，英國海灘的浮木供大眾使用，慣例是先來先用——但只能少量使用[12]。艾利克森（Robert Ellickson）也舉了很多自發規範的例子，例如十九世紀美國捕鯨船常發生一個問題，甲船捕獲的鯨魚有時會掙脫而被乙船抓去販售得利，漁民後來便發展出一套均分漁獲的規範來[13]。艾利克森自己做的田野調查發現，加州夏斯達郡（Shasta County）的牧場與農民也發展出類似的規範，就如寇斯所預測的一樣[14]。

多數文章談到自發規範都是引述傳說，無法呈現新規範產生的確實過程。唯一的例外是歐斯壯（Elinor Ostrom），她廣泛收集了五千多份公共資源的個案研究，數量確實足以作概括性的論述[15]。她的基本結論是：人類在不同時、地曾有解決共有悲劇的紀錄，頻率可能超出一般人的想像。解決的方法通常不是將公共資源私有化（經濟學家的論點），也不是由政府來規範（非經濟學家的論點），而是由社區自行設計出共享的方法，既維持公平又不致造成資源提早耗盡。其基本原則與囚犯難題是一樣的：即重複互動。當人們知道彼此將繼續在同一社區共存，而持續的合作關係是有利的，人們便會努力維護自己的聲譽，同時監督懲罰那些不守規範的人。

歐斯川的很多例子都來自前工業社會的傳統社區，但也有已開發社會的例子，其中之一是南加州地下水資源的共享[16]。水資源當然可以由較高層級權威來規範（如聯邦政府），但地方鄉鎮透過法律協商，同樣可以制定出公平共享的原則。不過也不是南加州所有的城市都做得到，顯示自我組織的原則是有條件限制的。

除了前面提到的牧場、捕鯨船、漁民等資源共享的例子，在現代高科技職場上也可以看到自我組織的行為。二十世紀初的企業及其辦公室、工廠可說是層級權威的重鎮，透過嚴謹的系統以高度權威的模式控制數千名員工。現代的職場則大不相同：以正式規定架構起來的層級關係漸被淘汰，代之而起的是權力分散的扁平式組織或非正式網絡。協商的模式是由下而上的，共同的規範或價值觀促使員工為共同的目標而共事。換句話說，現代企業的凝聚力不是權威命令的結果，而是建立在社會資本上。隨著經濟的複雜化與科技化，這個現象只會愈來愈明顯。

註釋

1 Robert C. Ellickson, *Order Without Law: How Neighbors Settle Disputes* (Cambridge, Mass.: Harvard University Press, 1991), pp. 138–140.

2 關於對 Michael Rothschild's Bionomics Institute 之評論，參見 Paul Krugman, "The Power of Biobabble: Pseudo-Economics Meets Pseudo-Evolution," *Slate*, October 23, 1997.

3 Armen A. Alchian, "Uncertainty, Evolution, and Economic Theory," *Journal of Political Economy* 58 (1950): 211–221; Arthur de Vany, "Information, Chance, and Evolution: Alchian and the Economics of Self-Organization," *Economic Inquiry* 34 (1996): 427–443. 亦可參見 Jack Hirshleifer, "Natural Economy versus Political Economy," *Journal of Social Biology* 1 (1978): 320–321.

4 其概述可參見 Karl-Dieter Opp, "Emergence and Effects of Social Norms-Confrontation of Some Hypotheses of Sociology and Economics," *Kyklos* 32 (1979): 775–801.

5 Garrett Hardin, "The Tragedy of the Commons," *Science* 162 (1968): 1243–1248.

6 例子可參見 Russell Hardin, *Collective Action* (Baltimore: Johns Hopkins University Press, 1982).

7 對於哈定之批評可參見 Carl Dahlman, "The Tragedy of the Commons that Wasn't: On Technical Solutions to the Institutions Game," *Population and Environment* 12 (1991): 285–295.

8 Mancur Olson, *The Logic of Collective Action: Public Goods and the Theory of Groups* (Cambridge, Mass.: Harvard University Press, 1965).

9 H. Demsetz, "Toward a Theory of Property Rights," *American Economic Review* 57 (1967): 347–359.

10 Douglass C. North and Robert P. Thomas, "An Economic Theory of the Growth of the Western World," *Economic History Review*, 2d ser. 28 (1970): 1–17; and Douglass C. North and Robert P. Thomas, *The Growth of the Western World* (London: Cambridge University Press, 1973).

11 嚴格來說，寇斯本人並沒有提出寇斯定理。Ronald H. Coase, "The Problem of Social Cost," *Journal of Law and Economics* 3 (1960): 1–44. 這是當今法律學界最常引用的一篇文章。

12 Andrew Sugden, "Spontaneous Order," *Journal of Economic Perspectives* 3 (1989): 85–97, and *The Economics of Rights, Cooperation and Welfare* (Oxford: Basil Blackwell, 1986).

13 Ellickson, *Order Without Law*, p. 192.

14 Ibid., pp. 143ff.

15 Elinor Ostrom, *Governing the Commons: The Evolution of Institutions for Collective Action* (Cambridge: Cambridge University Press, 1990).

16 Ibid., pp. 103–142.

CHAPTER 12

第十二章

科技、網絡與社會資本

層級組織已走到盡頭了？

韋伯認為，官僚式的理性層級權威是現代性（modernity）的本質。然而我們在二十世紀後半看到的卻是政治與經濟的官僚層級全面衰微，代之而起的是非正式、自我組織的協調形式。

政治層級組織是獨裁政府，或更極端的集權主義政府，由一位獨裁者或少數菁英掌權控制整個社會。然而所有的獨裁國家——從西班牙的佛朗哥、葡萄牙的薩拉澤（Salazar）到東德與前蘇聯，自一九七〇年代以後紛紛瓦解。新的政權即使不是真正的民主，至少都能容許較大程度的政治參與。

事實上，民主政權也是一種層級組織。從某些角度來看，現代的美國總統掌握的權力超乎古東方君王所能想像，包括以核子武器摧毀世界大半地區的權力。民主與獨裁的差異主要不是層級的問題，而是民主政治的權威是經過投票合法取得，且政府對個人的控制權受到限制。民主層級組織和獨裁政權一樣有效率低落的一面，也因此才會有權力分散、聯邦化、民營化、權力下放等呼聲。

企業層級組織也同樣飽受詬病，不少層級式大型嚴謹企業紛紛被輕薄短小的對手打敗，一九八〇年代初的美國AT&T電話公司與IBM就是典型例子。商學院教授、管理顧問、資訊科技大師無不強調高度分散的優點。有些人甚至預言，下個世紀裡大型層級企業將完全被一種新的組織形式取代——亦即網絡組織。

中央集權企業失敗的理由和中央集權政府如出一轍：無力應付日益複雜世界所產生的資訊問題。階級組織出現捉襟見肘的跡象，恰是工業社會走向高科技資訊生產的過渡期，這不是純然巧合。

早在五十年前海耶克就曾為文探討中央層級組織處理資訊的困難，海耶克的這篇經典作品是以米塞斯（Ludwig von Mises）對社會主義的批評為本[1]。一個獨裁統治者要掌控領土裡的所有事情，必須先掌控必要的資訊與知識做為決策的依據。在農業社會裡，封建領主只要擁有騎馬、劍術及些許政治知識，加上宗教領袖的祝福，大概已足以獨掌權柄。但隨著經濟的發展與複雜化，統治者所需的資訊掌控力也以倍數成長。當然，沒有一個統治者能憑一己之力掌握所有的專業技術與知識，因而必須仰賴從武器設計到財務管理的各種專家。不僅如此，現代經濟所需的大量資訊往往有地區性。舉例來說，當螺絲的供應商提供的是劣質的產品時，最清楚的可能是實際鎖螺絲的人，而不是中央部會的經濟官僚或企業總部的副總裁[2]。

但權力下放，不管是下放給技術專家或衍生並使用知識的人，都會稀釋獨裁者的權力。這正是蘇聯發生的情形，也是蘇聯社會主義自行瓦解的原因之一。史達林時期便已開始倚賴各種技術專家——所謂的紅色指導員，以及科學家、工程師等專業人士[3]。史達林可以恐怖手段達到控制的效果（著名的飛機設計師杜柏列夫（Tupolev）就是在監牢裡造飛機的），史達林的繼承人就沒有那麼得心應手了。技術專家可以隱藏知識，留待與掌權者討價還價，藉以獲取自主權與思想的自由。理論上有關價格與原料移轉的決策都由莫斯科的部會掌控，周邊所產生的區域性知識卻不可能全部由中央控制，於是，較低階的官員如地方書記或較接近地區知識來源的企業主管便開始累積權力。到一九八〇年代戈巴契夫掌權時，原來的集權模式已不再管用。

同樣的情形也發生在執行長（CEO）獨裁管理的企業。特別是從無到有建立企業的第一代執行長常喜歡大小權力一把抓，視員工為執行命令的機器人。但隨著企業的規模變大，所面臨的問題愈來愈複雜，這種決策模式顯得太呆板，老闆變成企業進步的瓶頸。有些大企業複雜程度與政府無異，同樣必須將權力下放給專家與接近區域資訊來源的人。現在很多管理專家大談權力分散與員工權力分享，彷彿這是很新的觀念。根據商業史學家錢德勒（Alfred Chandler）的研究，大約在百年前大企業就已開始朝這個方向走了[4]。許多部門眾多的大企業如福特汽車與杜邦都是採層級組織，但與小家庭企業相較，其實權力是相當分散的。

由於大型層級組織面對重重問題，可以預見權力下放的趨勢還會繼續下去。但這又會衍生另一個問題：在一個權力分散的組織裡低階員工開始掌握新的權力，彼此之間要如何協調？方法之一是透過市場運作，讓買賣雙方自行達成有效率的結果。一九九〇年代美國盛行貨源分散（outsource），就是試圖以市場機制取代層級控制。但市場交易免不了交易成本，更何況組織內部的基本功能也不可能採取市場機制，聽任自己人彼此競爭。

高度權力分散的組織的另一個協調方式是網絡，這是透過各單位的互動所產生的自發秩序，而不是由任何中央權威創造的。但首先必須具備足以取代正式組織的非正式規範——也就是社會資本。

網絡的興起

根據一九三七年寇斯提出的公司理論，層級組織的存在是因為交易成本的關係[5]。以製造汽車這麼複雜的過程為例，理論上可以由許多分散的小公司共同合作完成，從設計、系統整合、行銷等各環節都由不同的公司負責。但我們知道汽車不是這樣製造出來的，而是由垂直整合的大企業統籌製造，原因在於貨源分散涉及太多協商、簽約、法律細節。相較之下，一切輸入與產出皆由企業內部透過管理命令來控管，不但成本較低，

圖 12.1　扁平化企業組織

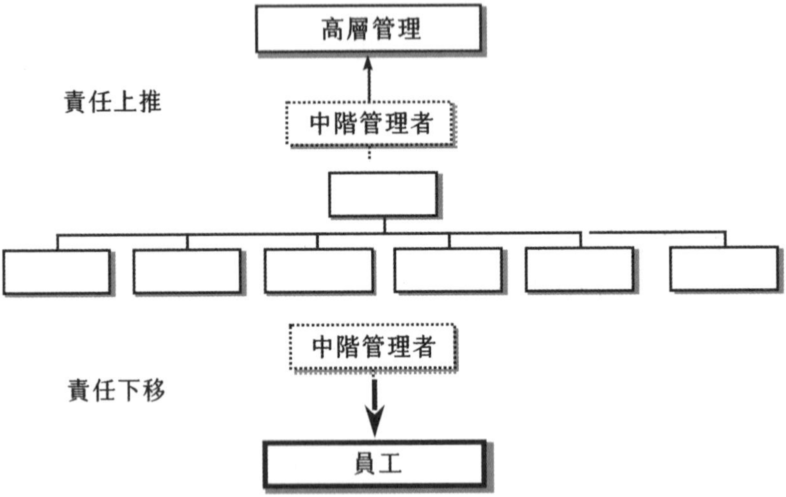

品質也容易維持[6]。

很多人視網絡的興起為傳統市場與層級之間的中間組織，比大型層級組織更能因應科技的發展[7]。馬隆（Thomas Malone）與葉慈（Joanne Yates）認為，低廉而普及的資訊科技將使交易成本大幅降低。也降低了管理層級存在的必要[8]。鼓吹資訊革命人士更認為網際網路不只是有用的新溝通技術，更象徵一種全新非層級的組織形式已出現，專門為現代複雜的資訊密集經濟量身打造。

關於正式組織的扁平化趨勢已有很多人為文討論。典型的層級組織為金字塔形式，圖12.1則是扁平化的結果。基本上這仍然是一個中央化的層級組織，唯一改變的是中間的管理層級減少了。個別層級掌控的空間較大，若是運作得宜應不會使高層管理者承擔過多的微控責任，而是適度地將權力往下移。

社會學家研究網絡的概念多年，對商學教授彷彿發現新大陸的姿態有時不免感到不耐。不過，社會學對網絡的定義通常極廣泛，涵蓋經濟學所說的市場與層級。倒是管理專家談到網絡時概念非常模糊。一般都知道網絡與層級有別，卻不清楚網絡與市場的差異[9]。事實上，馬隆最初談層級的衰微時，也並未用到「網絡」一詞，而是認為協商的功能仰賴古典的市場機制。有些人將網絡視為一種正式的組織但沒有正式的權威來源[10]。有些人則認為網絡是組織之間非正式的關係或聯盟，各組織可能是層級式的，但彼此之間是垂直的契約關係。日本的企業集團、義大利中部的小家庭聯盟、波音公司與供應商的關係都屬網絡性質。

如果我們不以正式組織來理解網絡，而視之為社會資本，必能更清楚了解網絡的經濟功能。從這個觀點來看，網絡應該是信賴的關係：

> 網絡是個別單位組成的團體，彼此共享一般市場交易之外的非正式規範或價值觀。

圖 12.2　多重信賴網絡

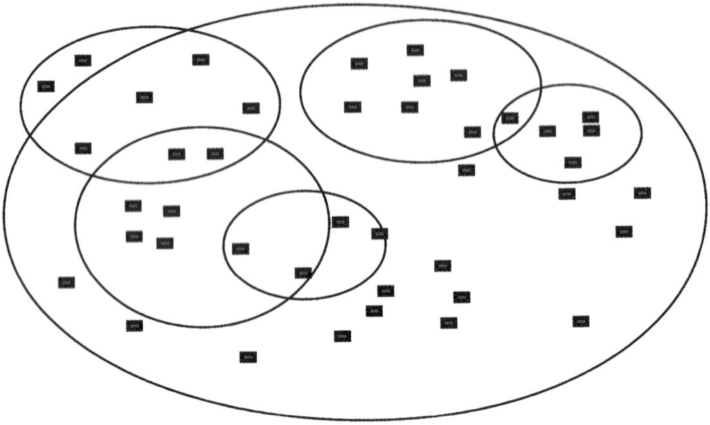

這裡所謂的規範與價值觀範圍很廣，可以是朋友間簡單的互惠規範，也可以是宗教組織複雜的價值體系。很多非政府組織，如國際特赦組織、國家婦女組織，就是在共同規範基礎下表現出高度協調的行動。就像朋友或宗教組織的成員一樣，組織中個別成員的行為不能單純以經濟自利的觀點來解釋。例如美國社會便有複雜稠密的網絡，有些還彼此重疊（參考圖12.2）。最大的橢圓代表整個美國，人們共享某些政治價值如自由與民主。重疊的橢圓可能是某個移民團體如亞裔美國人，一部分認同美國主流文化，一部分卻自成一格。大圓裡的小圓可能是某宗教教派或具強烈文化的企業。

上述的網絡定義有兩點值得注意。第一，網絡與市場的不同在於前者有共通的規範與價值觀。也就是說，網絡裡的經濟行為與市場裡的交易有不同的基礎。追求嚴苛定義的人可能會辯稱，市場交易也需要某種共通的規範，例如彼此同意和平交易而不訴諸暴力，但這類規範是很微不足道的。兩個人即使互不認識、互不欣賞、使用不同語言都可以進行交易，甚至可以永遠不知道對方是誰。網絡交易則不同，網絡成員可能因共通的規範而抱持不平常的目標，以致扭曲了市場的關係。例如家族成員、循環信用協會的成員，他們交易的方式絕不同於一般市場的陌生人交易。除了交易之外他們比較願意進行互惠交換——提供對方利益而不預期立即的回報。當然，他們可能還是預期日久能獲回報，但交易行為顯然不是同時發生，也不像一般市場經過精密的成本效益分析。

網絡之所以不同於層級則是因其基礎是共通的非正式規範，而不是正式的權威關係。由此說來，網絡是可以與正式層級共存的。正式層級的成員可以只有薪資契約而沒有任何共通的規範，但這樣的組織可與各種網絡相重疊，包括因人情、民族、企業文化等建立起來的網絡。

當網絡存在組織的最上層時，結果未必是好的，甚至可能影響組織的正常運作。人情網絡是大家最熟悉的，亦即建立在血緣、社會階級、友誼、愛情等基礎上。這類網絡成員共享組織中其他人所沒有的重要規範（尤其是互惠規範），網絡內資訊的流通順暢無阻，但外圍自成一道不利流通的薄膜。人情網絡的問題在於其結構是外面的人無法窺知的，且常常破壞正式的權威關係。同族的也許較容易彼此信賴與交易，卻可能不利其他族群的進入。試想像一個老闆因某個屬下是愛將、好友或情人而明顯偏袒，這時網絡的互惠原則顯然就成了企業的負債了。

非正式網絡還有一個缺點，成員共享的規範愈強大，這個網絡便愈封閉，愈不易接受外面的人事物與觀念。例如美國海軍陸戰隊員或摩門教徒便比一般組織成員的資格更嚴苛，這類成員必須融入明確強大的組織文化，達到高度的團結與行動一致。但反過來看，海軍陸戰隊員與一般百姓之間或摩門教徒與非教徒之間往往存在極大的文化距離，比一般無涉道德價值的組織要嚴重許多。有些組織以一道牆自外於他人，往往流於偏執、狹隘、頑固不知變通、對新的觀念極度無知。很多專家根據社會學家葛蘭諾維特（Mark Granovetter）的觀念[11]，強調資訊網絡的效應必建立在「脆弱聯繫」的基礎。那些橫跨不同組織、不受約束的人往往能帶來新的觀念，成為組織因應環境變遷不可或缺的力量。

如果將網絡界定為非正式倫理關係，網絡的確常導致族閥主義、偏袒自己人、偏執、黑箱作業等。這些現象與人類社會一樣古老，在很多前現代化社會裡甚至是社會關係的主要形式。現代社會的很多設計如契約、法律、憲法、分權等，可以說都是為了矯正非正式網絡關係的缺失。這也是為什麼韋伯等人會認為，現代社會的精髓就是以法律及透明的制度取代非正式權威[12]。

那麼，為什麼還有人認為人類的組織會愈來愈重視非正式網絡？我很懷疑正式層級會在可預見的未來消失。網絡也許會愈來愈重要，但終究需要正式層級補其不足。然而讀者可能又要問，非正式網絡為什麼不會完全消失？原因之一是經濟日趨複雜，層級協調方式無法滿足所有的需求。

協調方法的改變

我們可以從層級組織內部資訊的流通來了解社會資本的重要。例如在製造公司裡，層級的存在是為了在生產過程中協調原料的流通。原料的流通可以靠正式的權威結構來控制，資訊的流通卻不同。資訊是一種很特殊的商品，第一次生產可能非常困難而昂貴，但生產之後複製的成本幾乎是零[13]。在數位時代裡尤其如此，只要按一下滑鼠就可以複製無數的檔案。

理論上，理想的狀況應該是組織內部生產的資訊能自由流通到所有需要的部門。這些資訊既為組織所有，內部流通的成本應該是零。

只可惜事實與理想永遠有差距，主要原因是組織必須把權力下放，這就造成了經濟學所謂的雇傭衝突（principal agent problems）——受雇者通常有自己的利益考量，有時候可能與雇主相左。很多管理者認為，解決之道就是讓個人與組織的利益一致，如此受雇者便會追求雇主的最佳利益。但這個道理是說易行難，有時候兩者的利益甚至是直接衝突。例如一位中級主管發現一套新的科技軟體或組織扁平化的新計畫，真正實施了卻可能使他失去工作，你認為他會提議實施嗎？[14]此外，一個人的產出品質有時不易評量，例如心理治療或繪畫，這時便很難依據個別表現訂定獎懲。

因此，促進資訊自由流通雖符合組織整體利益，卻常常不符合各層級人員的利益。資訊就是力量，控制資訊的收放是掌握權力的第一步。這也是為什麼層級組織裡恆常上演上司與下屬或不同部門之間的鬥爭。

除了雇傭衝突外，層級組織往往因內部資訊的處理過程而發生效率不彰的問題。同公司甲部門不知道樓上乙部門在做些什麼是很常見的情形。有些決策需要高層的監督，因而出現監督所需的內部成本，而並不是所有的監督任務都屬必要、正確、有效率的。

層級組織在處理複雜資訊時也會有問題。層級管理通常都要經過正式的規定與標準程序，但有時候你必須依據複雜或難以評估的資訊做決策，這時正規的規定就成了障礙。例如在勞力市場上，低技術的簡單工作通常在求才廣告上都會明列工作條件。但是當大學或企業要徵求當紅的經濟人才或軟體工程師時[15]，多會透過非正式網絡，因為這類人才的能力很難以正式的條件正義。像美國大學教授的聘任決定也不是依據任何正式的標準，而是參考其他教授的意見。

層級組織的最後一個缺點是缺乏應變能力。當外在環境改變，最清楚的通常是低階員工而非高級主管。對於經常面對外在環境快速變化的產業而言（如資訊業），過度中央化尤其是一大阻礙。

網絡可定義為共享非正式規範與價值的團體，網絡的重要則在於提供組織內外資訊流通的另類管道。例如朋友之間在分享資訊時大概不會主張自己的智慧財產權，自然無所謂交易成本。由此觀之，友誼確實有助於組織內部資訊的自由流通。此外，朋友之間也不會花心機思索如何使自己掌握更大權力。假定行銷部門的甲和生產部門的乙是好友，兩人吃飯時甲聊起客戶對產品品質的抱怨，從而省略了複雜的正式層級，快速地讓資訊流向最重要的地方。理想的企業文化讓員工同時兼具個人與團體的身分，生命共同體的凝聚力同樣有利於資訊的內部流通。

有些高層技術人員處理的是複雜、廣泛、難以言傳或溝通的知識或事務，管理這類人員時也需要相當的社會資本。例如大學、工程、會計、建築等公司的員工都極具專業性，公司在管理上很少採用詳細的官僚規定或制定標準作業程序。例如軟體工程師對自己的工作恐怕比上司都清楚，自己的生產力也只有自己能評定，公司通常必須信賴這類員工的自我管理能力。理論上，一個醫生不會因被收買而對病患做出不道德的事，因為他已立過誓要服膺病患而非自己的利益。因此，在任何進步的資訊經濟社會，專業教育都是社會資本的重要來源，也是分散式扁平化組織的基礎。

社會資本對生產過程較複雜的產業極為重要，原因是非正式的交換可避免大型層級組織的內部交易成本，以及外部的市場交易成本。當產品變得愈來愈複雜、多樣、難以評價時，這種非正式規範的交流顯得益形重要，這可以從低信賴度走向高信賴度的生產得到印證。

低信賴度走向高信賴度的生產

福特的汽車廠是二十世紀初的職場典型，其特色是高度形式化的層級組織。由中央化的官僚體系負責工作的詳細分配與監督，對員工與組織的各種行為都有明確的規定。福特公司採行的是工業工程師泰勒（Frederick Winslow Taylor）的科學管理法，其基本原則是相信管理的智慧也符合規模經濟的道理，高效率的經營方法是將管理智慧完全集中在白領階級，而非散布到整個組織。

這種體系根本不需要談信賴、社會資本或非正式社會規範：每個工人該站在何處，手腳如何動作，何時休息都被明確告知，不需表現出絲毫的創造力或判斷力。工人的行為純粹來自賞罰的誘因，每個人可輕易被替代。同時工人也通過工作爭取權力的正式保障及盡可能詳細的工作規定，也因此會產生致力保障工作的工作主義（job control uniomism）及厚如電話簿的勞動契約[16]。

泰勒主義是協調低技術勞工的最有效方法，甚至是唯一的方法。在二十世紀前二十年，福特的藍領工人有一半是不會說英語的移民，遲至一九五〇年代仍有百分之八十學歷在中學以下[17]。然而泰勒主義終究碰到大型層級組織的所有問題，包括決策緩慢、工作規定太呆板、無法因應環境變遷等。

從泰勒式層級組織走向扁平化網絡組織，必須將協調功能從正式官僚規章移向非正式社會規範。在新的組織裡權威並未消失，只是經過內化而具有自我組織與自我管理的能力。一個精簡、即時解決問題的汽車廠就是扁平化、後福特時代的組織典範，很多決策過去是由白領中間管理者負責，現在則是由藍領裝配線工人團隊負責。線上工人實際負責每天的流程規劃、機器裝設、紀律維護與品質管制。

日本高岡市豐田廠便將這種權力下放的原則發揮到淋漓盡致，只要任何一個工人發現生產過程有問題都有權將整個生產線停下來。這個作法類似博弈論所謂的個人否決權（unit veto），即單一成員便有能力破壞整個團隊的努力。當然，這樣的權力下放有其先決條件：員工必須受過足夠的訓練，足以擔負過去白領階級的工作，並有足夠的責任感，會將團體利益放在個人利益之上。這套作法不適合在一個曾發生勞資爭議的地區實施，一個後福特時代的工廠比泰勒式工廠需要更多的互信與社會資本。

所有的研究都顯示[18]，精簡流程的結果使汽車業的生產力與品質都大幅提高。原因在地區性的資訊能夠在接近源頭的地方處理掉：假設協力廠商送來的門板有瑕疵，裝門板的工人就有足夠的權力與動機把問題解決掉，而無需讓簡單的資訊淹沒在層層的管理階級中。

區域與社會網絡

我們說社會資本是扁平網絡組織不可或缺的，下面再舉一個典型的例子：美國資訊業。乍看之下，矽谷似乎是美國經濟中較缺乏互信與社會資本的一環。這裡最主要的規範是競爭而非合作，如新古典經濟學所說的，經由理性追求最大效益者在不講人情的市場中創造出高度的效率。這裡有無數的小公司，不斷地分裂組合，在激烈的競爭中如泡沫般即生即滅。這裡的工作很不穩定，終身職或忠誠的觀念更是聞所未聞。資訊業本來就比較開放，加上完善的投資市場，造成企業個人主義的蓬勃發展。

也有專家針對矽谷做過社會研究——如薩西尼安（Annalee Saxenian）的《區域優勢》（*Regional Advantage*）[19]，稍加閱讀會發現，這種看似一味講求競爭的個人主義只是表面現象。在現代經濟，社會資本未必只能存在個別公司裡或終身職這類制度[20]。薩西尼安比較矽谷與波士頓一二八號公路（Route 128），發現前者的成功與特殊文化有關。表面上看來，矽谷充滿個人主義式的競爭，深入觀察會發現綿密的社會網絡將不同公司的員工聯結在一起。構成這個社會網絡的要素可能是相似的教育背景（如柏克萊或史丹福的電子工程學歷）、相似的就業經歷（一些重量級人物早期出身同一公司），或甚至可追溯自一九六〇年代末與一九七〇年代灣區的反文化風潮。

非正式網絡對科技發展的重要性是多方面的。很多知識是不假言傳的，也不易轉化為商品買賣[21]。相關技術與系統整合過程是如此廣泛而複雜，即使是大企業也很難自行發展出所有需要的知識。事實上，科技知識經常因企業的合併合作而流通轉移，研究矽谷發展的專家也特別強調研發工作的非正式性質。薩西尼安指出：

> 透過一種類似大家庭的非正式交流，企業間的合作與資訊交流不斷在進行。當地有一家車輪酒吧是工程師經常流連的地方，大家隨意聊天交換心得，該地甚至被稱為半導體業的水源……

他們談天的內容遍及競爭對手、客戶、市場、技術等，就成了最新資訊的重要來源……在一個技術變遷快速、競爭激烈的產業，與傳統較不具時效的管道（如產業刊物）相較，這類非正式交流往往更具價值。[22]

薩西尼安指出，一二八號公路有些企業還保有敝帚自珍的觀念，難怪無法成功。他們既無法自行垂直整合所有相關技術，又缺乏非正式的聯繫與足夠的信賴可與對手分享技術。

這些技術網絡具有倫理與社會性的意涵，足可影響其經濟效果。薩西尼安指出，「當地的工程師很清楚，透過此一網絡所獲得的資訊品質完全仰賴資訊提供者的信用，而只有具有相似背景與工作經驗的人才能確保資訊的品質。」[23]換句話說，共同的專業背景與個人經驗構成重要的社會資本。

也有作家探討科技業所謂的專業團體，意指專研特定技術的工程師會因互相尊重與信賴而交換資訊[24]。這種團體非常特殊，成員可能具相似的教育與就業背景，但範圍往往不限於同一企業或專業領。

這類非正式網絡對資訊業的重要性可能勝過其他行業。以化學製藥業為例，單一研發結果可能就攸關企業的重大利益，智慧財產的分享當然比較不可能發生。資訊科技卻極為複雜，且涉及多種產品與技術的整合，與潛在競爭者分享一些知識通常沒有太大的損失。

這種非正式網絡形成的社會資本使矽谷的研發工作可以有規模經濟的優點，這是垂直整合的大企業做不到的。很多書探討過日本企業的合作性格，以及企業集團網絡成員分享技術的情形。在某種角度來看，矽谷就像是一個大型網絡組織，彼此交流專業知識與技術，日本垂直整合的大企業或集團夥伴是很難望其項背的[25]。

社會資本對科技發展的重要造成一些看似衝突的結果。例如隨著國際化趨勢日深，地理位置的接近卻仍舊很重要，甚至可能比以前更重要。麥可．波特（Michael Porter）便指出，儘管通訊與運輸技術愈來愈進步，有些產業（尤其是高科技的研發）仍集中在少數地點[26]。如果電子網路使資訊的分享更容易，為什麼會有集中在特定地點的現象？我們認為電子網路不足以創造出矽谷人的互信與互敬，這些要靠頻繁社會互動裡人與人的直接接觸與互惠交往才能建立。一般商品的製造可以外發到低成本的地區，精密的科技發展卻很難做到。

但這並不表示我們將恢復某種小鎮廠區的模式。在一個全球化經濟裡，像猶它州普洛佛（Provo）這種軟體業重鎮也不能畫地自限，曾經風光一時的 NOVELL 與 WORDPERFECT 現在都趕不上競爭對手了。「寬鬆」的聯結還是很重要的，不同的網絡相重疊才有利觀念與技術的自由流通。但若是寬鬆到缺乏社會聯繫，光有好的觀念也是不可能轉化為財富的，網際網路時代的社會聯繫絕不只是寬頻與高度網路就夠了。

註釋

1 Ludwig von Mises, *Socialism: An Economic and Sociological Analysis* (Indianapolis: Liberty Classics, 1981); Friedrich A. Hayek, "The Use of Knowledge in Society," *American Economic Review* 35 (1945): 519–530.

2 關於階層管理之問題，更多的討論可參見 Gary J. Miller, *Managerial Dilemmas: The Political Economy of Hierarchy* (New York: Cambridge University Press, 1992).

3 Jeremy R. Azrael, *Managerial Power and Soviet Policy* (Cambridge, Mass.: Harvard University Press, 1966).

4 參見 Alfred D. Chandler, *The Visible Hand: The Managerial Revolution in American Business* (Cambridge, Mass.: Harvard University Press, 1977), and Scale and Scope: The Dynamics of Industrial Capitalism (Cambridge, Mass.: Harvard University Press/Belknap, 1990).

5 Ronald H. Coase, "The Nature of the Firm," *Economica* 6 (1937): 386–405; 亦可參見Oliver Williamson的作品，包括 *The Nature of the Firm: Origins, Evolution and Development* (Oxford: Oxford University Press, 1993).

6 寇斯關於公司的理論並不是所有人都接受。阿爾奇安（Alchian）與德姆塞茨便主張，公司適合被理解為市場關係。Armen Alchian and H. Demsetz, "Production, Information Costs, and Economic Organization," *American Economic Review* 62 (1972): 777–795.

7 例子可參見 Gernot Grabher, *The Embedded Firm: On the Socioeconomics of Industrial Networks* (London: Routledge,

1993); Nitin Nohria and Robert Eccles, eds., Net- works and Organizations: Structure, Form, and Action (Boston: Harvard Business School Press, 1992); Walter W. Powell, "Neither Market Nor Hierarchy: Network Forms of Organization," *Research in Organizational Behavior* 12 (1990): 295–336; John L. Casti et al., *Networks in Action: Communications, Economies and Human Knowledge* (Berlin: Springer-Verlag, 1995); Michael Best, *The New Competition: Institutions of Industrial Re-structuring* (Cambridge, Mass.: Harvard University Press, 1990).

8 Thomas W. Malone and Joanne Yates, "Electronic Markets and Electronic Hierarchies," *Communications of the ACM* 30 (1987): 484–497.

9 例子可參見 Nitin Nohria, "Is a Network Perspective a Useful Way of Studying Organizations?" in Nohria and Robert Eccles, *Networks and Organizatio*ns (Boston: Harvard Business School Press, 1992).

10 Thomas Malone et al., "Electronic Markets"; 亦可參見 Malone, "The Interdisciplinary Study of Coordination," *ACM Computing Surveys* 26 (1994): 87–199.

11 Mark S. Granovetter, "The Strength of Weak Ties," *American Journal of Sociology* 78 (1973): 1360–1380.

12 Max Weber, *Economy and Society* (Berkeley: University of California Press, 1978).

13 參見 Kenneth J. Arrow, "Classificatory Notes on the Production and Transmission of Technological Knowledge," *American Economic Review* 59 (1969): 29–33.

14 提出這一點的是Masahiko Aoki, "Toward an Economic Model of the Japanese Firm," *Journal of Economic Literature* 28 (March 1990): 1–27.

15 例子可參見 Kenneth J. Arrow, "Classifactory Notes on the Production and Transmission of Technological Knowledge," *American Economic Review* 59 (1969): 29–33.

16 Harry Katz, *Shifting Gears: Changing Labor Relations in the United States Automobile Industry* (Cambridge, Mass.: MIT Press, 1985).

17 Allan Nevins, with Frank E. Hill, *Ford: The Times, the Man, the Company* (New York: Scribner's, 1954); p. 517.

18 參見 James P. Womack et al., *The Machine That Changed the World: The Story of Lean Production* (New York: Harper Perennial, 1991).

19 Annalee Saxenian, *Regional Advantage: Culture and Competition in Silicon Valley and Route 128* (Cambridge, Mass.: Harvard University Press, 1994).

20 在這方面，我錯誤地於《誠信》（*Trust*）當中過度強調公司規模的重要性。公司規模龐大可以反映社會資本，若該公司能夠讓個人自願信任直系親屬以外的人；公司規模龐大也可能反映社會資本之缺乏，因為其組成可能是靠著低信任度的泰勒化產線。公司規模的重要性遠遜於能聯結個人的社會規範，這些規範可以存在於單一組織之內，也可以超越個別的組織之上。

21 Don E. Kash and Robert W. Ryecroft, *The Complexity Challenge: Technological Innovation for the 21st Century* (London: Pinter, 1999).

22 Saxenian, *Regional Advantage*, pp. 32–33.

23 Ibid., p. 33.

24 例子可參見 Bernardo A. Huberman and Tad Hogg, "Communities of Practice: Performance and Evolution," *Computational and Mathematical Organization Theory* 1 (1995): 73–92; John Seely Brown and Paul Duguid, "Organizational Learning and Communities-of-Practice: Toward a Unified View of Working, Learning, and Innovation," *Organization Science* 2 (February 1991): 40–57.

25 Masahiko Aoki, paper presented to the Samsung Economic Research Institute, June 1996.

26 Michael E. Porter, "Clusters and the New Economics of Competition," *Harvard Business Review* (November–December 1998): 77–90; 亦可見 Porter, *On Competition* (Boston: Harvard Business Review Books, 1998), pp. 197–287.

CHAPTER 13

第十三章

自發秩序的限制與層級的必要

根據前面的探討，人類確實有能力透過理性協議，自發創造社會規範。在資訊社會的重要產業——高科技業，非正式規範與自我組織能力也將扮演愈來愈重要的角色。接下來要探討的是：以自發秩序解決社會合作的問題是否有其限制？極限又在那裡？法律與經濟學（Law & Economics）裡的自由派人士一直主張以自發秩序取代層級秩序。最典型的例子是在汙染控制上以業者自我約束取代政府的空氣品質規定，一九九七年全球溫室效應京都高峰會上美國人便一直鼓吹此一觀點。然而，也有人提議建立器官與嬰兒買賣的市場，自發秩序的界線應該在那裡？層級秩序是否應該從某一點上接手？

自發秩序的缺點

歐斯川的研究顯示，自發秩序必須在特定條件下才能發生，很多情況下不是無法落實就是對社會產生不利的後果。歐斯川提出很多例子證明共享資訊的規範很難建立[1]。下面就依據她的論點整理出自發秩序難產的理由：

規模

歐爾森在《集體行動的邏輯》（*The Logic of Collective Action*）裡指出，團體規模

愈大，只享權利不盡義務的問題愈嚴重，因為個人的行為愈來愈難監督。診所或法律事務所合夥人很容易知道誰沒有盡力，但一間數萬名員工的工廠就很困難。在前蘇聯與其他共產國家這類問題便很普遍，因為多數人都在大型工廠或公司工作，薪資與福利都由國家提供。前面說人類具備偵測背叛者的生物機制，這類機制在集獵社會最能發揮效果，當時典型的團體規模大概不超過五十到一百人，閒談成為最理想的社會控制。人們很容易知道誰誠實、誰偷懶、誰急公好義，這類資訊能透過非正式網絡快速流通，監督工作由團體本身進行而無須假手任何專門人員。然而當團體的規模大於此時，這個體系便開始瓦解。臉孔與聲譽不再產生關聯，監督與執行的成本愈來愈高，甚至因而產生專門以此為業的人。這是個重要的歷史分界點，從此有了警察、法院與其他正式層級權威的工具。資訊科技的進步讓我們有能力追蹤更多人的聲譽，但隱私權的高漲終將限制資訊的流通。

界線

要產生自發秩序，一個團體的成員與非成員必須有很清楚的分野。如果人們可以任意進出一個團體或是成員與非成員的界線很模糊（因而無法確定誰有資格分享團體的資訊），則個人必沒有太大的動機維護聲譽。或許因為如此，在人口流動率較高的地區

——如經濟快速變遷的地區或鐵路、公車站旁邊，通常犯罪率較高而社會資本較低[2]，既無法確定誰是當地人，社區標準也就無由建立。

重複互動

阿克塞爾羅認為重複互動是解決囚犯難題的方案，也是建立自發秩序的關鍵。根據歐斯川的研究，能成功解決共享資訊問題的多是絕少社會流動或少與外界接觸的傳統社會，如山區村落、農村、漁村等。人們必須知道將與他人互動相當長的時間，才會有維護聲譽的動機。報紙曾報導墨西哥一個愈來愈熱鬧的城市肯康（Cancun），那是學生春季休假時的玩樂勝地。在那裡的酒吧、迪斯可舞廳裡，年輕男女縱情酒色，與在家時幾乎判若兩人。一位年輕女孩的註解是：「因為知道未來大家都不會見面，很容易放得開。」[3]

共同的文化來自過去的規範

合作規範能夠建立，常常是因為人們原本擁有一套舊規範。以第八章的共乘者為例，通勤者共有的舊規範就是相信彼此是公務員不會做壞事。共享資源的人要議定規範，起碼要有共同的語言。而文化不只提供共同的語言，還包括身體語言、臉部表情、表達意圖的個人習慣等。也就是說，文化能補足生理機制的不足，幫助我們分辨合作者與背叛者，散布行為規範使人的互動更可預測。或許就是因為如此，人們比較會積極懲罰違背自己文化的人。反過來說，要跨越文化藩籬產生新規範就比較困難。溝通能力是個問題，沉默也可能被誤解為輕蔑或不友善。在極端的情況下（如波士尼亞），不同族群甚至會暴力相向。

文化具有解決囚犯難題的資訊來源，這也是為什麼在多種族社會裡（如美國），經濟活動常依種族而劃分領域[4]。每一種文化對前面所說的信賴範圍有不同的規範，有些文化（如義大利南部）對合作是不利的，他們的文化規範是：只能相信你的家人，在別人占你便宜之前先占他的便宜[5]。反之，有些道德體系如清教徒主義則主張對不相干的人也應誠實以對[6]。這種文化規範很有利陌生人之間建立互信，也是因為如此，當初新英蘭殖民地的清教徒才能很快攜手合作。比較難以理解的是西西里人，他們的文化也是互信度較低的，但移民美國後仍是會組織自己的社區，與自己人作生意。理論上，南義大利人會傾向與可信度高的美國佬合作，而不是自己人。

答案當然與美國佬不願與西西里人合作有關，事實上，歷史悠久的種族偏見是封閉的種族區形成的重要原因。姑且不論美國佬的態度，南義大利人與美國佬各自偏好與自家人合作，主要原因是共同的文化規範有利於解讀同族人的行為。美國佬中誠實的人也許比西西里人多，但差異並不大，任何族群都不免有騙子與投機分子。（如前面所說的，人類社會都是天使與魔鬼的組合。）美國佬與西西里人一樣，必須有能力分辨騙子與誠實的人。同族的人因具有共同的文化，合作起來較具優勢：不但在行為解讀上可以略勝一籌，解讀後的資訊也有較大的社會網絡可供傳播與處理。所以，即使平均而言西西里人比美國佬不老實，西西里人與同族人合作還是較可能分辨良窳，成功的機會也就較大。

權力與正義

仰賴自發秩序促成社會合作還會受限於兩個因素：權力與正義。非正式的社會規範反映出不同族群的地位優劣，一個族群可能憑財富、權力、文化、智識或武力脅迫而凌駕另一族群之上。合理化奴隸制的規範就是一個例子。很多人會說，這個規範並非自願協議的結果，不能算是自發形成的秩序。事實上，這類規範的自願程度遠超過人們的想像。例如古希臘羅馬的人不願當奴隸，但對奴隸制的合理性並不懷疑，一旦打敗仗也都接受淪為奴隸的命運。傳統社會很多婦女也都接受比男人低下的地位，甚至還沾沾自喜。又如族長制的規範最初或許始於脅迫，但後人多已不存脅迫的印象。

也就是說，有些社會規範是人們認為不公但又自願接受的。要評判社會規範本質上是否公平已超乎社會學的範圍。二十世紀哲學家面對的一大難題是這種評判已被認定不可能：文化相對論與各種後現代主義都根據認識論認為，不同文化無法做優劣之分，較極端的自由主義也有類似的呼聲：偏好是無法解釋的，個人的偏好只要不影響他人追求其偏好，任何層級式的權威都不能判定其偏好是錯的[7]。礙於篇幅的限制，此處無法做更深入討論。不過，確實有很多人提出嚴肅的理由主張，社會規範確有對錯標準可放諸四海皆準[8]。果真如此，我們就可以說一個社會自發形成的規範可能是錯或不公平的。

至於層級權威何時應介入矯正不公不義的自發秩序，正是歷史上左右分野的中心議題。理性層級權威的擴張（美國人所說的「大政府」）最初就是為了矯正各種社會的不義——奴隸制、種族隔離政策、童工、市場紊亂不穩定、工安問題、廣告不實問題等。自法國大革命以降，假社會正義之名濫用政府權力的現象屢見不鮮。姑且不論史達林與毛澤東兩個極端例子，公權力是否達到既定目標，而不造成預期外的反效果是很令人憂心的，觀諸二十世紀的美國經驗就是例證。然而，適當情況下確有必要引進層級權威介入，這一點光靠原則問題絕難一筆抹煞。很多嚴重的道德問題無法靠自發秩序矯正，這時唯有仰賴政府的介入，除了最極端的自由主義者，多數人應該都贊同此一論點。

缺乏透明度

經由重複互動衍生出的非正式規範必然會缺乏透明度，尤其對外人而言。缺乏透明度的結果可以造成很多問題，例如個人可能因不了解規範而遭到不實的指控與不公的懲罰。社會規範多起源於穩固封閉的社會，這表示外人不易被相信接納。相較之下，社會秩序若是由嚴謹正式的法律創造出來，外來的人要融入該社會便容易得多。我們都知道，搬到一個鄰居互不相識的大都市要容易得多，融入人人互相認識的小鄉村則相當困難。小鄉鎮也許比較友善，同時卻有許多不成文的規則，外來人恐怕要費時數年才能弄清楚。

由於非正式規範極不透明，人們往往忽略了最初的起源可能是非自願的權力關係。例如低下階層的人對上面的人常較順服，這是出於自願嗎？還是過去暴力壓制關係的遺緒？電影《長日將盡》（*The Remains of the Day*）是根據石黑一雄的同名小說拍攝，由安東尼、霍普金斯飾演的管家，畢生忠心耿耿侍奉主人，最後才發現主人是個愚蠢的納粹同情者。管家一心相信他的生命意義在恪守服務的原則，最後才恍然大悟一生都白費了，這正是這部電影最令人感歎之處。多數非正式規範歷經演化，其起源早已淹沒在時間的迷霧中，究竟發揮了何種功能往往無從考究。

壞的選擇

即使不公平、無效率、產生不良後果的規範果真產生了，難道不會因為不利社會而自然消失嗎？法律與經濟學的專家常透露一種假設：凡是存留下來的都代表具有某種適切性，亦即進化是朝著愈來愈有效能的方向前進的。公司彼此競爭，體質弱的最終走向破產；各種法律互相競爭，不適合的會慢慢被淘汰；不同的社會互相競爭，最後被選擇的就是最優良的[9]。

然而，在傳統、社會化與儀式化的影響化，有些不公平、無效率、不良後果的規範就是能延續數代之久。這可以用現在流行的一個名詞「舊徑依存」（path dependence）來解釋，意指目前的社會狀態與歷史或傳統有密切關係。這個名詞是以山林開路為比喻，山路的蜿蜒彎曲反映最初開路遭遇的限制與困難，如河流或山林中的野狼。如果能晚幾年開路，技術進步加上森林已大量砍伐，應該可開出較筆直的路。但考量過去投資的人力物力，維持原來的道路還是比較合乎成本[10]。很多社會制度也有同樣的情形。例如美國法律有所謂總統選舉團（各州代表組成），如果憲法今天重新制定，必然不會有選舉團存在，但既已存在，誰也不會費力去廢除。

要了解社會規範就不能忽略傳統的影響，因為人類很多行為是基於習慣而非理性抉擇。有些規範最初確是經過理性抉擇的結果，代代相傳卻是一種社會化的過程，亦即是人們去習慣某種行為模式。很多社會規範將長程利益置於短程利益之上，將團體利益置於個人利益之上，被要求遵循的人其實並非心甘情願。就像亞里斯多德在《倫理學》（*Ethics*）所說的，道德與智識不同，道德的學習是透過習慣與重複，因而最初覺得不快的行為模式最後會變得可接受。道德教育不在於提升人們的認知能力，了解自身的利益與社會規範是一致的。應該說道德教育是一種習慣的過程，形塑個人偏好以符合特定行為準繩。也因此社會習慣一旦養成便無法輕易改變，不像觀念可以因新資訊的出現而一朝變異。

儀式是社會化過程的增強。儀式就是創造一套固定的行為模式代代相傳，對個人與社會的聯結有很大的幫助。從理性抉擇的觀點看來多數儀式都是沒有道理也沒有意義，但卻能被賦予深厚的情感。儀式的中斷或修改都會被視為對社會的挑戰，因而會遭遇強大的阻力。依英國現行的民主政治而言，王室的存在完全沒有意義，反而有許多負面效應，如強化社會階層的分化、重出身、輕能力等。如果不是圍繞王室的種種儀式與人們所賦予的情感，王室可能早被廢除了。

最初的錯誤抉擇對後來的影響甚大，這個現象可以用經濟學的報酬遞增（increasing returns）來說明。所謂報酬遞增是指在適當的情況下，一件事情會自然衍生更多同類事情。孔雀的尾羽就是一個例子。自達爾文以降的進化生物學家都認為，孔雀的尾羽是無止盡性競爭的結果。但這個發展可能始於意外，最初不知為了什麼某些雌孔雀開始偏好尾羽鮮豔的雄性。這便造就出報酬遞增的情況：因為某些雌性偏好尾羽鮮豔的雄性，其他雌性也會認同此一偏好，如此其後代在尋找配偶時才能較具優勢。愈來愈多雌孔雀展現此一偏好，也就會帶動更多雌性起而效尤，形成無止盡的循環。

人類社會也是如此：很多制度能存在並不是因為特別具效能或適合環境，而只是因為在初期發展階段擠掉其他選擇。一些微細的差異可能隨著時間而愈滾愈大。經濟學家最喜歡舉的例子是微軟的DOS與視窗作業系統，微軟在技術上並沒有優於競爭對手，但因使用者眾，後面的人為能與他人分享應用軟體，自然樂意採用[11]。

綜合上述理由可以確定，社區根本無法創造合作的規範，即使可以也必然無法維持公平，此外，不公平或無效率的規範可能持續很長的時間。也就是說，自發秩序在任何社會都無法構成全部的秩序，另外仍需要理性層級權威（以政府及正式法律的形式存在）補其不足。南北戰爭之前，美國南方的奴隸制當然有一定的社會規範作後盾，這就不可能透過自發進化的方式矯正——即使可以，時間上也不符合我們的道德標準——而必須訴諸武力來解決，以高度威權的方式強制南方人接受。就海耶克所謂的人類合作的延伸秩序而言，政府的權威（以正式法律的形式存在）永遠是必要的[12]。

網絡的缺失

自發組織的現代企業版本就是網絡。《網絡社會的興起》（*The Rise of the Network Society*）一書作者柯斯特（Manuel Castells）便宣稱人類社會正面臨一個大轉變，從權威層級變為網絡及其他激進民主的權力結構。當然，企業的決策過程若能做到自發、平等、同儕合作，確實很符合自由主義的烏托邦藍圖——更理想的是政府的權力能完全被自發社區與內化自制取代。這也是為什麼專家在探討組織問題時總喜好使用生物學的比喻，認為由上而下的牛頓式機械控制是不好，由下而上的有機式自我組織才是好的。

在未來的科技時代，網絡的重要性必然與日俱增，但基於三點理由我們相信層級仍將是必要的組織結構。第一，網絡的存在與其背後的社會資本並不必然會發生，當網絡不存在時，層級可能是唯一的組織形式。第二，層級常常是組織達成目標的必要條件。第三，人類天性偏好層級組織。

網絡其實只是社會資本的一種形式，所謂網絡是指人與人之間，除了經濟因素之外還因共同的規範與價值發生聯繫。因此，企業若能促使員工擁抱相同的價值觀，就能在某種程度上創造社會資本。但這個過程耗時費事，而且不同企業也不太可能創造出員工之間的社會聯結。這時往往必須仰賴更大範圍的社會資本，偏偏這樣的社會資本未必存在。自我組織的網絡比較可能出現的情形是，較大社會的人們擁有其他強大的社會制度，且不會因階級、種族、宗教、民族等因素而分化。

舉例來說，日本的汽車製造商（如豐田、日產）為消除汽車進口遭遇的政治阻力，紛紛到北美建廠。通常他們都會避開密西根及其他曾有工會抗爭歷史的地區，他們考量的不只是工資成本，更重要的是這類社區比較不利於精簡流程的高信賴管理。精簡型工廠不只工作規則必須更有彈性，員工與管理者之間還必須有雙向溝通與事業共同體的觀念。也因此，日本車廠多半設在俄亥俄州、肯德基、田納西等鄉下地區。這類社區對工作的同情較低，小鄉鎮的特性與日本的社會較相似。不知是否有業者考慮到西西里或南義大利其他低信賴度的地區設廠，但這恐怕不是很高明的投資決策。也就是說，自我組織並不是任何地方都可以發生的。

美國汽車業者在設廠地點的選擇上，不像日本業者有彈性，要善用社會資本就必須投資。福特經過一九七〇年代的危機與精簡，一九八〇年代很快地走向更有效率的生產方式。福特很清楚工會的力量無法躲避，不如平常多努力與員工建立互信，化阻力為助力。因此，福特指派一資深副總裁與全美汽車工人聯合會（UAW）的首領密切聯繫，並明訂一項政策：不與打擊工會的零件商合作。一九九七年，零件商江森自控（Johnson Controls）發生嚴重罷工與封廠事件，福特便拒絕向他們購買[13]。此舉自是激怒了強森公司，但事後證明是正確的策略，福特因而得享勞資和諧，順利實施精簡計畫。

通用汽車則是較失敗的例子，通用實施一套即時供貨計畫，卻忽略了這項計畫需要相當的社會資本來支撐。他們不像福特那樣努力取得UAW的信任，指派位階甚低的人負責協調。即時供貨意味整個流程必須縮得很緊，員工之間的互信與合作便非常重要，只要一個零件未能如期送達，整個流程就會被拖延。一九九六與一九九八年UAW發動兩次嚴重的罷工，很快地蔓延到北美的各個通用廠。一九九八年的罷工讓通用的獲利縮水了十六億美元。

分析起來，日本業者懂得善用設廠地點既有的社會資本，福特的方法是大量投資，從無到有創造社會資本，通用則是昧於社會資本的重要而付出慘痛的代價。

在缺乏社會資本的情況下，層級組織便發揮了很大的功能，甚至可以說是低信賴社會唯一的組織形式。古典泰勒主義認為工人與管理者之間不需要任何信賴，只要低階工人能遵守正式規則就可以。激勵工人的手段很簡單，就是蘿蔔與棍子，泰勒深信論件計酬是刺激生產的最佳方式。員工無需內化企業目標，也不必視老闆為大家庭的一分子。層級中央化意味著低技術、低教育程度的員工不必具思考力。一九三〇與一九四〇年代蘇聯全力發展工業，農人一個個強拉進大型工廠，泰勒主義發揮了很大的效果。那時確實也別無選擇，史達林主義與恐怖統治使蘇聯社會趨於分裂，切斷了人與人之間的平行聯繫，殘存的社會互信基礎破壞無遺。

現代經濟對人們的教育與技能要求愈來愈高，泰勒式的組織也就愈來愈不符時代需要。不過，總有一些工作人員是很難訓練的，社會、民族、階級、性別、種族等藩籬仍將阻礙共有規範的拓展，即使是教育程度良好的工人也難以避免。這表示層級組織仍將是重要協調方式。

層級組織不會輕易消失的第二個理由與效率有關，而且不僅是傳統產業的低技術勞工如此，高科技產業也不例外。很多時候層級控制就是比分散管理更有效率，網絡雖有集思廣義的優點，但某些情況下中央層級的決斷力更為重要。

試以一九四四年六月的諾曼地登陸為例。要達到突襲的目的，聯軍的指揮作業必須嚴格掌控軍隊與資訊的移動。要讓軍隊在正確的時間登陸正確的海岸，資訊的分配需要獨裁式的控管。這時中央組織的效率當然遠優於網絡，後者決策須透過共識，往往耗時費事。假設德軍事先得知聯軍的突襲計畫而開始移軍諾曼地，如果你是艾森豪，你希望聯軍的組織是層級式或網絡式？有人做過一項網絡決策的實驗，一群人共同駕駛一架虛擬飛機，透過投票決定飛機的行駛方向[14]。實驗顯示，經過一段時間學習後，一群人確可成功駕駛飛機而無須任何一個人專責控制。這個例子證明網絡協調的功力，但我想多數人恐怕寧可將性命交給單一駕駛控制的七四七飛機。

網絡協調有時也有極大的危險。網絡的一大優點是：貼近地區資訊的個人或分支可以不斷創新、實驗與冒險。但萬一企業過度信任個別低階員工任由他掌控企業存亡大權，這項優點就變成可怕的缺點。英國頗富盛名的霸菱投資公司（Investment House of Barings）就是活生生上演這樣的悲劇，因為他們讓新加坡年僅二十九歲的交易員李森掌握太多權力，竟至隻手摧毀了這家具二三四年歷史的百年企業。因低階員工的不當決策而遭殃的企業不只霸菱一家，能夠倖免倒閉的通常很快地實施新的層級控制，以免類似災難再度重演。

一九九〇年代美國企業盛行分散式、組織扁平化與網絡管理，但多有不切實際的問題。事實上，過去就有企業實驗過權力下放給低階員工的作法，失敗的例子比比皆是，知名零售商西爾斯（Sears）就是其中之一。西爾斯在伍德（Robert E. Wood）的領導下，在三十、一九四〇年代開始充分授權給地區副總裁與店經理。當時的邏輯和現在一樣：一個地區的店經理當然比總公司高階主管清楚市場的需求。問題是這些掌權的店經理逐漸有自己的考量，而又未必與整個公司的目標吻合。例如一九七〇年代有些汽車修理主管就是利用西爾斯誠信可靠的招牌，以不打算出售的低價品誘使顧客上門購買高價品[15]。

分散式的組織裡常有山頭主義的問題，亦即一個部門的主要利益不在戰勝外在競爭者，而在打擊另一個部門。一九五〇年代福特汽車就曾因 Continental Mark II 的行銷而發生類似問題，一個部門希望利用這款汽車吸引高所得家庭來看車，帶動整個車系的銷售，卻遭其他部門以節省成本為由抵制[16]。

在缺乏正式管理控制的情況下，企業要避免個別員工肆意破壞團體利益，必須讓員工衷心接受一套行為準繩。換句話說，高度分散的組織要避免上述問題，唯有仰賴社會資本。累積社會資本的方法通常是透過訓練或新進員工的品格篩選，但這類投資成本極高。再者，前面所說的山頭主義通常並不是因為訓練不足或品格問題，而是一個部門過度熱中自身的目標，以致犧牲了整體的利益。這時候，非正式行為規範或可在彈性與風險之間取得最佳平衡，但不能保證兩者得兼。當風險過高時，正式的控管就成為必要措施。

然而，扁平式組織或網絡要能順利運作，所需的社會資本通常要仰賴層級組織創造。前者的運作方式常被簡稱為領導力或領袖魅力，這種概念對社會學家或政治學家而言或許很熟悉，對經濟學家而言卻很陌生。研究組織與官僚體制的專家都同意，組織同時存在有正式與非正式結構，後者對前者具相當的重要性。組織的非正式規範通常是透過範例傳授的，就好像偉大的政治領袖常常是以人格典範影響人們的行為。管理大師夏恩（Edgar Schein）舉很多小例子說明企業領袖如何塑造企業文化，諸如走出辦公室到門市走動、為員工分擔風險、跨越層層階級直接與員工接觸等[17]。美國森林處與胡佛時代的聯邦調查局都以效率卓著聞名，共同的特色都是由強勢領導者塑造出非正式的文化[18]。網絡的基本定義應該是沒有領袖的，典範與規範都應該由下而上形成。如果一開始就沒有可以創造社會資本規範，要靠組織內部自行創造恐怕比強勢領導者的層級組織更困難。

人類天性喜歡層級

層級不會很快從現代組織中消失的最後一個理由是：人類天生喜歡層級組織的形式——或者更正確地說，層級頂端的人能夠從別人的認可中得到極大的滿足，甚至常超過金錢與物質。層級底端的人當然比較不喜歡，但他們沒有太多選擇。何況現代社會中有太多種層級，多數人至少會在其中一種層級裡名列中上。總而言之，人們最不喜歡的並不是層級的概念，而是不喜歡自己陷在底層的那種層級。很多激進平等主義者——如法國革命分子、布爾什維克主義者、中國共產黨——在奪權之後很快就建立起另一套層級社會結構，只是層級頂端的人從國王或企業大亨變成黨書記。現代社會中地位與出身的關係已很淡薄，沒有人選擇醫師的標準是因為對方的祖父是醫生。然而，以才能構成的層級同樣是層級，大概沒有人會把醫生與醫院警衛視為同業，尤其是醫生本人。

很多動物都會為層級地位而競爭，尤其是與人類最接近的靈長類。這種競爭通常源於雄性競奪雌性的結果，雄黑猩猩便汲汲於爭奪領導地位，此一驅力深植於神經系統中——當黑猩猩奪得主導地位時其血清促進素會升高[19]。研究人員發現，改變猴子腦部的血清促進素高低，便可改變猴子在群體中的地位高低[20]。抗憂鬱劑百憂解的作用方式很類似，也是控制腦部對血清促進素的接受程度。

人類追求地位的趨力同樣深植於情緒系統，渴望得到他人的認可就是政治活動背後最大的推動力——不管是認可一個人的地位、信仰、國家、種族、國籍、觀念等[21]。一個人自認獲得應有的認可時便會油然感到驕傲，反之則會產生憤怒。這種情緒本質上是社會性的：一個人因得不到認可而憤怒時，根本不會想要身外之物，而是需要證明另一個主觀意識處於某種心理狀態（即認可）。人常常會因憤怒而做出明顯違背自身利益的事，例如為爭取國家或宗教認可而戰爭、打鬥、陷入武力報復的惡性循環，或是長達數月枯坐法庭只為看到傷害親人的歹徒繩之以法。

爭取地位及別人的認可，其實也是經濟活動的重要推動力。很多推動力常被解釋為經濟性質——透過物質的取得以滿足個人的「偏好」，仔細分析起來其實並不是為了滿足消費欲望，而是追求經濟學家法蘭克（Robert Frank）所說的「地位財」（positional goods）——在社會層級中與其他人的相對位置。這一點亞當・史密斯在《道德情操論》（*Theory of Moral Sentiments*）已提到，他說富人追求財富的目的不是因為需求（富人的需求甚少），而是因為「財富帶來的榮耀」以及「世人集中的目光」[22]。

很多現象可以看出地位對現代生活的重要。法蘭克便指出，如果工人的酬勞完全依據其邊緣生產力（marginal productivity）計算[23]，美國企業的薪資結構會比現在更平均，因為高所得的人一部分報酬其實來自地位——獨立辦公室、較近的停車位、副總裁的名牌——所得者則獲得金錢的補償。

與其說經濟活動都與財富競逐有關，不如說是競逐地位，最有力的證據應該是民調——很多調查都顯示，相對富有的人自認較快樂。如果將所有高低分成五等，前五分之一的人自認比第二個五分之一的人快樂，以此類推。看起來似乎金錢可以買到快樂，但法蘭克提醒我們，一九四〇年代以來的調查結果一直是如此以絕對財富而言，四十年最富有的前五分之一其實不如一九九〇年代的中間階級。其次，窮困國家的高所得者可能不及美國的中產階級，但他們也是自認最快樂[24]。足證攸關快樂與否的並非絕對財富，而是相對收入。金錢所帶來的滿足應該是亞當・史密斯所說的「財富的榮耀」。

當人們開始追求地位而非一般財貨時，便陷入所謂的零和遊戲。也就是說，你必須犧牲別人才能取得高地位。在零和競爭中，新古典經濟學的傳統補救措施（如自由市場競爭）都不再管用。地位競奪的結果常導致社會效益（utility）的實質損失，例如，你為了與鄰居比較而買了一輛拉風的BMW，鄰居立刻還以顏色買了一輛勞斯萊斯。結果你們的相對位置並沒有改變，倒是共同貢獻了很多金錢給汽車公司。這類情況下，最好是雙方協議停止競爭（就像國際間避免武器競賽的協議），或由第三仲裁者為競爭程度設限。

你能想像一個扁平網絡、無層級的未來世界嗎？那等於是沒有政治的世界。社會主義者夢想將政治無限擴大，基進女性主義者（radical feminist）夢想男人不再是男人。比較之下，自由主義者這個無政治世界的美夢似乎同樣不切實際。每個世代都會希望重新界定政治與公民社會、政治與市場之間的界線。在我們的世代，這個界線已逐漸偏離政府。過去屬於政治的，現在多已透過私有化與減少干預回歸民間或市場。企業界也同樣出現權力下放、權力分散、貨源分散等趨勢。但分隔政治與社會的那條界線仍會存在：不論在社會或企業層次，社會秩序永遠是層級與自發形式的綜合體。

註釋

1 Elinor Ostrom, *Governing the Commons* (Cambridge: Cambridge University Press, 1990) p. 90.

2 Robert J. Sampson et al., "Neighborhoods and Violent Crime," *Science* 277 (1997).

3 "Spring Breakers Drink in Cancun's Excess," *Washington Post*, April 3, 1998, p. A1.

4 Francis Fukuyama, *Trust: The Social Virtues and the Creation of Prosperity* (New York: Free Press, 1995), p. 28.

5 這就是下列著作所提出的「無道德家庭主義」（amoral familism）之組成。Edward Banfield, *The Moral Basis of a Backward Society* (Glencoe, Ill.: Free Press, 1958).

6 Max Weber, *The Religion of China* (New York: Free Press, 1951), p. 237.

7 例子可參見此書之導論，James Buchanan, *The Limits of Liberty* (Chicago: University of Chicago Press, 1975).

8 關於此主題更深奧的討論，參見 Leo Strauss, *Natural Right and History* (Chicago: University of Chicago Press, 1953).

9 參見 Mark J. Roe, "Chaos and Evolution in Law and Economics," Harvard Law Review 109 (1996): 641–668.

10 Ibid.

11 W. Brian Arthur, "Increasing Returns and the New World of Business," *Harvard Business Review* 74 (1996): 100–109, "Positive Feedbacks in the Economy," *Scientific American* (1990): 92–99.

12 Friedrich Hayek, *Law, Legislation, and Liberty* (Chicago: University of Chicago Press, 1976), pp. 88–89.

13 Robert L. Simison and Robert L. Rose, "In Backing the UAW, Ford Rankles Many of Its Parts Suppliers," *Wall Street Journal*, February 6, 1997.

14 這個實驗曾敘述於 Kevin Kelly, *Out of Control* (Reading, Mass,: Addison-Wesley, 1994), pp. 8–11.

15 關於西爾斯的問題，其敘述可參見 Gary Miller, *Managerial Dilemmas* (New York: Cambridge University Press, 1992), pp. 90–94.

16 Ibid., p.99.

17 參見 Edgar H. Schein, *Organizational Culture and Leadership* (San Francisco: Jossey-Bass, 1988), pp. 228–253.

18 James Q. Wilson, *Bureaucracy: What Government Agencies Do and Why They Do It* (New York: Basic Books, 1989), pp. 96–98.

19 參見 Robert H. Frank, *Choosing the Right Pond* (Oxford: Oxford University Press, 1985), pp. 21–25.

20 M. Raleigh, M. McGuire, W. Melega, S. Cherry, S.-C. Huang, and M. Phelps, "Neural Mechanisms Supporting Successful Social Decisions in Simians," in Antonio Damasio et al., *Neurobiology of Decision-Making* (New York: Springer, 1996), pp. 68–71.

21 西方政治哲學有一悠久傳統，那就是強調政治人生的可貴。柏拉圖了解潛在的心理現象「血氣」（thymos or spiritedness），他認為這是靈魂當中，理性與欲念之外的部分。而黑格爾認為，追求承認的努力乃是人類歷史的一項主要動力。更完整的解說請參見 Francis Fukuyama, *The End of History and the Last Man* (New York: Free Press, 1992), pp. 143–161.

22 Adam Smith, *The Theory of Moral Sentiments* (Indianapolis: Liberty Classics, 1982), pp. 50–51.

23 Frank, *Choosing the Right Pond*, pp. 96–99.

24 Ibid., pp. 26–30.

CHAPTER 14

第十四章

七十六洞之外

讓他們全下地獄，除了七十六洞的人。

——〈七十六洞之歌〉，布魯克斯（Mel Brooks）

《二千歲人瑞》（*2000-Year-Old Man*）

人類天生是社會性動物，具天賦能力可解決社會合作的問題，並創造道德規範限制個人的選擇。無需外力驅使，透過個人日常目標的追求與彼此的互動，社會秩序便自發形成。德國有一則民間傳說，說一位吹笛人以笛音為漢林（Hamelin）鎮民驅走老鼠，後因鎮民反悔拒給酬勞，吹笛人引領漢林鎮孩童遷徙他鄉。但他可能不會親眼目睹他們像蒼蠅王的孩子般自我毀滅（除非男女比率極不平衡，且吹笛人自身無任何政治野心）。這些孩子雖不記得多少上一輩的文化傳統，仍會創造出大同小異的文化。新的社會仍然會有親屬系統、私有財產、交易體系、地位層級及種種個人行為規範。幾乎所有人都會尊崇誠實、守信、互惠的原則，其中多數人會身體力行。反之，欺騙、犯罪等違紀行為也會存在，但社會上會有一套控制違紀行為的機制。孩子們不需多少訓練就會將世人區分成好人與壞人，對同一群體的人會有強烈的凝聚情感，對其他人則懷抱警覺甚至敵意。他們與他們的子孫會不斷談論他人的是非善惡，這些閒談正是日常道德的支持力量（即家人、朋友、鄰里間的道德），也是社會資本的源頭。

容我再說一次，無需先知帶來上帝的話，無需立法者制定政府，漢林鎮的孩童將自發創造上述所有規範。因為人類本質上是道德的動物，而且有足夠的理性可創造出讓彼此共存的文化規範。

如果說日常道德是人類互動下的自然產物，上面的敘述是否已完整概括所有人類社會了？先知與立法者又為新漢林社會帶來了什麼？在那些方面自發秩序要靠層級權威來彌補？

漢林社會的敘述忽略的第一點是規模。漢林鎮的孩童及其後代將住在一個五十至百人的社會，與荷蘭安恆動物園的黑猩猩園差不多。多數人彼此間都有點攀親帶故，事實上在新漢林社會要碰到一個毫無血緣關係的人相當難。這個社會的組織雖是層級式的，但相當平等，領導者與被領導者之間沒有太大的距離。但這個社會無法創造出城市及與城市相關的所有事物，勞力分工、不講求人情的市場、規模經濟都不存在，財產無法律保障因而長期投資不存在，多元文化也不存在。這個社會無法產生高級藝術（不會有米開朗基羅或巴哈），那是富裕而組織完善的農業社會才有能力產生。不過有金字塔、帕森農神殿、凡爾賽宮。或於小說、科學研究、圖書館、大學、醫院——理論上漢林鎮的孩童應有能力創造，但實際上都不會出現，因為這個自我組織的平等社會規模太小又太貧窮，人們憂心生存問題已自顧不暇。

也就是說，第八到十章所說的生物機制，如親屬選擇及互惠利他，可以解釋集獵社會的社會性，涵蓋家庭、部落及其他小團體。十一、十二章所說的非生物組織機制則適用於人口成百上千人等大群體的社會規範，甚至包括已有政府及法律的社會。但是當這類自發形成的群體變得太大時，很多公共財的問題便無法克服，諸如社會規範的協議與執行，只享權利不盡義務者的監督等。歐斯川所說的共享資源的規範所構成的是小型文化——適用小社會的小規模，通常不會與大型文化體系聯想在一起。這類討論自發秩序的論點很難適用於極大規模的團體——如國家、民族語言的團體或某種文明。換句話說，大型文化——伊斯蘭、印度、儒家思想、基督教文化——最初並不是自發形成。

此外還有道德的問題。日常的道德與高階社會組織駭人的不道德是可以並存的，前者甚至是後者的先決條件。三十年代蘇聯實行集體化，有計畫屠殺富農階級，這不是一群毫無組織的暴民做得出來的。美國內戰期間誓死保存奴隸制的南方士兵，或屠殺猶太人的德國兵，常展現出對團體的忠誠與勇氣。德國人尤其以嚴守秩序著稱，甚至在押解囚犯到集中營時都必遵守紅綠燈。但這種個人層次的日常道德往往造就出國家層次最殘酷的罪行。人都有從眾、被喜歡、被尊重的欲望，身陷邪惡政治體系的個人便會被這些欲望驅使，執行最殘酷的命令。人性層次的道德應該是敢於違背團體的忠誠與互惠原則[1]。這個時代最嚴重的道德衝突不是來自日常道德的缺乏，而是因為人類社會狹隘的本位主義，僅僅因種族、宗教、民族等特徵便爭鬥不休。

政府成立後才能創造大規模的社會，經社會秩序轉化為政治秩序，而首先必須有立法者。人類與其他動物大不相同的是能夠創造第二層、第三層層級，家庭組合成部落，部落形成聯盟（coalition），最後是所有的社會單位組合成一個政治團體或國家[2]。可能如政治學家馬斯特斯（Roger Masters）所說的，國家真的有生物的起源[3]。亞里斯多德並沒有說人類是社會的動物，而是說人類是政治的動物，因為全世界的人都生活在政治社會裡，除了少數孤立的新漢林鎮民。人們不只希望透過家庭、朋友、鄰居、教會、志願團體等與別人發生社會聯繫，同時也有統治與領導的欲望，並希望自己的社會組織模式獲得別人的認可。

要矯正自發秩序的缺失與限制，層級是必要的，最起碼層級權威能提供國防、財產保障等公共財。除此之外，政治秩序至少能在三個方面有助於創造社會秩序。第一，透過立法直接制定規範。有人說法律無法規範道德，其實並不全然正確。政府無法迫使個人遵循違背重要天賦本能的規範，卻可以塑造非正式的規範，綜觀人類歷史也確實是如此。六十年代美國制定公民權與投票權法案，打破法律上的種族隔離政策，對改變大眾的種族觀念便具有關鍵影響。

政治秩序創造社會秩序的第二個方法是提供和諧的交易環境，使市場所創造的自發秩序不再限於面對面溝通。因為財產權有了保障，買賣雙方才能安心進行遠距交易，不怕發生糾紛時求償無門。人們也才敢安心投資，而不怕未來血本無歸。當然，即使沒有政府或財產權，少量的貿易與投資還是會發生，在政治力完全瓦解的戰區仍可以看到人們以物易物。但可以確定的是，沒有政府就不可能有我們所了解的現代經濟。

政治創造社會秩序的最後一個方式是領導力或個人魅力。前面提到，在企業裡一個人就可能形塑整個企業的習慣與目標，政治也一樣。不過，創造政治秩序的美德與社會秩序不同。漢林鎮孩童實錢的是等同社會資本的小小美德：誠實、守信、互惠等。這些對政治秩序並非毫不重要，但更重要的是一些較少被遵循的更大的美德，如勇氣、膽識、政治家風範與政治創造力。史上知名的政治家——如雅典的梭倫、斯巴達的萊克格斯、彼得大帝、林肯——都不只是將已經產生的規範法制化，更以其人格典範創造馬基維里所謂的政治生命的「新模式與新秩序」。例如美國總統華盛頓在位時行事謙沖，放棄繁複尊貴的頭銜，無視國人的竭誠擁戴，堅持不在位超過兩任，在在為後來民主過程選出的總統立下典範。

從很多方面來看，層級、宗教都在為政治服務，且兩者同樣具有建立更高階層級組織（從部落到帝國）的功能。綜觀人類歷史，政治的層級權威與宗教的層級權威之間並沒有很清楚的界限。國王與宗教領袖常常統領同樣的範圍，甚至集兩種頭銜於一人身上。宗教賦與政治統治者合法的地位：儒家思想支持中國的君王制度，日本的神道促成了天皇的崇拜，歐洲的國王也是寄寓權力於神聖的源頭。印度教、基督教、伊斯蘭教無不利用政治的權力傳布與實踐其教義，甚至常以武力為後盾。

人類超越國界的最大社會是宗教性的。這類社會常可溯及遠古時代，且多源自個人或少數的教誨，如孔子、耶穌、佛陀、穆罕默德、路德、喀爾文等。組織性宗教的層級權威並非產生日常道德規範的必要條件，在歷史上卻是人類文明的誕生所不可或缺的。人類偉大的文明——伊斯蘭、猶太、基督、印度、儒家思想——都是宗教性的，根據杭亭頓（Samuel Huntington）的說法，世界政治的版圖仍是依據這些宗教的界限而畫[4]。

層級式宗教對道德規範的形塑還有一個關鍵的重要性。人類的合作天性或透過協議創造的自發秩序都無法創造出普遍的道德——亦即適用於所有人的道德規範，現代平等與人權等觀念賴以建立的基礎。自然秩序與自發秩序終究只會強化小團體的自私傾向，僅足夠維繫狹隘的信賴範圍。如此雖可創造日常的道德如誠實與互惠，並創造出層級與秩序，但終究只局限在小團體裡。這就是布魯克斯所謂的七十六洞的道德，洞外的人盡可全部下地獄。於是，非我族類都是侵略的合理標的，就像岡貝動物園的黑猩猩一樣。

讀者也許懷疑層級式宗教真的能打破人類社會的藩籬嗎？很多暴力事件不都與宗教狂熱有關？的確，北愛爾蘭的新教與天主教之爭、波士尼亞的回教徒與東正教衝突、斯里蘭卡的印度教與泰米爾族爭端常常是報紙的頭條新聞。但如果從更長遠的角度來審視人類的歷史會發現，人類互信範圍的擴大與宗教有很大的關係。人類進化的過程中競爭與合作總是交互存在：人們努力維護社會內部的秩序，為的是更能與其他社會競爭。但社會的規模愈來愈擴大，從家庭到部落到七十六洞之外。人類社會進化的方向就是在不斷擴大的社會中確保秩序、規範與和平，而當前的一些宗教爭端應是這冗長進化過程的尾聲。今天人類社會的基石是文明而不是家庭或部落，應該歸諸宗教的力量。

宗教是最早主張應以全人類為道德規範適用的終極範圍（即信賴範圍）。很多古老的宗教都主張這種道德普遍論（universalism），包括佛教、伊斯蘭教、基督教，基督教甚至將人皆平等的觀念遺留給俗世的自由主義與社會主義。也許現實中任何宗教都未能實現道德普遍論的理想，但這個理想確實已融入宗教所創造的道德世界裡。

直到現代的西方國家，宗教才不再擔負建立高階層級的任務，而由政府透過複雜的官僚機制、法律、憲法、選舉等來執行。歐洲早期經歷了很嚴重的教派衝突，以致自由主義的鼻祖霍布斯與洛克等人另外發明一種新的社會基礎，一方面使政治俗世化，一方面大幅減少政府權威所能規範的共同價值。本書第一部所討論的後工業時代自由民主就是此一創新思想的產物。

現代民主社會共通的價值觀愈來愈傾向政治性質而非宗教性質。過去多數美國人可能會同意被稱為「基督教國家」，現在這樣的人已是極少數，而且還會被投以異樣眼光。多數美國人可能比較喜歡以俗世的價值來形容自己的社會，諸如民主、平權、憲政體制等。在這樣高度多元化的社會裡，除了流行文化以外，能被視為理所當然的文化標竿是愈來愈少了。

稱現代的歐洲各國為基督教國家就更奇怪了。基督教對歐洲文明的形塑確實是關鍵力量，但現代的歐洲人也是習於以俗世價值觀形容自己的文化。只有極少數人（如巴爾幹半島地區的人）仍習於緊抱宗教的觀點，給人一種復古的詭異感覺。現在幾乎所有歐洲國家都是多種族與多元文化，歐洲在多元化的速度上也許不及美國，但就像美國一樣他們也必須學習以政治與民間組織的角度來詮釋自己的社會，而非著重種族與宗教。一九九八年德國法律將伊斯蘭教納入國家認可的宗教，並開放非德國人入籍，都是朝這個方向努力。

分散式宗教

綜觀全世界的已開發國家有一個趨勢：宗教與政治脫離，同時步入長期的衰微。當然，這並不是說宗教會完全消失，只是形式會變得不一樣。第八章談過，很多原始社會的民俗宗教都是以分散的方式形成，現代人投身宗教則常常是基於實用理由。也就是說，人們未必相信宗教的神啟，而是因為宗教教義是用來表達既有道德觀的方便語言。漢林鎮的後裔努力在自己的小部落裡創造社會秩序，最後可能會以宗教語言表述其制定的規範。前面說過，漢林鎮的後裔不需要先知傳遞上帝的話，這不是自相矛盾嗎？其實不然。這種分散式實用性的宗教是自發秩序的一環，宗教語言也許不似法律或政治那般理性，卻能達到建構社區的理性目標。

然而，沒有一種宗教自認為是建構社會秩序的實用工具。美國總統艾森豪曾說，美國人都應該上教堂，隨便什麼教堂都好，他因這句話飽受譏諷。事實上，這確實是很多現代人接觸宗教的態度。人們覺得生活混亂無序，憂心孩子缺乏正確的價值觀，或自覺孤立迷失。於是他們投向某個宗教，不是因為信仰，而是因為宗教是提供規範、秩序、歸屬感的最方便來源。這種宗教態度無助解道德萎縮的問題，甚至會使其惡化。但從另一方面來看，這又是維護洞穴內社會秩序的重要力量。

正因為方便實用，這種分散式的宗教態度不太可能消失。三、五十年以前，一般的觀念都認為現代化與俗世化是不可分的，根據神啟的信仰終將被理性、科學、實證的知識取代。聽起來似乎言之成理，多數西歐國家及美國的公共領域的確明顯邁向世俗化。但沒有任何理論可以證明，宗教復興絕不可能發生。過去社會學總認定世俗化與現代化密切相關[5]，但已被柏格（Peter Berger）、馬丁（David Martin）等人推翻[6]。他們發現這項社會發展的普遍原則只能適用於西歐，在其他已開發國家（尤其是美國），收入與教育程度較高的人信仰宗教的比率並未降低[7]。馬丁更指出美國自一六二〇年第一個清教徒進駐普利茅茲港後至少發生了三次重要的宗教復興：十八世紀前半的大覺醒、一八三〇年代與一八四〇年代的第二次大覺醒，以及二十世紀中聖靈降臨教派的興盛，就某個角度來看後者還在持續進行[8]。

信賴的文化基礎

儘管層級式宗教在現代社會逐漸式微，長久以前建立的文化模式至今仍影響人們的信賴關係。我們當然也可以用人性的本質來解讀信賴與社會資本，問題是這無法解釋不同社會的差異。前面談到某些心理因素是社會資本的基礎，但這只能說明小群體的合作關係，卻不能解釋不同的社會為何有不同的信賴範圍。追本溯源還是要從文化因素去理解，而首先又必須從一個社會的宗教傳統探討起。

作者在上一本書《信任：社會德性與經濟繁榮》（*Trust*）裡探討了一些文化差異的問題[9]。例如，中國社會的信賴範圍常局限在家庭親戚間，這是因為儒家思想強調家庭是社會責任的主要來源。在傳統中國社會，父母犯罪，子女沒有義務檢舉，因為家庭責任勝過對國家的責任。家人之間有很強凝聚力，但陌生人之間便缺乏信賴基礎。中國人的事業也多半是家族性的，企業間的合作常常不是基於客觀的考量，而是家人朋友的結盟。

同樣的情況也出現在拉丁天主教國家——南歐與拉丁美洲，人們的信賴範圍也是局限在家人朋友間。墨西哥、祕魯、玻利維亞、委內瑞拉等國的經濟都是被少數家族把持，其事業往往橫跨多種行業——零售、製造、保險。這種跨業結盟往往建立在血緣關係上，外來人若不了解民情，在投資上自然有很大的風險。

強調血緣的結果常造成雙重道德標準，一套適用家人，另一套較低的標準適用家人之外的所有人。這類社會常有嚴重的貪汙問題，人們認為這是圖利家人的絕佳機會。巴西有一句諺語說：道德有兩種，家人是一種，別人是一種。在那裡沒有關係便很難做生意，陌生人被欺負是常事。

這些文化習慣的起源不是此處討論的重點，我們感興趣的是對大斷裂的影響及文化復興的可能。拉丁天主教國家的家庭主義與拉丁傳統及天主教重視家庭有關，中國則主要是受儒家思想影響。正如韋伯所說的，新教教義淡化血緣或家庭的重要，灌輸普遍性的誠實與道德觀，成功地擴大人類的信賴範圍。美國獨立時不僅在文化上是新教的，美國式的新教也是高度權力分散且講求自主管理的。美國在十九世紀初便取消政府對任何教會的支持，使宗教成為完全自願的組織。可以說美國志願組織的興盛與新教很有關係，這也是為什麼美國公民社會的稠密度勝過任何已開發國家。根據一九九一年的全球價值觀調查，七一%的美國人自稱隸屬某種志願組織，比法國的三八%、加拿大的六四%、英國的五二%、前西德的六七%都高[10]。塞拉蒙（Lester Salamon）的研究也發現，非營利事業對美國就業機會與國民生產毛額的貢獻超過其他已開發國家[11]。韋伯所謂的「死亡宗教信仰的幽靈」似乎化身為志願組織，繼續飄蕩在美國社會中。

有些社會的信賴範圍之所以局限在家人朋友間，其實是政府無能的結果。一個透明的法律制度才能為陌生人之間建立信賴基礎，但並不是每個國家都有這樣的制度。有些國家的政府無法提供私有財產或公共安全的保障，有些則是稅制嚴苛，與民爭利。在這類情況下，家庭就成了安全的避風港，一個人與人之間可以享有較大互信的小圈子。中國人如此重視家庭多少有政治上的原因：帝國時期橫徵暴斂，到二十世紀又遇上政治的動盪。在一個稅賦繁重的社會裡，另外準備一套假帳給稅務單位是很合理的。甘貝塔（Diego Gambetta）認為，十九世紀末西西里島黑手黨猖獗就是因為政府未能妥善保障人民財產[12]。在法律體系失能時，人們只好轉而求助黑道，至少在被騙時還有討回公道的機會。現在解體後的蘇俄也有類似的情形。反過來說，有了一體適用的公平法律制度，陌生人之間才能有一定的信賴基礎，得以進行合作或解決紛爭。

回歸洞穴

十三、四兩章談到自然與自發秩序的限制，宗教與政治的層級權威是創造社會秩序與文化不可缺少的力量。就企業界而言，層級也不會完全消失，因為網絡的優點與員工的自發組織能力仍無法滿足企業的全部需求。讀者可能要問，既然自然與自發秩序有這麼多限制而必須由層級秩序補其不足，那又何必費文討論，這與大斷裂又有什麼關係？

我以一個比喻來回答：因為漢林鎮的後裔已經步出洞穴之外了。他們失去的不是普遍的美德，而是最初還能自我創造的日常道德。也就是說，北美與歐洲的進步社會都已有穩定的政治制度，也有足夠的層級權威去執行人權的普遍原則。雖然這些原則未必能完全落實，且歐美社會道德萎縮的問題持續未減，至少人們尚未處於互相敵視的孤立狀態，也沒有出現歐美版的波士尼亞或盧安達問題。基本上人們擁有一定的政治共識，享有富裕多元的生活（雖然多元化也造成若干社會問題）。

像義大利南方或俄國便嚴重缺乏社會信賴，而且這個問題在未來不太可能自動消失。人民或許有能力創造自發秩序，但恐怕不足以改變既有的文化習俗，進而擴大信賴範圍。這個問題一方面要歸咎於政府無能及缺少緩衝的社會組織（亦即公民社會），而我們又不能期望社會組織一夕出現。經歷大斷裂的已開發國家（包括美國）卻沒有這些問題。美國文化尤其鼓勵民間志願組織的成立，儘管美國社會信賴度也走下坡，但總能維持在義大利與法國之上。相對而言，美國的社會充滿活力與應變力，較不受儀式與傳統束縛。這與一個國家的經濟發展有些類似，例如現代新古典經濟學便不太適用第三世界的國家，這些國家缺少已開發國家的政治與經濟制度——如金融法規或商事法庭系統，文化方面也有很多阻礙。舉例來說，一般總認為解除法令限制有利企業發展，但若是一個國家的文化基本上就反對創新冒險，法令鬆綁也發揮不了作用，有時甚至反而導致犯罪猖獗與社會混亂。

美國面臨的是另一種問題。隨著科技日新月異，加上社會不斷擴大與多元化，美國社會喪失的是漢林鎮後裔在洞穴中所有的日常道德。對美國及其他已開發國家而言，重建社會秩序的方法不在重建層級權威，而是重新培養誠實互惠的習慣，在面對環境變遷下努力擴充信賴範圍。

由此觀之，我們還是有必要了解社會秩序的自然與自發來源。這表示人類社會的文化與道德價值會持續衍化，以因應環境的變遷，並與層級權威持續互動產生「人類合作的延伸秩序」。簡而言之，自我組織與層級權威都是社會規範不可或缺的來源。要恢復家庭的穩固不能靠政府法令，政府也不可能規定婦女如何兼顧工作與子女。犯罪率的控制常常也不是政府能夠獨力辦到的，而是要靠社會為公共行為制定標準。這些文化規範都要仰賴個人與社區在日常互動中逐步建立起來。當然公共政策也會發揮正負面的影響，正面的如確保公共安全，負面的如變相鼓勵單親家庭。現代社會不再像以往可以仰賴宗教權威，但宗教並未完全消失，仍然是社會共同價值的一個來源。我相信人類將繼續運用內在的能力與理性，制定出符合人類長遠利益的規範。幾萬年來人類都是如此，沒有理由在二十世紀末突然喪失這份能力。

因此，我們要做的是暫時停止社會秩序的抽象討論，從具體的角度探討人類社會如何跨出大斷裂的陰影。前面探討的網絡與高科技職場的社會資本就是朝這個方向在努力。現代資本主義的發展或許顛覆了工業時代的社會規範，但我們也必須探究，其中是否蘊藏著社會秩序的其他來源。首先我們可以回顧歷史，看看人類過去在面對技術變遷時如何重建道德價值，這就是本書第三部的主題。

註釋

1 這點是由此書所提出，James Q. Wilson, *The Moral Sense* (New York: Free Press, 1993), pp. 121–122.

2 已知唯一能創造出高度次序階級的動物乃是海豚。

3 Roger D. Masters, "*The Biological Nature of the State*," World Politics 35 (1983): 161–193.

4 Samuel P. Huntington, *The Clash of Civilizations and the Remaking of World Order* (New York: Simon & Schuster, 1996).

5 關於此課題的整體成果，參見 David Martin, A *General Theory of Secularization* (New York: Harper & Row, 1978). 馬丁的觀點從那時到現在已經所有修改，參見他的 *Tongues of Fire: The Explosion of Protestantism in Latin America* (Oxford: Basil Blackwell, 1990) and "Fundamentalism: An Observational and Definitional Tour d'Horizon," *Political Quarterly* 61 (1990): 129–131.

6 例子可參見 Peter L. Berger, "Secularism in Retreat," *National Interest* (1996): 3–12.

7 Seymour Martin Lipset, *American Exceptionalism* (New York: Norton, 1995), pp. 60– 67.

8 Martin, *Tongues of Fire*, chap. 1.

9 參見 Francis Fukuyama, *Trust* (New York: Free Press, 1995), especially pp. 61–67.

10 James E. Curtis, Douglas E. Baer, and Edward G. Grabb, "Voluntary Association Membership in Fifteen Countries: A Comparative Analysis," A*merican Sociological Review* 57 (1992): 139–152.

11 美國的非營利部門占總體就業的六．八％，相對於此，排名第二的法國則是四．二％。美國非營利部門的 GDP 是六．三％，相對於此，排名第二的英國則是四．八％。Lester Salamon and Helmut Anheier, *The Emerging Sector* (Baltimore: Johns Hopkins Institute for Policy Study, 1994), pp. 32, 35.

然而，美國人參加的組織與其他國家頗不同，反映出宗教對於美國社會具有持續的影響。宗教參與度排名第二級的國家有南韓、荷蘭與加拿大，它們全都低於美國的程度不少。另一方面，在一九八一年時，美國、英國與加拿大，工會的成員比例遠低於歐陸，尤其是遠遜於北歐，美國、英國與加拿大的這項比率在後來十年更是快速降低，然在北歐五國，這項比率在同時期則是上升的。

12 Diego Gambetta, *The Sicilian Mafia* (Cambridge, Mass: Harvard University Press 1993), pp. 18-22.

PART 3

大重建

The Great Reconstruction

CHAPTER 15

第十五章

資本主義將耗盡社會資本嗎？

很多人直覺認為資本主義不利道德發展，因為資本市場將所有事物貼上標價，人與人之間只講求利害關係。因此，資本主義社會所耗損的社會資本比創造的多。北美與歐洲的諸多現象也確實讓人憂心忡忡，例如人們對機構的信心日減，互信範圍愈來愈小，犯罪率節節升高，親屬關係分崩瓦解。然而，資本主義社會是否注定走向物質豐裕而道德貧乏的未來？市場的殘酷無人性是否將嚴重破壞人與人的聯繫，使人們變得重金錢而輕價值？資本主義注定將侵蝕其道德基礎而自毀長城嗎？

我認為現代科技社會仍然會需要社會資本，會不斷運用社會資本並不斷增添，一如以前的時代。我相信人類仍將需要非正式的規道規範，仍會為自己設定一套道德標準並努力達到。前文討論自發秩序時談到過，人類之所以為自己創造道德規範，一部分源於天性，一部分是追求自身利益的結果。在過去，社會資本的來源可能是層級式宗教或悠久的傳統，這些在現代社會中或許已式微，但並不表示就無法從其他來源找到社會資本。

重建社會資本的過程既複雜又困難，往往須耗費數代時間，在舊規範瓦解與新規範未生的過渡期很多人的犧牲是難免的。大斷裂的諸多問題是不可能自動矯正的，人們必須認清社會的弊病，認清自己正陷入自設的行為模式，然後透過討論、辯論、文化辯論甚至文化戰爭來積極重建社會規範。事實上這個過程已進行了一段時間，歷史經驗讓我們深信人類一定可以重訂規範、再塑道德。

資本主義的文化衝突

關於現代經濟秩序與道德秩序的關係一直是爭論不休的問題，也有很多學者為文探討。首先我們也許應該先檢視前人的論點，再來討論是不在全球經濟中最重視科技的領域也能夠創造出社會資本。誠如經濟學家赫希曼（Albert Hirschman）所說的，技術導向的現代資本主義對人類的道德究竟是利是弊，各方的論點確實非常分歧[1]。

其中一種論點可以英國哲學家柏克（Edmund Burke）為代表，他認為社會資本的消耗可溯及啟蒙運動的影響。鑑於法國革命的矯枉過正，柏克反對由中央集權的政府建立一套抽象原則，再據以建立公正的新政治與社會秩序。這樣的秩序要仰賴兩個不穩定的假定，一是社會結構設計者的智慧，一是理性追求自利是人類的重要趨力。柏克認為，可行的社會規範通常不能憑先驗推理設想出來，而是在社會的持續進化中經由一再的嘗試錯誤而得到。這個過程不見得是理性的，宗教與古老的傳統都會影響社會規範的形塑。柏克的觀念還有相對主義的影子，他認為每個社會都會因應其特殊的環境與歷史創造出自己的規範，背後的原因很難完全理解。法國革命，乃至啟蒙運動都是人類社會的災難，同樣是妄想以理性規範取代傳統，而且在毫無宗教力量的情況下盲目相信每個人都會自動遵循。然而，理性絕不足以產生凝聚社會的道德力量，這也是為什麼啟蒙運動會因內部衝突而失敗的原因。

柏克當然不是批評啟蒙運動的最後一人，英國作家葛瑞（John Gray）就是比較晚近的例子，他認為隨著柏林圍牆倒塌，啟蒙運動的內部衝突已展現無遺，美國等進步國家的犯罪率與社會失序現象尤其可為佐證[2]。資本主義使問題更形惡化：資本主義將個人利益擺在道德責任之上，強調技術不斷推陳出新，逐步摧毀了人類幾百年來建立起來的社會聯繫，只剩下赤裸的利益作為社會凝聚力的基礎。

根據這一派觀點，現代社會之所以尚未完全瓦解是因為還有祖先留下的社會資本尚未揮霍殆盡。這個問題又與全球世俗化的趨勢有關，宗教既是道德的重要支柱，現代化之後的宗教式微自然造成社會失序。赫胥便是抱持這樣的觀點，他在《社會成長的限制》（*Social Limits to Growth*）中指出：「個人主義式的契約經濟要能正常運作，需要一些社會美德的配合——如真理、信賴、認同、自制、責任等，這些美德有相當程度是以宗教為基礎的，問題是現代市場經濟的個人主義理性觀念常有削弱宗教的力量。」[3]

類似的觀點也出現在資本主義的文化衝突論，這一派認為資本主義發展到最後，會產生不利市場運作的規範，終而自我顛覆。最有名的代表人物是熊彼得（Joseph

Schumpeter），他在《資本主義、社會主義與民主》（*Capitalism, Socialism, and Democracy*）裡指出，資本主義常會製造出一批菁英階級，這些人會反抗那股使其生活成為可能的力量，最後嘗試以社會主義取代市場經濟[4]。貝爾也認為，社會富裕使人們不再重視工作倫理，製造出一批永遠反對現狀的文化菁英。在他看來，現代主義藝術的精神就在於觸犯既定規範，質疑權威與反抗社會標準[5]。但反抗之不易是一代甚於一代，因為可被顛覆的規範愈來愈少，人們也就愈來愈難感到震撼。這或許可以解釋現代藝術努力驚世駭俗的傾向，從二十年代的達達主義，到二十世紀末淪為色情、褻瀆、噁心的表現藝術。貝爾認為，有些文化菁英站在永遠反對中產階級價值觀的立場，最後終將毀掉使市場經濟存在的基礎。

除了貝爾之外市場經濟與社會秩序的衝突也引起很多學者的關注，如桑達爾（Michael Sandel）、沃夫、貝內特（William J. Bennett）等[6]。非正式的社會規範最理想的生成環境是穩定的小團體，資本主義的企業精簡與產業外移卻不斷分割傳統市場。高效率的大型購物中心取代了傳統的雜化店，同時也消滅了原有的人際互動，一切只為了更低廉的價格。市場經濟也製造出龐大的娛樂事業，人們想看什麼就可以看到什麼，至於性與暴力充斥對人們與下一代是好是壞就不重要了。市場經濟裡的英雄通常都善於賺錢或引人注意，有些默默無聞的人雖擁有更重要的美德，但因無法轉換為金錢，也就得不到相同的報酬[7]。

過去美國很多產業都受到政府的保護，到一九八〇與一九九〇年代，隨著法令的鬆綁與美國市場的開放，很多產業開始面對國內外的競爭，這對社會資本可能造成負面的影響。一九五〇與一九六〇年代的銀行家可能下午三點就可以打高爾夫，但相對的也比較有時間與金錢回饋社會，在激烈競爭的今天自是大不相同。再舉一個例子，美國喧騰一時的辛普森殺妻案後來宣判無罪，辛普森的律師科克倫（Johnnie Cochran）提出的理由是陪審團種族配置太一致——這個理由在三十年前一定會遭法律學者圍剿。但是今天律師的競爭也很激烈，同業間自律的能力已大不如前。科克倫不只打贏了官司，還成了媒體寵兒。

資本主義矛盾論不僅非常偏頗，而且資本主義也未如論者所預言的分崩瓦解。不容否認，資本主義常常是破壞傳統價值觀的摧毀力量，但在破壞之餘卻也創造了新的秩序與規範。仔細分析起來甚至應該說是立多於毀，關鍵就在本書第二部談到的自發秩序的精神，分散的群體在沒有外力干涉下通常都有能力自己創造秩序。

啟蒙時代很多思想家都認為，資本主義其實有提升道德的功能。最早提出這個觀點的是蒙田，他說：「一般人的行為是如此粗魯不文，卻因商業活動而修飾美化了。」[8]一七〇四年理查（Samuel Richard）有一段精彩的闡述，在十八世紀經常被人引述：

商業使人與人因實用考量而接觸……人們因而學會深思熟慮、誠實、禮儀、謹言慎行。人們體會到智慧與誠實才是成功之道，因而開始遠離邪惡，至少在言行上會表現出莊重合宜，以免影響他人的觀感。[9]

理查當然不知道什麼是博弈論，但他所敘述的就是一種重複互動的原理，視誠實的聲譽為資產。亞當．史密斯同樣相信商業有提升道德的作用，能促進守時、謹慎、誠實的美德，也改善了工人的生活，使他們不那麼倚賴所謂的上層階級[10]。基本上，他是以道德而非經濟的角度來為資本主義辯護。貴族社會的基礎是追求榮譽，通常是透過軍事鬥爭來達成[11]。布爾喬亞社會出現後則是代之以較狹窄的自利基礎，依赫胥的說法是以利益代替熱情，從而也柔化了貴族時代的暴戾之氣[12]。商業社會講求的是勤奮、誠實、自律等，這類微小的美德或許無法達到貴族時代的崇高理想，相對的卻也因此避免了貴族社會的黑暗面。赫胥認為，重振誠實的美德有賴宗教的力量。我以為這是很荒謬的論點，商人的自制考量就足以確保誠實的美德會繼續存在，至少誠實的行為是不會消失的。

最適當的觀點應該是採取中庸立場，亦即資本主義對社會道德的影響是功過參半。從熱情到利益並不是純然正面的，貴族的榮譽感是偉大政治抱負的根源。開創偉大事業的人通常不僅僅是誠實、謹慎、守時、守信。亞當．史密斯便認為商業所提升的小小的美德有其局限，謹慎只能使人尊敬你卻不一定會愛你，而中產階級改善生活的努力其實是反映出一種錯覺——以為財富能買到快樂[13]。

即使我們只考量中產階級的小小美德，也不能否認資本主義同時破壞也提升了道德水平。以金錢論愛情，或為了提升效率開除老員工確實都讓人憤憤不平。但相反的情形也會發生：人們在工作中得到友誼與社會聯繫，因為必須與他人長期共事而學會誠實與謹慎。隨著後工業（或資訊）經濟愈趨複雜與技術化，社會資本與內化的非正式規範更顯得重要。複雜的商業活動唯仰賴自我組織與自我管理，企業在攸關生產力的考量下自然會加強這方面的能力，這可以從過去二十年來企業組織的變革（尤其是網絡概念的興起）得到印證。

後工業化的現代資本主義經濟對社會資本的需求將持續增加，長遠來看應該也能產生足供所需的社會資本。我們的信心當然是有根據的，個人在追求自身利益時自然會產生社會資本與相關的美德，如誠實、信用、互惠等。在這個過程中上帝、宗教與傳統都有幫助，但不是必要的條件。蒙田與亞當・史密斯的觀點是正確的，商業確能提升道德。柏克、貝爾、葛瑞等人的觀點是錯的，資本主義未必會自毀道德基礎，啟蒙運動也未必蘊含自我顛覆的力量。

關於資本主義的功過各方的爭議不少。社會學家柯爾曼（James Coleman）是近年來社會資本重獲重視的功臣，他認為社會資本是公共財，因此在自由市場裡常有供應不足的現象[14]。換句話說，社會資本對整體社會是有益的，但體現社會資本的人未必能獨享利益，也就沒有足夠的動機去創造；因此必須靠非市場的力量來供應，例如提供公共教育的政府，或政府以外的組織，包括家庭、教會、慈善機構及其他非營利機構。很多人便認為營利事業與非營利組織之間有很大的差距，只有後者能具體表現社會資本，也才是公民社會的一部分。

然而，將社會資本與公共財畫上等號恐怕是錯的。市場經濟不但有創造社會資本的能力，長期而言，這也很符合個人的利益。一家企業會對員工的誠實與服務熱忱有高度要求，或知道產品有瑕疵立刻回收，或高階主管在經濟不景氣時自行減薪以示共體時艱——這些可能都不是出於利他精神，而是體認到必須建立誠實、信用、品質、公平等聲譽，才符合長遠的利益。這些美德既成為經濟資產，個人或企業為追求利益自然會樂於實踐。同樣的，捕鯨船或漁民會訂立規範公平共享公共資源，也不是出自環保意識，而是基於自利考量努力避免資源不公平分配或提早枯竭。

但社會資本又不同於實體或人力資本，達斯古普塔（Partha Dasgupta）的說法，社會資本不是公共財，卻會產生很多外部效應（externality）[15]。個人在創造社會資本時可能是為了自私的利益，但一旦創造之後，往往對整個社會產生有益的外溢效應。例如企業可能為了自己的聲譽而維持品質與信用，結果卻同時提升了社會品質與信用的要求。又例如，一個相信誠實是最佳策略的人雖也是出於自私的考量，其行為表現與為誠實而誠實的人並無二致。社會資本不僅會產生外部效應，本身往往也是其他活動的外部效應。韋伯提出一個著名的清教徒例子：清教徒並不是為了財富而累積資本，他們為了成為上帝的選民而力行儉約自律的美德，卻意外在現世累積可觀的財富。

如果我們認同社會資本不是公共財，而是充滿外部效應的私有財，就能了解現代市場經濟隨時都在創造社會資本，例如企業投資在員工的教育與專業訓練就是在創造社會資本。坊間有很多書籍探討企業文化的塑造，簡單地說就是讓員工融入企業的規範，提高合作的意願與認同感[16]。過去的日本是這方面的翹楚，常會派遣主管接受魔鬼訓練，一方面測試耐力，一方面建立生命共同體的信念[17]。十二章談到企業走向扁平化結構的趨勢，未來勢必投資更多心力教育藍領員工發展管理技巧。

國家與社會資本

前面說私人企業能創造社會資本，當然這並不表示公家機構就不能。如果有人以為政府不可能灌輸正面的價值觀，只要看看美國海軍陸戰隊多年來的成績就必定會大為改觀。過去很多低下階層貧窮家庭的孩子（很多還是單親家庭出身）進入陸戰隊以後，變成嚴守分際的成熟個人。陸戰隊的基礎訓練為期十一週，採取的是完全層級化權威式的管教，徹底打破新兵的個人主義觀念，嚴格禁止使用「我」這個字。

現代社會最重要的社會資本來源是教育體系，而多數國家都是由政府提供教育資源。學校的功能不只是傳統的傳授知識與技能，同時也努力讓學生養成特定的文化習慣，成為更好的公民。二十世紀初美國公立教育的一大目標便是：讓大量的移民後裔融入美國文化，顯然是體認到社會的信賴度與教育息息相關。

以高等教育的領域而言，學校仍然是創造社會資本的機器。就像前面討論過的高科技研發，專業教育常常是社會規範與社會網絡的來源。共同的專業領域、同樣的專業標準乃至相似的受教經驗都有助於創造一個同質性高的社會，從中建立起一套規範。過去半世紀來幾乎所有已開發國家的高等教育都普及許多，隨著教育的報酬率愈來愈高，這個趨勢應該還會繼續下去。由此推斷，高教育與高所得的階層應該會創造出更豐裕的社會資本。就如第四章所討論的，社會的總資本並未改變，改變的是社會資本的性質與分布。

不過，政府不只有創造社會資本的能力，也有摧毀的能力。前面幾章談過，當政府無法提供足夠的公共安全與財產保護時，人民不僅對政府不信任，人與人之間的信賴度也會降低，進而影響社會的凝聚力。現代政府的若干趨勢，如福利國家的興起、政府功能中央化以及政府涉入人民生活的每個層面等都有礙自發秩序的建立。像瑞典、法國等歐洲國家的民間社團算相當活躍，但幾乎多少都倚賴政府補助或受政府規範，少了政府，這些團體恐怕都無法存續。美國在大斷裂時期也是有聯邦政府集權的傾向，並常發生與民間組織相齟齬的問題。的確，現代民主政府往往以維護人權為名，剝奪地方社區自訂規範的能力，前面談到社會失序行為的去罪化就是一個例子。

再談教育問題，米勒認為現代美國公立教育最大的問題是放棄同化的目標[18]。公民課程、美國歷史與價值觀的灌輸都減少許多，很多學校甚至無法維持課堂上基本的秩序及避免暴力，更遑論依共同的文化塑造學生的人格。家庭是社會資本的一個來源，學校則應能發揮補充的功能，實際上卻總是令人失望。有些措施甚至還造成社會資本的減損，如提倡雙語教育與多元文化，表面理由是提升少數民族的自尊，結果往往豎立不必要的文化藩籬。

當前最大的課題是現代政府是否必須繼續擴權，並運用這個權力來擴充個人權力，甚至不惜凌駕社會之上。在這方面，美國過去三十年來的歷史不是很令人滿意。但我認為，一種趨勢若是明顯違背大多數人的利益，就不會成為歷史的必然。加州最近立法廢除雙語制，或許便是顯示現代民主國家正在自我修正。

經濟交易與道德交換

如果說企業的自利行為有任何道德意涵，恐怕多數人都不會同意。究其原因，我想是因為多數人心中都有一條筆直的線，利他或道德意圖在左邊，理性自利行為在另一邊。經濟學尤其是如此，經濟學家總希望在研究時去除任何道德動機的干擾[19]。依常識推論，如果我對你表現出誠實熱心，目的只是希望將來繼續維持業務往來，那麼我就不是真正的誠實與熱心，只是工於心計罷了。也就是說，你必須為行善而行善，否則就不算一種美德。

這種重意圖、輕結果的道德觀在判斷一個人的人格時，當然有其意義。但在實際生活中，善行與自利行為之間往往不是那麼容易劃分。人們常常在開始時為了自利而遵守某種規範，但後來繼續遵循的理由卻已幾近道德考量。譬如說你最初進入甲公司是因為需要工作賺錢付貸款，幾年之後你卻產生一種忠誠感，可能是對公司這個抽象概念的忠誠，也可能是對同事這些有血有肉的人的忠誠。於是你開始會犧牲自己的利益──自動加班、運用自己的人際關係協助公務推展──不只是為了爭取獎金，更是一種理所當然的感覺。若是有一天甲公司竟然將你裁員，你的感覺不單是公司純粹的經濟考量，而是道德的背叛：「我為公司奉獻這麼多年，竟然得到這種待遇！」

我並不認為純粹的道德行為與理性的自利行為之間應有所區別，只是說要完全區分是很困難甚至是不理性的。以第九章討論過的市場交易及互惠利他為例，前者是買賣雙方為彼此的利益交換財貨，後者同樣是交換利益，只不過是著眼於較長遠的利益。但我們總認為商業交易無涉道德，互惠行為則有道德意涵，何以故？

事實上這兩者的差異不過是時間而已。商業的交易行為是同時發生的，互惠利他行為則是一方先給與利益，且不預期得到立即的回報。當然這個差異便非同小可。假設朋友請我幫忙搬家，我回答，「可以，但你明天必須幫我油漆房子。」我想很快兩個人就做不成朋友了。再假設某甲被搶劫殺傷後棄置路旁，路人乙上前幫忙但要求甲當場付錢，多數人會對這項看似公平的交易感到憤怒。反之，如果乙主動將甲送至醫院，多數人會認為事後應找到乙並予以酬謝。後者的結果也是一種交換，卻富有極不相同的道德意涵。

除非有血緣關係，人與人之間很少有真正單向的利他行為。如果你對朋友好，對方粗魯拒絕，並辱罵傷害你，你很快就會覺得你對他的好不是美德而是愚蠢。常看到一些有錢人臨老捐贈大筆金錢給慈善團體，典型的說法是「回饋社會」。卡普拉（Frank Capra）的經典電影《風雲人物》（*It's a Wonderful Life*）裡，主人翁一生奉獻社會，後來面臨破產時，鎮民全力幫助他。電影之所以感人不是因為主角的善行，而是讓我們再度確信，在人性化的社會裡善行終究會得到回報——電影中的回報是非常具體的金錢。雖然主角的善行終究換得經濟的利益，我想多數人會認為絲毫無損其道德意涵（除了少數康德派可能不作如是想）。我想也沒有人會將這種不同時間發生的施與受等同於商業交易，除非像電影中的銀行家那麼硬心腸。

顯然商業交易與互惠利他是不同的，但兩者之間也並非毫無關聯。商業交易有助於人們養成互惠的習慣，並從經濟活動延伸至道德領域。反過來說，道德交換對個人的利益也是有幫助的。人們習於在這兩者之間畫一道鴻溝，在實際生活中其實是很困難的。

討論至今，我們發現現代資本主義社會的道德問題不在經濟交易的性質，而在科技與科技的變遷。資本主義是一股龐大的力量，具有可怕的摧毀能力，總是不斷在改變人與人之間的交換條件，包括經濟的交易與道德的交換，同時也是大斷裂的一大根源。

註釋

1 Albert O. Hirschman, "Rival Interpretations of Market Society: Civilizing, Destructive, or Feeble," *Journal of Economic Literature* 20 (1982): 1463–1484.

2 John Gray, *Enlightenment's Wake: Politics and Culture at the Close of the Modern Age* (London: Routledge, 1995).

3 引用自 Hirschman, "Rival Interpretations," p. 1466.

4 Joseph A. Schumpeter, *Capitalism, Socialism and Democracy* (New York: Harper Brothers, 1950).

5 Daniel Bell, *The Cultural Contradictions of Capitalism* (New York: Basic Books, 1976); 亦可見 John K. Galbraith, *The Affluent Society* (Boston: Houghton Mifflin, 1958).

6 Michael J. Sandel, *Democracy's Discontent: America in Search of a Public Philosophy* (Cambridge, Mass.: Harvard University Press, 1996), particularly pp. 338–340; Alan Wolfe, *Whose Keeper? Social Science and Moral Obligation* (Berkeley: University of California Press, 1989), pp. 78–104; William J. Bennett, "Getting Used to Decadence," Vital Speeches 60, no. 9 (February 15, 1994), p. 264; 亦可參見 Larry Reibstein, "The Right Takes a Media Giant to Political Task," *Newsweek* 125 (June 12, 1995), p. 30.

7 關於商業社會的文化性辯護，參見 Tyler Cowen, *In Praise of Commercial Culture* (Cambridge, Mass.: Harvard University Press, 1998).

8 Montesquieu, *The Spirit of the Laws*, Book 20, chap. 1.

9 引用自 Hirschman, "Rival Interpretations," p. 1465.

10 Adam Smith, *The Theory of Moral Sentiments* (Indianapolis: Liberty Classics, 1982), pt. 1, I.4.7; pt. 7, IV.25; *Lectures on Jurisprudence* (Indianapolis: Liberty Press, 1982), pt. B 326; *An Inquiry into the Nature and Causes of the Wealth of Nations* (Indianapolis: Liberty Classics, 1981), Book 1, VIII.41–48. 我很感謝 Charles Griswold 的這些見解。

11 Charles L. Griswold, Jr., *Adam Smith and the Virtues of Enlightenment* (Cambridge: Cambridge University Press, 1999), pp. 17–21.

12 Albert O. Hirschman, *The Passions and the Interests: Political Arguments for Capitalism Before Its Triumph* (Princeton, N.J.: Princeton University Press, 1977).

13 Smith, *Theory*, pt.VI.

14 Coleman (1988).

15 Partha Dasgupta, "Economic Development and the Idea of Social Capital," unpublished paper, March 1997.

16 例子可參見 Edgar Schein, *Organizational Culture and Leadership* (San Francisco: Jossey-Bass, 1988).

17 例子可參見 Thomas P. Rohlen, "'Spiritual Education' in a Japanese Bank," *American Anthropologist* 75 (1973): 1542–1562.

18 John J. Miller, *The Unmaking of Americans: How Multiculturalism Has Undermined the Assimilation Ethic* (New York: Free Press, 1998).

19 例子可參見 Oliver E. Williamson, "Calculativeness, Trust, and Economic Organization," *Journal of Law and Economics* 36 (1993): 453–502，作者主張，若你要刪去那些顯然可信任的行為——這些行為可用理性自利的基礎來解釋——那麼信任最終只是一種空洞的類別而已。

CHAPTER 16

第十六章

重建之路：過去、現在與未來

現在我們應該回到大斷裂的主題，探討未來的方向。人類是否注定在愈來愈嚴重的社會與道德失序狀態下沉淪，或者我們有理由相信大斷裂只是暫時的現象，美國及其他已出現問題的社會終將重訂新的規範？果真如此，新的規範將以何種形式出現？是自發形成或需仰賴政府以公共政策介入？或者我們應靜待某種不可預測，也可能不可控制的宗教新力量來重振社會價值？本書第二部分析社會秩序有四大類：自然、自我組織、宗教、政治。未來的社會秩序將來自哪一類？

第一個問題最容易解答：大斷裂並不是長期道德衰微的最終結局，是啟蒙運動、現實人本主義或其他歷史經驗的必然結果。個人主義的盛行確實可溯及上述傳統，但大斷裂的主要成因是比較晚近的——包括從工業經濟過渡到後工業時代，以及因此所產生的勞力市場的變遷。

要探討大斷裂的未來發展，最簡單的方式是回頭尋找歷史經驗。歷史上社會秩序的指標起起伏伏，顯示社會資本看似永遠在減少，其實在某些時期是增加的。根據哥爾（Ted Robert Gurr）估計，英國十三世紀的殺人犯罪率是十七世紀的三倍，以倫敦而言，十九世紀初的殺人犯罪率是一九七〇年代的兩倍[1]。保守主義者常譴責社會道德淪喪，自由主義者則禮讚個人的選擇增加，但兩派似乎同樣認為人類自十七世紀以來便逐步遠離清教徒價值。在這幾百年裡人類確實逐步向俗世的個人主義靠攏，但其間社會模式也是迭經起伏，顯示人類絕對有能力提高道德規範對個人選擇的限制。

這可以從十九世紀的諸多現象得到印證。本書開頭談到，社會學的很多偉大經典都在描述北美與歐洲從農業社會進入工業社會所發生的規範變遷，亦即社區過渡到社會的變遷。最早出現改變的是英國，然後是美國（最早工業化的兩個國家），繼而蔓延到歐洲大陸。種種證據顯示十八世紀末與十九世紀初社會失序與道德混淆的問題逐漸惡化，英、美多項社會資本的指標都同步走下坡。

美國殖民時期雖有高度的政治參與率，但社會風氣並不是很好。根據歷史學家霍夫士特達（Richard Hofstadter）的研究，在一七九〇年代的九成美國人不隸屬任何正式宗教組織[2]。按照托克維爾的說法，基督教對美國的自發結社有關鍵影響，這些數字顯示很多美國人仍孤立在自己的農村裡，十九世紀始開花結果的公民社會結構此時尚未萌芽。

此時的社會失序現象也比十七世紀以後更嚴重。一八〇〇年代初期，十五歲以上的國人每人平均消耗酒精六加侖，相較之下二十世紀末還不到三加侖[3]。學者估計，到一八二九年，每人酒精消耗量應已增加到十加侖的驚人地步[4]。當時酒店比教堂更是人際互動的重要場合，酒醉的農夫、上班前喝得醉醺醺的工人都是常見景象。根據歷史學家羅勒波（William Rorabaugh）的研究，在十九世紀初「男性的飲酒文化遍及所有社交與職業團體。西方的農夫在酒店喝到酩酊大醉，東方的採收工人每天要喝上半品脫到一品脫的蘭姆酒，南方的屯墾者每天的飲酒量若能限制在一夸特的白蘭地，就被視合格的衛理公會教徒。」[5]

當然我們很難找到這時期的性行為統計資料，非婚生子女之類的統計要到二十世紀才有定期的調查。但有些社會史學家認為，這時期的性行為規範可能比十七世紀要寬鬆。父母對子女的婚配選擇愈來愈沒有發言權，另有一項調查顯示，婚前懷孕的比率從一六〇〇年代的百分之十增加到一七〇〇年代後半的百分之三十左右[6]。

犯罪率也有類似的變化。殖民時期雖無太高的犯罪率，多數社會史學家都同意犯罪率快速攀升始於十九世紀第一個十年：波士頓、費城、紐約都有顯著增加。在十九世紀初的美國，年輕人獨立在外的機會愈來愈多。在此之前，多數受薪勞工都是在家庭中工作。僕佣、學徒、工匠等是在雇主家中居住工作，就像家人一樣受到雇主控制。但隨著工廠快速發展，工人第一次離家受雇，開始建立另一種社區。最初定居美國西部的都是年輕男性，女人與小孩是後來才出現的。上述種種情況都有利犯罪的滋生，而且這個現象不限於美國一地：根據葛爾研究，同時期倫敦與斯德哥爾摩的犯罪率也是大幅提高[7]。倫敦和美國偏遠地區一樣，一八二一年到一八四一年之間年輕男性的人口增加許多[8]。

除了失序行為增加，從鄉村流向都市的人口也帶來了鄉村的生活風格。這時期人們生活的粗陋常被忽略，柯利爾（James Lincoln Collier）這描寫十九世紀初的美國：

很少人有自己的床，有時候一張床要兩個以上的人共用，在大家庭中尤其常見。人們不常洗澡和更衣，住家周圍都是肥料……尿桶當街傾倒，絲毫不顧路過的人……窗戶破損、門戶傾斜、土牆剝落，經年累月不修理，房屋很少重新上漆。壞掉的工具、傢俱、牛車堆積在農家庭院數年無人處理⋯男人與不少女人嚼煙草，褐色的煙草渣吐得到處，不只是酒店地板，甚至連教堂都無法倖免。很多人用餐時只用叉子，甚至是用手[9]。

這是美國農村家庭的寫照，同時期英國與歐洲其他國家的農民與都市窮也好不到哪裡去。

很多人認為維多利亞時期的英、美兩國是傳統價值的代表，在當時（十九世紀中）卻一點也不傳統。事實上，維多利亞主義是一種基進運動，因應十九世紀初到處蔓延的社會失序現象，刻意創造新的社會規範，為那些沉淪墮落的人灌輸新的道德。維多利亞主義始於英國，一八三〇年代與一八四〇年代快速蔓延到美國。這要歸功於很多宗教機構促成了社會的快速改變。套用強森（Paul E. Johnson）的話，「在一八二五年，一個北方的商人是妻子與小孩的主宰，工作不定時、酗酒、鮮少投票或上教堂。十年後，同一個人每週上教堂兩次，對家人溫柔慈愛，除了開水什麼都不喝，工作規律且強迫員工要規律，為自由黨助選，閒暇時便勸人要過同樣的生活，如此世界必會更美好。[10]」英、美的新教徒在十九世紀初引導第二次大覺醒，對社會秩序的導正發揮了很大的功能。一八二一年到一八五一年英美的主日學運動成長極快速，YMCA運動也從英國蔓延到美國。根據霍夫士特達（Richard Hofstadter）的研究，美國教徒人數從一八〇〇年到一八五〇年增加了一倍，且教徒的地位愈來愈受尊重[11]。同時禁酒運動也成功地降低了美國人的平均酒精消耗量——到十九世紀中降到二加崙多一點[12]。

同時期志願組織的擴充與公民社會的成長也與宗教有關（尤其是新教）。一八三〇年代托克維爾造訪美國，對當地社會組織的稠密程度印象深刻，但並未完全體認到宗教的影響。事實上到一八六〇，紐約市成年新教徒中約有五分之一參與社會組織[13]。史學家辛格頓（Gregory Singleton）注意到宗教機構對西方文明的影響：

以伊利諾州的昆西市為例，當地能快速建立各種志願組織，美國家庭傳教士學會（American Home Missionary Society）、美國讚美詩歌學會（American Tract Society）、美國主日學聯盟等都發揮了關鍵力量……到一八四三年昆西一地有十七個傳教、改革與慈善機構，其中十五個係全國性組織。到一八六〇年當地有五十九個志願組織，涵蓋了近九成的成年人口。[14]

圖 16.1　英格蘭與威爾斯重犯罪率，1805-1892

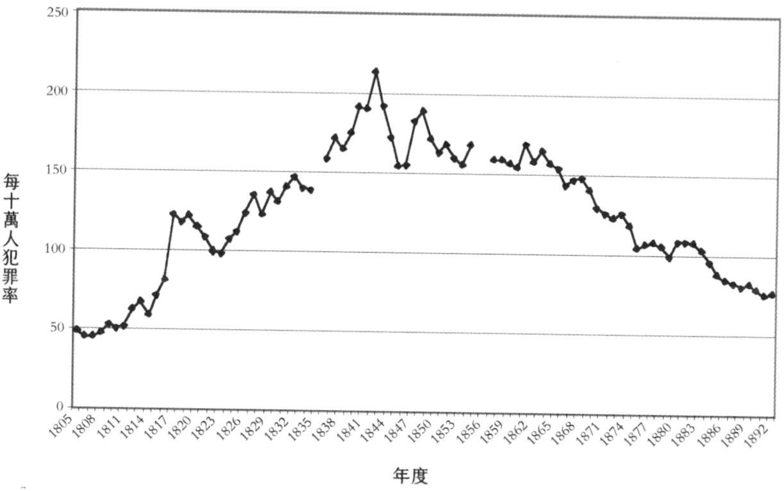

資料來源：《十九世紀的社會》（*Nineteenth-Century Society*），瑞格利（E. A. Wrigley）編著，387到395頁。

英、美兩國自一八三〇年代以後致力改造社會（後人稱之為維多利亞時代），成效卓著，所累積的社會資本相當可觀，粗魯不文的鄉下農夫與都市窮人被改造成為今天所謂的勞動階級。他們學會了規律過生活、工作時保持清醒、平時維持起碼的禮儀。

社會資本的增加也顯現在一些簡單的指標上——如犯罪率的降低。幾乎所有相關研究都發現，十九世中期到末期犯罪率是遞減的。圖16.1顯示的是英格蘭與威爾斯從一八〇五年到十九世紀末重罪的比率。自拿破崙戰爭開始犯罪率確實呈應定增加，到一八四〇年代達到高峰，之後也開始穩定下降[15]。美國都市的犯罪高峰期較晚出現，根據哥爾的研究，波士頓等都市應該是一八七〇年代時犯罪最猖獗[16]。考量十九世紀後半的時代背景，當時的犯罪率下降確實值得大書特書。自美國內戰以後，人們大量由鄉村湧入新興都市，來自不同文化與生活習慣的新移民聚集在一起，工業時代的新生活步調更是徹底顛覆了舊有的社會關係[17]。

在英國，非婚生子的發展與犯罪率大致相當。十九世紀初非婚生子占所有出生數的百分之五多一點，到一八四五年達到高峰，之後逐漸降低到十九世紀末的百分之四[18]。

有些人以為維多利亞時代英、美社會秩序得以改善，完全是非正式道德規範改變的結果，其實不然。英、美在那段期間同時建立了現代化的警察制度，取代了原來訓練不足的烏合之眾。美國內戰後警方開始專注處理妨害公共秩序的小罪，諸如公共場合飲酒、流浪漢、遊蕩等，因這類行為而被逮捕的人數在一八七〇年達到高峰[19]。到了十九世紀末美國很多州都開始建立公立教育普及制度，不久之後英國也跟進。

最根本的改變其實不是制度而是價值觀。維多利亞精神的核心就是灌輸年輕人控制衝動的觀念，依現代經濟學家的說法是形塑正確的偏好，使他們不再沉溺性、酒精、賭博等不良嗜好，而能培養健康的個人習慣。別忘了，當時絕大多數人都可說是粗魯不文。今天強調個人習慣的人可能被譏諷為盲從的中產階級，在十九世紀上半的社會，教導衛生、守時、禮貌等習慣卻有其時代意義。

其他國家也可以找到道德重建的例子。德川時代的日本是大名（諸侯）掌權的封建時代，社會充斥著暴力與不安。經過一八六八年的明治維新才由一個中央集權的政府統一，封建時期的盜匪行徑從此絕跡。同時日本也發展出一種全新的價值觀。一般人多以為日本大企業的終身職是根深柢固的古老傳統，事實上這是十九世紀後期才出現的。當時勞動人口流動性很大，尤其是經常供應不足的技術性勞工。三井、三菱等大公司為吸引技術性勞工，便在政府的協助下致力提升忠誠的觀念。共產國家的作法是粗率地鼓勵利他主義，強迫人們為國際社會主義奉獻努力。相較之下日本的上層社會高明許多，是以技巧的方式說服人們對企業、國家、天皇忠誠。忠誠向來是武士最重要的美德之一，卻從不曾在商人與農人之間廣泛落實。明治時代的統治者成功地轉變商人與農人的觀念，使他們相信忠於企業就等於忠於諸侯。儘管如此，對企業忠誠最初還不是很普遍，直到二次大戰後終身職才成為大企業的常態。

社會秩序的重建

大斷裂帶給我們的省思是：十九世紀後半發生在英、美乃至日本的模式是否會在未來重現？

諸多證據顯示大斷裂已步入尾聲，重建社會規範的過程已然展開。很多國家先前經歷了狂暴的社會失序，到一九九〇年代其犯罪率、離婚率、非婚生子比率、社會懷疑心態的增加速度都明顯走緩，甚至有下降的趨勢。美國的情形尤其明顯，犯罪率與一九九〇年代初的高峰期相較下降了百分之十五以上。離婚率的高峰期（一九八〇年代初）早已過去，單親媽媽生子比率也不再攀高。接受社會救助的人口減少的幅度幾乎和犯罪率的降低一樣驚人，這要歸功於一九九六年通過的社福改革案與一九九〇年代近乎完全就業的經濟榮景。以一九九〇年代初期到末期比較，人們對機構與個人的信賴度也都恢復不少。

過去三十年來，社會的意識形態上層結構（馬克思語）有了極大的改變。莫尼漢報告在三十年前大斷裂之初出爐時，幾乎遭專家學者一致圍剿，認為是「把責任丟給受害者」，且有種族優越感的嫌疑。今天學者的意見有了一百八十度的轉變，多數認為家庭結構與價值觀確實對社會有很大的影響。當然，學術論文不見得會直接左右個人的行為，但正如凱因斯所說的，抽象的觀念往往會在一兩代之後滲透到大眾的意識裡。

種種跡象顯示，在文化層面上個人主義不斷擴充的趨勢似乎已進入尾聲，大斷裂期間被摒棄的社會規範至少已有部分恢復過來。一九九〇年代美國有一種奇特的現象白天常可以在收音機裡聽到史萊辛爾博士（Laura Schlessinger）主持的叩應節目，粗聲粗氣地訓誡聽眾不耽溺享樂，要負起對家庭與子女的責任。這種風氣與六十與一九七〇年代實有天壤之別，當時的自由主義治療師總是告訴人們要「深入碰觸自己內心的感受」，要拋開社會的枷鎖追求「個人的成長」。

一九九〇年代華盛頓特區舉辦過兩次大遊行，一是伊斯蘭國家組織領袖法拉堪（Louis Farrakhan）發起的黑人萬人遊行，一是保守基督教團體承諾者組織（Promise Keepers）發起的。有趣的是這兩次遊行都強調男性的家庭責任感不足，呼籲男性負起養家、照顧子女、做子女典範的責任。這樣的主題竟能動員如此多的男性走上街頭，顯見在性革命與女性主義革命之後，整個社會體認到大眾對男性以及男性自身的期許出了問題。

伊斯蘭國家組織與承諾者組織在多數美國人眼中都有爭議性，前者是因為領導者的反猶太傾向，後者則有壓低女性地位的嫌疑。也因此他們在重塑男性社會規範的努力遭遇很大的限制：伊斯蘭國家組織的排他性大違美國的自由精神，承諾者組織則根本無力募款維持基本開銷。

但可以預見的是這股朝向嚴謹規範的保守趨勢應會繼續下去，第一個原因是本書第二部所討論的社會秩序的來源：人類天生是社會性的動物，同時具備理性創造文化規範的能力。人類的天賦與理性終究有助於誠實、守信、互惠等德性的發展，而這些德性正是構成社會資本的基石。

再來談家庭規範的發展，兩性在家庭中應扮演角色自一九六〇年代以後產生很大的觀念改變，最後受害的卻常常是孩子的利益。男人拋棄家庭，女人未婚生子，夫妻輕言離婚（有時只為了芝麻小事或自私的理由）。父母與子女的利益本來就會互相衝突，帶孩子去看運動會，當然就少了工作、交女友、休閒的時間。為了孩子忍受不太完美的配偶，必然少了交友戀愛的機會。但維護孩子的幸福也是父母天賦的利益所在。若是能讓父母清楚了解自己的行為對孩子造成多大的傷害，相信多數人會理性改變其行為。

然而理性的社會規範是不會自動形成的。大斷裂期間的文化風氣造成很多認知的盲點，人們往往忽略了自身的行為對周遭的人有多少影響。社會學家說生長在單親家庭不會比健全家庭更糟，心理治療師說與其夫妻常吵架，離婚反而對孩子較有利。同樣的治療師又說，唯有父母快樂，才能教出快樂的孩子，因此父母可以理直氣壯把自己的需求擺在前面。再加上大眾文化總是過度地美化性愛，將傳統的核心家庭生活描寫成充滿虛偽、壓抑與邪惡。要改變這些觀念有待討論、辯解，甚至是杭特（James Davison Hunter）所謂的「文化戰爭」（Culture Wars）[20]。一九九二年美國總統大選期間，副總統奎爾（Dan Quayle）特別強調「家庭價值」的重要，批評電視影集《風雲女郎》

（*Murphy Brown*）過度美化單親家庭。當時很多人批評奎爾偏執無知，但是他所帶動起來的文化論辯卻是影響深遠。不久柯林頓也開始強調家庭價值的重要（儘管第一家庭紛擾不斷），並使個人責任成為公共政策論述的主題。同時，愈來愈多社會學的實驗證據顯示家庭破裂的負面影響極大，大到不容忽視的地步。最初只有懷海德（Barbara Dafoe Whitehead）認同奎爾的論點，到一九九〇年代末認同的人愈來愈多[21]。

重建社會秩序不能只靠個人與社會的互動，還要靠公共政策的力量，這表示政府必須有所為有所不為。政府可以創造社會秩序的領域很清楚，就是透過警政與教育。增建監獄與加強破案率確實能有效降低犯罪率，例如，一九九〇年代社區警務的創制便使美國的城市犯罪率降低了。除了減少犯罪，社區警務對社會資本的助益還有其他方面，例如提高都會的秩序感，吸引有意願參與社區建設的人們重回都市，進而提高生活標準。同時美國政府也很積極修正福利政策與兒童補助措施，這兩項都與大斷裂時期美國的家庭問題有關。此外不少政治人物也很重視這方面的問題，例如紐約市長朱利安尼（Rudolph Giuliani）便致力讓中產階級重回都市，而不是任其淪為邊緣人的地盤。又如印第安納波里市長想出各種創意來支持民間組織，鼓勵市民掌控自己的生活與社區[22]。

反過來說，有時候當個人或社會能自己創造社會資本時，政府應避免成為障礙，例如補助非婚生子，或鼓勵學校採雙語或多元文化，或是法院應在個人權利與社會利益之間取得平衡。

社會規範的重建能有多大成效？我想在犯罪率與信賴度方面的進步會很大，至於性、繁殖、家庭生活方面可能比較有限。事實上，前兩個領域的重建工程已進展了不少。至於性與繁殖，由於現代科技與經濟情勢大異以往，很難回復維多利亞時代的價值觀。一個社會能維持嚴謹的性規範必有其時代背景——諸如不加節制便很容易懷孕，未婚生子可能會使母子陷入貧困，甚至早夭。第一個條件已隨著避孕藥的誕生而幾乎消失，第二點也因女性收入提高與社會補助而減少許多。美國雖已大幅削減社會補助，恐怕沒有人會倡議禁用避孕藥或禁止婦女工作。雖然說每個人都會理性追求自己的利益，這並不能解決生育率降低的問題。事實上，現代人會選擇少生孩子正是著眼於下一代的長程利益。血緣將漸漸不再是社會網絡的主要經緯，核心家庭的穩定性也可能永遠無法恢復。日、韓等社會到目前為止還未隨波逐流，但未來很可能會跟隨西方的腳步。

未來我們期許更符合下一代利益的新價值觀出現。現代很多女性寧可工作而不願在家帶孩子，這當然有強烈的文化意涵。尤其是在北歐國家，職業婦女似乎總是瞧不起專職媽媽，因為這是現在流行的觀念。然而，如果事實證明孩子年幼時沒有母親全程陪伴對孩子的未來發展很不利，這個文化價值觀可能就會改變。屆時可能離職數年回家帶孩子才是高地位、高所得的表徵，只有勞動階級或接受社會補助的媽媽才會把孩子送到托兒所[23]。

壽命的延長可能對拉近兩性所得差距有意想不到的影響。現代人的職場生涯較長，工作所需的教育程度較高，市場的競爭又愈來愈激烈，已經不再是年輕時接受一種教育就可維持一生工作所需了。以美國而言，終身待在同一種工作或同一家公司已不多見。有些歐洲國家（如法國）仍試圖保留終身職的制度或降低退休年齡，到頭來恐怕會苦於居高不下的永久失業率與社福支出。一九八〇與一九九〇年代美國企業盛行瘦身，被精簡掉的很多是四、五十歲的男性中年主管。這些人不得不另謀新職，缺乏應變能力的只好提早退休出局。未來當人們都能健健康康工作到七十幾歲時，不斷接受再訓練恐怕會成為必要與常見的現象。當然，中年再轉換跑道不易維持原來的高薪，未來恐怕很多男性都會有降格以求的經驗。目前兩性的所得差距與女性必須離職育兒有關，但未來的工作會變得比較分化，加上男性中年換職的趨勢，女性的劣勢可望扭轉。若是人們更深刻體認母親的重要性，也許兩性的所得差距也不再被視為急需矯正的不公現象。

血緣與家庭的式微趨勢可能因科技而紓解。拜現代網路與通訊科技之賜，在家工作的人愈來愈多。事實上，工作地點與家庭分開完全是工業時代才有的觀念在那之前多數人以農為業，就住在耕作的土地上。家庭裡雖有分工，但基本上家庭生活與生產活動並未分開。製造業也多半在家庭裡進行，員工被視為大家庭的一分子。直到工業時代帶來工廠與辦公室，夫妻才開始分隔兩地。二十世紀後半婦女大量湧入職場，家庭以外發生性行為的機會大增，產生性騷擾等新的問題，使原本已不太穩定的核心家庭更是雪上加霜。

今天無數的男女在精簡風潮下走出泰勒式的工廠與辦公室，回到家裡工作，憑電話、傳真、電子郵件與網際網路與外界溝通。剛開始他們也許覺得不習慣，因為從小被灌輸的觀念是工作與家庭應該分開。然而這只是一種偏見，如果從人類的天性與歷史的經驗來看，工作與家庭合一才是自然的。雖然說科技不斷使人類偏離本性，但在這一方面卻似不無貢獻，讓人類因工業革命失去的生活的完整性恢復了一些。

宗教復興——過去與現在

前面談過十九世紀的文化重建，顯然英、美社會在重建維多利亞價值時宗教扮演很重要的角色。所謂的維多利亞價值與基督教義及英美社會主流的基督教菁英關係密切。無論是對抗酗酒、賭博、奴隸制、少年犯罪、娼妓，或是建立稠密的慈善機構網，衛理公會、公理會、浸信會及其他善男信女都是最有力的尖兵。除了教會的力量，他們更在十九世紀末大量進入公立學校，透過教育達到文化扎根的目的。日本明治時代以後的統治者在制定新的行為規範時，也常喜歡引用宗教象徵。歷史上的文化復興活動中宗教總是扮演重要的角色，我們不免要問，扭轉大斷裂的趨勢是否也要仰賴宗教的力量？我認為捨宗教之力，大重建根本無由發生。

保守的宗教人士可能會希望來一次大規模的正統宗教復興運動，解決道德衰微的問題，上演西方版的何梅反重返伊朗。然而這正是自由派人士所懼怕的，不過，從各種跡象看來這都不太可能發生。首先，現代社會已是高度多元化，很難決定那一個教派才是正統。即使真的有所謂的正統，也必然讓社會中較具分量的團體感到威脅，對擴大人際信賴圈的助益相當有限。也就是說，保守的宗教復興不但無助社會的凝聚，反而可能加速社會的分化與道德的衰微。事實上這些問題現在已經出現：各種基督教基本教義派會爭議不休，正統猶太教會變得更以正統自居，新移入的穆斯林教徒與印度教徒也可能開始組成政治宗教社團。

我認為所謂的宗教復興應該是以比較溫和分散的方式出現，宗教信仰不一定是針對教條，反而像是反映既有的社會規範與對秩序的渴望。事實上，在美國很多地方已有這樣的現象。與其說社區因嚴謹的宗教而產生，應該說人們因嚮往社區的凝聚感而親近宗教。人們回歸宗教傳統不一定是因為全盤接受教條，反而是因為社區的消失與俗世化後社會聯繫變得脆弱，人們開始渴望儀式與文化傳統。現代人熱心幫助窮人與鄰里，不是因為宗教的訓誨，而是因為他們想要服務社區，而宗教機構是最方便的管道。人們願意遵循古老的祈禱儀式不一定相信那是上帝傳承下來的，而是希望下一代能接受正確的價值觀，同時也喜歡儀式帶來的慰藉與分享的感覺。由這個角度來看，現代人的宗教觀可能不是那麼嚴謹。在剝除了所有儀式的社會裡宗教成了唯一的儀式來源，人們對社會聯繫的天賦渴望在此得到最自然的滿足。這倒是理性多疑的現代人可以嚴肅對待的，就好像他們會慶祝國家獨立，會穿著傳統民族服飾，或閱讀自己文化的傳統經典。由這個角度來看，宗教便不再有層級的特性，自發理性與非理性權威之間也不再有清楚的界限。

從一九九〇年代開始的價值重建，乃至未來可能發生的社會規範重建，必涵蓋第八章敘述的四種規範：政治、宗教、自我組織、自然形成。政府既不是所有問題的根源，也不是所有問題的答案，但政府的作為對社會資本的增減仍有一定的影響。至於宗教，現代社會雖已高度俗世化，但還不到完全不需要宗教的地步。另一方面，人類內在的道德資源也還未貧乏到需要等救世主的到來。至於人類不斷試圖一腳踢開的自然力量，恐怕永遠會捲土重來。

社會資本與歷史

前面說信賴範圍擴大的兩大原因是宗教與政治。在西方首先確立人性尊嚴的普遍原則的是基督教，他們認為人性的尊嚴是上天給予的，到啟蒙時代轉換為人人平等的俗世原則。今天這項任務幾乎全移交到政治領域，成效也堪稱卓著。人類社會過去採取過各種信賴範圍教狹隘的原則，包括家庭、親屬、朝代、教派、種族、民族、國籍等。啟蒙運動便是體認到以這些做為社會的基礎都是不理性的。就一國的內政而言常常是社會衝突的亂源，因為幾乎沒有一個社會在這些方面是完全同質的。就國與國的交往而言則常常是戰爭的導火線，原則相左的國家總是在國際舞台上狹路相逢。要避免這些不理性的原則，導向和平的社會與國際秩序，唯有仰賴一個以人性尊嚴為基礎的政治秩序——以道德抉擇的能力為標準體認凡人皆平等的原則。康德的共和政府、美國的獨立宣言與人權法案、黑格爾的普遍同質政府、聯合人權宣言，幾乎現代所有自由民主國家的基本法今都是以人性尊嚴為最高原則。

這些自由民主國家雖常遭遇挫折，在過去兩百年來卻展現出無比的韌性。塞爾維亞種族主義或回教什葉派便永遠無法超出巴爾幹半島與中東一隅，當然更不可能據以建立起大型、多元、活力充沛、複雜的現代國家（如七大工業國）。他們不只深陷宗教與族群的衝突泥淖，更因排斥創新而自絕於自由經濟的世界。隨著現代經濟的快速發展，自由民主的政治秩序顯得格外迫切，唯有堅持平等與參與的原則，各種多元利益才能諧和共存。現代自然科學的進步推動了經濟的發展，經濟的發展又將政治推向自由民主的方向——雖然過程中不免有退步、挫折與迂迴。長期來看我們可以預期，人類的政治體制是朝向自由民主進化的[24]。

然而這個樂觀的歷史論點有個基本問題：政治秩序與經濟發展未必能帶動社會與道德秩序的前進。政治秩序所賴以建立的文化基礎不一定會存在，理由有兩點。第一，自由社會常需犧牲道德共識才能建立政治秩序。自由社會只提供一種道德圭臬，就是寬容與互相尊重。過去這不是一個問題，因為多數自由社會如美、英、法建國之初就是文化同質性很高的社會，大抵是由單一民族與宗教構成。但隨著時間的演變與規模的擴大，這些社會的文化變得極多元。加上人口遞減，對移入人口的需求，交通與通訊的便利使國與國的距離變小，在在顯示多元化的趨勢在各地方都會繼續下去。即使像日本雖能維持相當高度的文化與種族同質性，未來必然也會面臨同樣的壓力。

在美國、其他英語民主國家及法國，這股文化離心力常常被另一股勢力抵消——一種新的公民身分（civic identity），其根源既非種族也非宗教。例如「美國化」同時涵蓋民主政治的理想與盎格魯薩克遜的文化傳統，移入美國的子弟都可雨露均霑。又如法國化是建立在古典共和主義與法語文化的基礎，理論上對塞內加爾的黑人或突尼西亞的阿拉伯人也同樣張開雙手接納。不過實際上法國的移民遭遇較大的阻力，拉賓（Jean-Marie Le Pen）的國家陣線就是其中之一。

另一方面多元文化主義已經從寬容發展成為積極推廣，未來一個重要的問題是：以文化為基礎的公民身分是否將被多元化的聲浪所淹沒。前面談到美國公民社會道德萎縮的問題，社會多元化只是原因之一，更大的原因是道德相對論的盛行——人們堅信沒有一種價值觀或社會規範具有權威。如果這套價值觀延伸至政治層面，自由主義也會開始根基不穩。

自由社會在護衛其文化基石時面臨的第二個威脅來自科技的變遷。社會資本並不是舊信仰時代創造出來的某種稀有珍品，靠古老的傳統傳承下來。社會資本也不是固定的東西，任憑俗世化的現代人揮霍殆盡。人類不斷在補充新的社會資本，只不過這是個艱難的過程。一種創新技術也許能提高生產力催生新產業，同時也可能動搖原來的社會基礎，使舊有的生活方式完全消失。人類社會彷彿搭上永不回頭的科技快車，為因應經濟情勢的變遷而必須不斷修正社會規範。機器化將人們從鄉下帶到都市，讓丈夫離家工作，資訊科技則又將人們推回郊區，讓女性投入職場。核心家庭隨著農業的發明而消失，因工業化而再現，進入後工業時代又開始瓦解。人們總能找到適應環境的方式，只是社會的調整速度往往跟不上科技的進步。當社會資本不敷需求時，社會便必須付出昂貴的代價。

我們似乎看到兩個平行發展的趨勢。在政治與經濟領域，歷史似乎是向前走的，到二十世紀末寫下一個暫時的句點——科技進步的社會最適合的是自由民主政治。但在社會與道德領域歷史似乎是循環的，在綿長的歲月裡社會秩序起伏如潮水。誰也不能保證這個循環何時往上走，我們唯一的希望是人類內心具有重建社會秩序的大能力。在重建的過程中，我們能證明歷史的箭是向上的。

註釋

1 Ted Robert Gurr, "On the History of Violent Crime in Europe and America," in Egon Bittner and Sheldon L. Messinger, *Criminology Review Yearbook*, vol. 2 (Beverly Hills, Calif.: Sage, 1980).
2 James Collier, *The Rise of Selfishness in America* (New York: Oxford University Press, 1991), p. 5.
3 Ibid., p. 5.
4 James Q. Wilson, *Thinking About Crime* (New York: Basic Books, 1975), p. 232.
5 William J. Rorabaugh, *The Alcoholic Republic* (New York: Oxford University Press, 1979), pp. 14–15.
6 Collier, Rise of Selfishness, p. 6.

7 Ted Robert Gurr, "Contemporary Crime in Historical Perspective," *Annals of the American Academy of Political and Social Science* 434 (1977): 114–136.

8 Ted Robert Gurr, Peter N. Grabosky, and Richard C. Hula, *The Politics of Crime and Conflict: A Comparative History of Four Cities* (Beverly Hills, Calif.: Sage, 1977).

9 Collier, *Rise of Selfishness*, pp. 6–7.

10 Paul E. Johnson, *A Shopkeeper's Millennium: Society and Revivals in Rochester, New York*, 1815–1837 (New York: Hill and Wang, 1979).

11 Richard Hofstadter, *Anti-Intellectualism in American Life* (New York: Vintage Books, 1963), p. 89.

12 Wilson, *Thinking About Crime*, p. 233.

13 Gregory H. Singleton, "Protestant Voluntary Organizations and the Shaping of *Victorian America*," in Daniel W. Howe, ed., Victorian America (Philadelphia: University of Pennsylvania Press, 1976), p. 50.

14 Ibid., p. 52.

15 亦可參見 Gurr, Grabosky, and Hula, *Politics*, pp. 109–129.

16 Gurr in Bittner and Messinger, eds. (1980), p. 417.

17 Wilson, *Thinking About Crime*, p. 225.

18 Gertrude Himmelfarb, *The De-Moralization of Society: From Victorian Virtues to Modern Values* (New York: Knopf, 1995), pp. 222–223.

19 Wesley Skogan, *Disorder and Decline* (New York: Free Press, 1990).

20 James Davison Hunter, *Culture Wars: The Struggle to Define America* (New York: Basic Books, 1991).

21 Barbara Dafoe Whitehead, "Dan Quayle Was Right," *Atlantic Monthly* 271(1993): 47–84.

22 Stephen Goldsmith, *The Twenty-First Century City: Resurrecting Urban America* (Lanham, Md.: Regnery

Publishing, 1997).

23 針對一九九六年福利制度改革法案，最嚴重的批評之一是，這項法案等於鼓勵單親母親在孩子年幼的時候就去工作。困難但仍需要做的事情是，制定公共政策找出那些孩子的消失父親，讓小孩得到的支持基礎能增加。

24 這是我《歷史之終結與最後一人》（*The End of History and the Last Man*, New York: Free Press, 1992）書中觀點的精簡版本。

Work, The Right, The Left, and Each Other. New York: Viking, 1998.
——. *Whose Keeper? Social Science and Moral Obligation*. Berkeley: University of California Press, 1989.
Womack, James P., et al. *The Machine That Changed the World: The Story of Lean Production*. New York: Harper Perennial, 1991.
Wrangham, Richard, and Peterson, Dale. *Demonic Males: Apes and the Origins of Human Violence*. Boston: Houghton Mifflin, 1996.
Wrigley, E. A.. *Nineteenth-Century Society: Essays in the Use of Quantitative Methods for the Study of Social Data*. Cambridge: Cambridge University Press, 1972.
Wrong, Dennis. "The Oversocialized Conception of Man in Modern Sociology." *American Sociological Review* 26 (1961): 183–196.
Wynne-Edwards, Vero C. *Animal Dispersion in Relation to Social Behaviour*. New York: Hafner Publishing, 1967.
——. *Evolution Through Group Selection*. Oxford: Blackwell Scientific, 1986.
Yeager, Matthew G. "Immigrants and Criminality: A Cross-National Review." *Criminal Justice Abstracts* 29 (1997): 143–171.
Zakaria, Fareed. "A Conversation with Lee Kuan Yew." *Foreign Affairs* 73 (1994): 109–127.
Zuboff, Shoshana. *In the Age of the Smart Machine: The Future of Work and Power*. New York: Basic Books, 1984.

Between Child Abuse and Family Type. Oxford: Family Education Trust, 1994.

Whitehead, Barbara Dafoe. "Dan Quayle Was Right." *Atlantic Monthly* 271 (1993): 47–84.

Williams, George C. *Adaptation and Natural Selection: A Critique of Some Current Evolutionary Thought*. Princeton, N.J.: Princeton University Press, 1974.

Williamson, Oliver E. "Calculativeness, Trust, and Economic Organization." *Journal of Law and Economics* 36 (1993): 453–502.

——. *The Nature of the Firm: Origins, Evolution and Development*. Oxford: Oxford University Press, 1993.

Wilson, Edward O. *On Human Nature*. Cambridge: Harvard University Press, 1978.

——. "Resuming the Enlightenment Quest." *Wilson Quarterly* 22 (1998): 16–27.

Wilson, James Q. *Bureaucracy: What Government Agencies Do and Why They Do It*. New York: Basic Books, 1989.

——. "Criminal Justice in England and America." *Public Interest* (1997): 3–14.

——. *The Moral Sense*. New York: Free Press, 1993.

——. *Thinking About Crime*. Rev. ed. New York: Vintage Books, 1983.

Wilson, James Q., and Abrahamse, Allan. "Does Crime Pay?" *Justice Quarterly* 9 (1993): 359–378.

Wilson, James Q., and Herrnstein, Richard. *Crime and Human Nature*. New York: Simon & Schuster, 1985.

Wilson, James Q., and Kelling, G. "Broken Windows: The Police and Neighborhood Safety." *Atlantic Monthly* 249 (1982): 29–38.

Wilson, James Q. and Petersilia, Joan, eds. *Crime*. San Francisco: ICS Press, 1995.

Wilson, William Julius. *The Truly Disadvantaged: The Inner City, the Underclass, and Public Policy*. Chicago: University of Chicago Press, 1988.

——.*When Work Disappears: The World of the New Urban Poor*. New York: Knopf, 1996.

Wolfe, Alan. *One Nation, After All: What Middle-Class Americans Really Think About God, Country, Family, Racism, Welfare, Immigration, Homosexuality,*

——. *World Population Prospects: The 1996 Revision-Annex 1—Demographic Indicators*. New York: United Nations Publications, 1996.

United Nations Department for Economic and Social Information and Policy Analysis. *Demographic Yearbook, 1990*. New York: United Nations Publications, 1990.

Van Dijk, Jan J. M., et al. *Experiences of Crime across the World*. Deventer, Netherland: Kluwer Law and Taxation Publishers, 1991.

Ventura, S. J., "Births to Unmarried Mothers: United States, 1980–1992." Hyattsville, Md.: National Center for Health Statistics, 1995.

Ventura, S. J., Martin, J. A., Mathews, T. J., and Clarke, S. C. "Advance Report of Final Natility Statistics, 1994." *National Center for Health Statistics*, 1996.

——. *Report of Final Natility Statistics, 1996*. Hyattsville, Md.: National Center for Health Statistics, 1998.

Viccica, Antoinette D. "World Crime Trends." *International Journal of Offender Therapy* 24 (1980): 270–277.

von Mises, Ludwig. *Socialism. An Economic and Sociological Analysis*. Indianapolis: Liberty Classics, 1981.

von Neumann, John, and Morgenstern, Oskar. *Theory of Games and Economic Behavior*.New York: John Wiley, 1944.

Waldrop, M. Mitchell. *Complexity: The Emerging Science at the Edge of Order and Chaos*. New York: Simon & Schuster, 1992.

Wallace, P. A., and LeMund, A.*Women, Minorities, and Employment Discrimination*. Lexington, Mass.: Lexington Books, 1977.

Warner, W. Lloyd, et al. *Yankee City*. New Haven, Conn.: Yale University Press, 1963.

Weber, Max. *Economy and Society*. Berkeley: University of California Press, 1978.

——. *The Protestant Ethic and the Spirit of Capitalism*. London: Allen and Unwin, 1930.

——. *The Religion of China*. New York: Free Press, 1951.

Wells, J. E., and Rankin, J. H. "Direct Parental Controls and Delinquency." *Criminology* 26 (1988): 263–285.

Whelan, Robert. *Broken Homes and Battered Children: A Study of the Relationship*

Book Service, 1978.

Tiger, Lionel, and Fox, Robin. *The Imperial Animal*. New York: Holt, Rinehart, and Winston, 1971.

Tittle, Charles R. "Social Class and Criminal Behavior: A Critique of the Theoretical Foundation." *Social Forces* 62 (1983): 334–358.

Toffler, Alvin. *The Third Wave*. New York: William Morrow, 1980.

Tomasson, Richard F. "Modern Sweden: The Declining Importance of Marriage." *Scandinavian Review* (1998): 83–89.

Tönnies, Ferdinand. *Community and Association*. London: Routledge and Kegan Paul, 1955.

Tonry, Michael, and Morris, Norval. *Crime and Justice*. Vol. 7 Chicago: University of Chicago Press, 1986.

Trivers, Robert. *Social Evolution*. Menlo Park, Calif.: Benjamin/Cummings, 1985.

——. "The Evolution of Reciprocal Altruism." *Quarterly Review of Biology* 46 (1971): 35–56.

Trojanowicz, Robert et al. *Community Policing: A Contemporary Perspective*. Cincinnati, Ohio: Anderson Publishing Company, 1998.

U.S. Bureau of the Census. *International Database, Population*. Washington, D.C.: International Programs Center, 1998.

——. *Statistical Abstract of the United States, 1996*. Washington, D.C.: U.S. Government Printing Office, 1996.

——. *Statistical Abstract of the United States, 1997*. Washington, D.C.: U.S. Government Printing Office, 1997.

U.S. Department of Health and Human Services. *Report to Congress on Out-of-Wedlock Childbearing*. Hyatsville, Md.: U.S. Government Printing Office, 1995.

——.*Vital Statistics of the United States*. Vol. 1: *Natality*. Hyattsville, Md.: National Center for Health Statistics, 1996.

U.S. Department of Justice. *Criminal Victimization, 1973–95*. Washington, D.C.: BJS National Crime Victimization Survey, 1997.

United Nations. *Demographic Yearbook, 1995*. New York: United Nations Publications, 1995.

Statistics Denmark. *Kriminalstatistik (Criminal Statistics)*. Copenhagen, 1996.

Statistics Finland. *Crime Nomenclature*. Helsinki: Statistics Finland, 1996.

Statistics Finland. *Yearbook of Justice Statistics 1996*. Helsinki: Statistics Finland, 1997.

Statistics Norway and Statistik Sentralbyra. *Crime Statistics 1995*. Oslo-Kongsvinger: Statistics Norway, 1997.

Statistics Norway. *Historic Statistics 1994*. Oslo: Statistics Norway, 1995.

Statistics Sweden and Statistika Centralbyran. *Kriminalstatistik 1994*. Stockholm: Statistics Sweden, 1994.

Statistics Sweden. *Population Statistics 1996. Part 4, Vital Statistics*. Stockholm: Statistics Sweden, 1997.

Stets, Jan E. "Cohabiting and Marital Aggression: The Role of Social Isolation." *Journal of Marriage and the Family* 53 (1991): 669–680.

Strauss, Leo. *Natural Right and History*. Chicago: University of Chicago Press, 1953.

Sugden, Andrew. "Spontaneous Order." *Journal of Economic Perspectives* 3 (1989): 85–97.

——. *The Economics of Rights, Cooperation and Welfare*. Oxford: Basil Blackwell, 1986.

Sutherland, Edwin, and Cressy, Donald. *Criminology*. Philadelphia: J. B. Lippincott, 1970.

Tannenbaum, Frank. *Crime and the Community*. New York: Columbia University Press, 1938.

Taub, David M. *Primate Paternalism*. New York: Van Nostrand Reinhold, 1984.

Teitelbaum, Michael S., and Winter, Jay M. *The Fear of Population Decline*. Orlando, Fla.: Academic Press, 1985.

Thornton, Arland, and Fricke, Thomas E. "Social Change and the Family: Comparative Perspectives from the West, China, and South Asia." *Sociological Forum* 2 (1987): 746–779.

Tiger, Lionel. *The Decline of Males*. New York: Golden Books, 1999.

——. *Men in Groups*. New York: Random House, 1969.

Tiger, Lionel, and Fowler, Heather T. *Female Hierarchies*. Chicago: Beresford

Scott, James C. *Seeing Like a State: How Certain Schemes to Improve the Human Conditions Have Failed*. New Haven: Yale University Press, 1998.

Sedlak, Andrea J., and Broadhurst, Diane D. "Third National Incidence Study of Child

Abuse and Neglect." Washington, D.C.: U.S. Dept of Health and Human Services, 1996.

Seligman, Adam B. *The Problem of Trust*. Princeton, N.J.: Princeton University Press, 1997.

Seydlitz, Ruth. "Complexity in the Relationships among Direct and Indirect Parental Controls and Delinquency." *Youth and Society* 24 (1993): 243–275.

Shaw, Henry, and McKay, Clifford. *Juvenile Delinquency and Urban Areas*. Chicago: University of Chicago Press, 1942.

Sherman, P.W. "Nepotism and the Evolution of Alarm Calls." *Science* 197 (1977): 1246–1253.

Shoham, Shlomo G., and Rahav, Giora. "Family Parameters of Violent Prisoners." *Journal of Social Psychology* 127 (1987): 83–91.

Skogan, Wesley G. *Disorder and Decline: Crime and the Spiral of Decay in American Neighborhoods*. New York: Free Press, 1990.

Smith, Adam. *An Inquiry into the Nature and Causes of the Wealth of Nations*. Indianapolis: Liberty Classics, 1981.

——. *Lectures on Jurisprudence*. Indianapolis: Liberty Press, 1982.

——. *The Theory of Moral Sentiments*. Indianapolis: Liberty Classics, 1982.

Smith, Tom W. "Factors Relating to Misanthropy in Contemporary American Society." *Social Science Research* 26 (1997): 170–196.

Stack, Carol. *All Our Kin: Strategies for Survival in a Black Community*. New York: Harper and Row, 1974.

Stack, Steven. "Social Structure and Swedish Crime Rates: A Time-Series Analysis, 1950–1979." *Criminology* 20 (1982): 499–513.

Stack, Steven, and Kowalski, Gregory S. "The Effect of Divorce on Homicide." *Journal of Divorce and Remarriage* 18 (1992): 215–218.

Statistics Canada. *Canadian Crime Statistics 1995*. Ottawa, Onatario: Canadian Centre for Justice Statistics, 1995.

Ross, Ruth A., and Benson, George C. S. "Criminal Justice from East to West." *Crime and Delinquency* (1979): 76–86.

Rossi, Alice. "A Biosocial Perspective on Parenting." Daedalus 106 (1977): 2–31.

——. "The Biosocial Role of Parenthood." Human Nature 72 (1978): 75–79.

Roussel, Louis. *La famille incertaine*. Paris: Editions Odile Jacob, 1989.

Salamon, Lester M. *America's Nonprofit Sector: A Primer*. New York: Foundation Center, 1992.

——."Government and the Voluntary Sector in an Era of Retrenchment: The American Experience." *Journal of Public Policy* 6 (1986): 1–19.

——. *Partners in Public Service: Government-Nonprofit Relations in the Modern Welfare State*. Baltimore: Johns Hopkins University Press, 1995.

——. "The Rise of the Nonprofit Sector." *Foreign Affairs* 73 (1994): 109–122.

Salamon, Lester M., and Anheier, Helmut K. *The Emerging Sector: An Overview*. Baltimore: Johns Hopkins Institute for Policy Studies, 1994.

Sampson, Robert J. "Urban Black Violence: The Effect of Male Joblessness and Family Disruption." *American Journal of Sociology* 93 (1987): 348–382.

Sampson, Robert J., and Laub, John H. *Crime in the Making: Pathways and Turning Points Through Life*. Cambridge: Harvard University Press, 1993.

Sampson, Robert J., et al. "Neighborhoods and Violent Crime: A Multilevel Study of Collective Efficacy." *Science* 277 (1997): 918–924.

Sandel, Michael J. *Democracy's Discontent: America in Search of a Public Philosophy*. Cambridge: Harvard University Press, 1996.

Sardon, Jean-Paul. *General Natality*. Paris: National Institute of Demographic Studies, 1994.

Saxenian, Annalee. *Regional Advantage: Culture and Competition in Silicon Valley and Route 128*. Cambridge: Harvard University Press, 1994.

Schein, Edgar H. *Organizational Culture and Leadership*. San Francisco: Jossey-Bass, 1988.

Schudson, Michael. "What If Civic Life Didn't Die?" *American Prospect* (1996): 17–20.

Schumpeter, Joseph A. *Capitalism, Socialism and Democracy*. New York: Harper Brothers, 1950.

Rankin, J., and Wells, J. E. "The Effect of Parental Attachments and Direct Controls on Delinquency." *Journal of Research in Crime and Delinquency* 27 (1990): 140–165.

Reardon, Elaine. "Demand-Side Changes and the Relative Economic Progress of Black Men: 1940–1990." *Journal of Human Resources* 32 (1997): 69–97.

Reimers, Cordelia W. "Cultural Differences in Labor Force Participation Among Married Women." *ABA Papers and Proceedings* 75, no. 2 (1985): 251–255.

Republic of China and Directorate-General of Budgeting, Accounting and Statistics. *Statistical Yearbook of the Republic of China 1992*. Taipei: Directorate General of Budgeting, Accounting and Statistics, 1992.

Rey, Marcella. "Pieces to the Association Puzzle." Paper presented to the annual meeting of the Association for Research on Nonprofit Organizations and Voluntary Action, November 1998.

Ricks, Thomas E., *Making the Corps*. New York: Scribner's, 1997.

Ridley, Matt, *The Origins of Virtue: Human Instincts and the Evolution of Cooperation*. New York: Viking, 1997.

——. *The Red Queen: Sex and the Evolution of Human Nature*. New York: Macmillan, 1993.

Rindfuss, Ronald R., and Morgan, S. Philip. "Marriage, Sex, and the First Birth Interval: The Quiet Revolution in Asia." *Population and Development Review* 9 (1983): 259–278.

Roe, Mark J. "Chaos and Evolution in Law and Economics." *Harvard Law Review* 109 (1996): 641–668.

Rohlen, Thomas P. "'Spiritual Education' in a Japanese Bank." *American Anthropologist* 75 (1973): 1542–1562.

Rorabaugh, William J. *The Alcoholic Republic*. New York: Oxford University Press, 1979.

Rosenfeld, Richard. "The Social Sources of Homicide in Different Types of Societies." *Sociological Forum* 6 (1991): 51–70.

Rosenzweig, Mark R., and Wolpin, Kenneth J. "Parental and Public Transfers to Young Women and Their Children." *American Economic Review* 84 (1994): 1195–1212.

Americans View Government. Washington, D.C.: Pew Research Center, 1998.

——. *Trust and Citizen Engagement in Metropolitan Philadelphia: A Case Study*. Washington, D.C.: Pew Research Center, 1997.

Plotnick, Robert D. "Welfare and Out-of-Wedlock Childbearing: Evidence from the 1980s." *Journal of Marriage and the Family* 52 (1990): 735–746.

Popenoe, David. *Disturbing the Nest: Family Change and Decline in Modern Societies*. New York: Aldine de Gruyter, 1988.

——. *Life Without Father: Compelling New Evidence that Fatherhood and Marriage are Indispensable for the Good of Children and Society*. New York: Free Press, 1996.

Porter, Michael E. "Clusters and the New Economics of Competition." *Harvard Business Review* (November–December 1998): 77–90.

——. *On Competition*. Boston: Harvard Business Review Books, 1998.

Posner, Richard A., and Landes, Elisabeth M. "The Economics of the Baby Shortage." *Journal of Legal Studies* 323

Powell, Walter W. "Neither Market Nor Hierarchy: Network Forms of Organization." *Research in Organizational Behavior*. 12 (1990): 295–336.

Pugh, George E. *The Biological Origin of Human Values*. New York: Basic Books, 1977.

Putnam, Robert D. "Bowling Alone: America's Declining Social Capital." *Journal of Democracy* 6 (1995): 65–78.

——. *Making Democracy Work: Civic Traditions in Modern Italy*. Princeton, N.J.: Princeton University Press, 1993.

——."Tuning In, Tuning Out: The Strange Disappearance of Social Capital in America." *PS: Political Science and Politics* (1995): 664–682.

Rabinowitz, Dorothy. "From the Mouths of Babes to a Jail Cell." *Harper's* (1990): 52–63.

Rahn, Wendy, and Brehm, John. "Individual-Level Evidence for the Causes and Consequences of Social Capital." *American Journal of Political Science* 41 (1997): 999–1023.

Rahn, Wendy, and Transue, John. "Social Trust and Value Change: The Decline of Social Capital in American Youth, 1976–1995." Unpublished paper, 1997.

and Action. Boston: Harvard Business School Press, 1992.

Nolan, James L. *The Therapeutic State: Justifying Government at Century's End.* New York: NYU Press, 1998.

North, Douglass C. *Institutions, Institutional Change, and Economic Performance.* New York: Cambridge University Press, 1990.

North, Douglass C., and Thomas, Robert P. "An Economic Theory of the Growth of the Western World." *Economic History Review*, 2d ser. 28 (1970): 1–17.

——. *The Growth of the Western World.* London: Cambridge University Press, 1973.

Nye, Joseph S., Jr., ed. *Why People Don't Trust Government*. Cambridge: Harvard University Press, 1997.

O'Neill, June, and Polachek, Solomon. "Why the Gender Gap in Wages Narrowed in the 1980s." *Journal of Labor Economics* 11 (1993): 205–228.

Ogawa, Naohiro, and Retherford, Robert D. "The Resumption of Fertility Decline in Japan: 1973–92." *Population and Development Review* 19 (1993): 703–741.

Olson, Mancur. *The Logic of Collective Action. Public Goods and the Theory of Groups*. Cambridge: Harvard University Press, 1965.

——. *The Rise and Decline of Nations*. New Haven, Conn.: Yale University Press, 1982.

Opp, Karl-Dieter. "Emergence and Effects of Social Norms—Confrontation of Some Hypotheses of Sociology and Economics." *Kyklos* 32 (1979): 775–801.

Oppenheimer, Valerie K. "Women's Rising Employment and the Future of the Family in Industrial Societies." *Population and Development Review* 20 (1994): 293–342.

Organization for Economic Cooperation and Development. *Employment Outlook*. Paris, July 1996.

Ostrom, Elinor. *Governing the Commons: The Evolution of Institutions for Collective Action*. Cambridge: Cambridge University Press, 1990.

Ostrom, Elinor, and Walker, J. *Rules, Games and Common-Pool Resources*. Ann Arbor: University of Michigan Press, 1994.

Pew Research Center For the People and the Press. *Deconstructing Distrust: How*

Mukherjee, Satyanshu, and Scandia, Anita. *Sourcebook of Australian Criminal and Social Statistics*. Canberra: Australian Institute of Criminology, 1989.

Murphy, Cait. "Europe's Underclass." *National Interest*, No. 50 (1997): 49–55.

Murray, Charles. *Losing Ground*. New York: Basic Books, 1984.

——. "Welfare and the Family: The US Experience." *Journal of Labor Economics* 11 (1993): S224–S262.

National Center for Health Statistics. "Births, Marriages, Divorces and Deaths for 1996." Washington, D.C.: Public Health Service, 1997.

——. *Vital Statistics of the United States, 1992*. Vol. 1: *Natility*. Washington, D.C.: Public Health Service, 1995.

National Commission on Civic Renewal. *A Nation of Spectators: How Civic Disengagement Weakens America and What We Can Do About It*. College Park, Md.: National Commission on Civic Renewal, 1998.

——. *The Index of National Civic Health*. College Park, Md.: National Commission on Civic Renewal, 1998.

National Commission to Prevent Child Abuse. *Public Opinion and Behaviors Regarding Child Abuse Prevention: A Ten Year Review of NCPCA's Public Opinion Research*. Chicago: NCPCA, 1997.

National Statistical Office and Republic of Korea. *Social Indicators in Korea 1995*. Seoul: National Statistical Office, 1995.

National Urban League. *The State of Black America 1996*. Washington, D.C.: National Urban League, 1997.

Nelson, Richard E., and Winter, Sidney G. *An Evolutionary Theory of Economic Change*. Cambridge: Belknap/Harvard University Press, 1982.

Neu, Dean. "Trust, Contracting and the Prospectus Process." *Accounting, Organizations and Society* 16 (1991): 243–256.

Neuman, W. Lawrence, and Berger, Ronald J. "Competing Perspectives on Cross-National Crime: An Evaluation of Theory and Evidence." *Sociological Quarterly* 29 (1988): 281–313.

Nevins, Allan, with Frank E. Hill. *Ford: The Times, the Man, the Company*. New York: Scribner's, 1954.

Nohria, Nitin, and Eccles, Robert. *Networks and Organizations: Structure, Form,*

Masters, Roger D. "The Biological Nature of the State." *World Politics* 35 (1983): 161–193.

Mayhew, Pat, and White, Philip. *The 1996 International Crime Victimization Survey*. London: Home Office Research and Statistics Directorate, 1997.

McLanahan, Sara S., and Sandefur, Gary D. *Growing Up with a Single Parent: What Hurts,What Helps*. Cambridge: Harvard University Press, 1994.

Mead, Margaret. *Coming of Age in Samoa; A Psychological Study of Primitive Youth for Western Civilisation*. New York: William Morrow, 1928.

——. *Male and Female*. New York: Dell, 1949.

Merton, Robert K. "Social Structure and 'Anomie.'" *American Sociological Review* 33 (1938): 672–682.

Messner, Steven F. "Income Inequality and Murder Rates: Some Cross-National Findings." *Comparative Social Research* 3 (1980): 185–198.

Messner, Steven F., and Rosenfeld, Richard. *Crime and the American Dream*, 2d ed. Belmont, Calif.: Wadsworth Publishing Co., 1997.

Miller, Gary J. *Managerial Dilemmas: The Political Economy of Hierarchy*. New York: Cambridge University Press, 1992.

Miller, John J. *The Unmaking of Americans: How Multiculturalism Has Undermined the Assimilation Ethic*. New York: Free Press, 1998.

Ministry of Families. Senior Citizens, and Women, and Youth. Federal Republic of Germany. *Die Familie im Spiegel der Amtlichen Statistik: Aktual unf Erweiterte Neuaufalge 1998*. Bonn, 1998.

Mitchell, B. R. *International Historical Statistics: Europe 1750–1988*. New York: Stockton Press, 1992.

Moffitt, Robert. "Incentive Effects of the US Welfare System: A Review." *Journal of Economic Literature* 30 (1992): 1–61.

——. "The Effect of the US Welfare System on Marital Status." *Journal of Public Economics* 41 (1990): 101–124.

Moynihan, Daniel P. *The Negro Family: A Case for National Action*. Washington, D.C.: U.S. Department of Labor, 1965.

Mukherjee, Satyanshu, and Dagger, Dianne. *The Size of the Crime Problem in Australia*. 2d ed. Canberra: Australian Institute of Criminology, 1990.

——.*Household and Family in Past Time*. Cambridge: Cambridge University Press, 1972.

Leavitt, Gregory C. "Relativism and Cross-Cultural Criminology: A Critical Analysis." *Journal of Research in Crime and Delinquency* 27 (1990): 5–29.

Lemann, Nicholas. *The Promised Land: The Great Black Migration and How It Changed America*. New York: Alfred A. Knopf, 1991.

Levi-Strauss, Claude. *The Elementary Structures of Kinship*. Boston: Beacon Press, 1969.

Light, Ivan H. *Ethnic Enterprise in America*. Berkeley: University of California Press, 1972.

Lipset, Seymour Martin. *American Exceptionalism: A Double-Edged Sword*. New York: W.W. Norton, 1995.

Locke, John L. *The De-voicing of Society: Why We Don't Talk to Each Other Anymore*. New York: Simon & Schuster, 1998.

Maine, Henry. *Ancient Law: Its Connection with the Early History of Society and Its Relation to Modern Ideas*. Boston: Beacon Press, 1963.

Malone, Thomas W. "The Interdisciplinary Study of Coordination." *ACM Computing Surveys* 26 (1994): 87–199.

Malone, Thomas W., et al. "Electronic Markets and Electronic Hierarchies." *Communications of the ACM* 30 (1987): 484–497.

Marshall, Inkeke Haen, and Marshall, Chris E. "Toward Refinement of Purpose in Comparative Criminological Research: Research Site Selection in Focus." *International Journal of Comparative and Applied Criminal Justice* 7 (1983): 89–97.

Martin, David. *A General Theory of Secularization*. New York: Harper & Row, 1978.

——. "Fundamentalism: An Observational and Definitional Tour d'Horizon." *Political Quarterly* 61 (1990): 129–131.

——.*Tongues of Fire: The Explosion of Protestantism in Latin America*. Oxford: Basil Blackwell, 1990.

Martin, Robert T., and Conger, Rand D. "A Comparison of Delinquency Trends: Japan and the United States." *Criminology* 18 (1980): 53–61.

Katz, Harry. *Shifting Gears: Changing Labor Relations in the U.S. Automobile Industry*. Cambridge: MIT Press, 1985.

Katz, Lawrence F., and Murphy, Kevin. "Changes in Relative Wages, 1963–1987: Supply and Demand Factors." *Quarterly Journal of Economics* 107 (February 1992): 35–78.

Katz, Michael. *The Undeserving Poor: From the War on Poverty to the War on Welfare*. New York: Pantheon, 1989.

Keeley, Lawrence H. *War Before Civilization*. New York: Oxford University Press, 1996.

Kelling, George, and Coles, Catherine. *Fixing Broken Windows: Restoring Order and Reducing Crime in Our Communities*. New York: Free Press, 1996.

Kelly, Kevin. Out of Control: *The New Biology of Machines, Social Systems, and the Economic World*. Reading, Mass.: Addison-Wesley, 1994.

Kerjosse, Roselyn, and Tamby, Irene. *The Demographic Situation in 1994: The Movement of the Population*. Paris: National Institute of Statistics and Economic Studies, 1994.

Klein, Daniel B., ed. *Reputation: Studies in the Voluntary Elicitation of Good Conduct*. Ann Arbor: University of Michigan Press, 1996.

Krahn, Harvey, et al. "Income Inequality and Homicide Rates: Cross-National Data and Criminological Theories." *Criminology* 24 (1986): 269–295.

Krugman, Paul R. "The Power of Biobabble: Pseudo-Economics Meets Pseudo-Evolution." *Slate*, October 23, 1997.

Kuper, Adam. *The Chosen Primate: Human Nature and Cultural Diversity*. Cambridge: Harvard University Press, 1993.

Ladd, Everett C. *Silent Revolution: The Reinvention of Civic America*. New York: Free Press, 1999.

——. "The Data Just Don't Show Erosion of America's 'Social Capital.'" *Public Perspective* (1996): 4–22.

——. "The Myth of Moral Decline." *The Responsive Community* 4 (1993–94): 52–68.

Laslett, Peter, and Wall, Richard. *Family Forms in Historic Europe*. Cambridge: Cambridge University Press, 1983.

Hunter, James Davison. *Culture Wars: The Struggle to Define America*. New York: Basic Books, 1991.

Huntington, Samuel P. *The Clash of Civilizations and the Remaking of World Order*. New York: Simon and Schuster, 1996.

——. *The Third Wave: Democratization in the Late Twentieth Century*. Oklahoma City: University of Oklahoma Press, 1991.

Inglehart, Ronald. *Modernization and Postmodernization: Cultural, Economic, and Political Change in 43 Societies*. Princeton, N.J.: Princeton University Press, 1997.

Inglehart, Ronald, and Abramson, Paul R. *Value Change in Global Perspective*. Ann Arbor: University of Michigan Press, 1995.

Jacobs, Jane. *The Death and Life of Great American Cities*. New York: Vintage Books, 1992.

Johnson, Paul E. *A Shopkeeper's Millennium: Society and Revivals in Rochester, New York,1815–1837*. New York: Hill and Wang, 1979.

Johnston, Richard F., et al. *Annual Review of Ecology and Systematics*, vol. 5. Palo Alto, Calif.: Annual Reviews, 1964.

Jones, Elise F. *Teenage Pregnancy in Industrialized Countries*. New Haven, Conn.: Yale University Press, 1986.

Jones, Gavin W. "Modernization and Divorce: Contrasting Trends in Islamic Southeast Asia and the West." *Population and Development Review* 23 (1997): 95–114.

Jones, Owen D. "Evolutionary Analysis in Law: An Introduction and Application to Child Abuse." *North Carolina Law Review* 75 (1997): 1117–1241.

——. "Law and Biology: Toward an Integrated Model of Human Behavior." *Journal of Contemporary Legal Issues* 8 (1997): 167–208.

Judkins, Calvert J. *National Associations of the United States*. Washington, D.C.: U.S. Department of Commerce, 1949.

Kaminski, Marguerite, and Paiz, Judith. "Japanese Women in Management: Where Are They?" *Human Resource Management* 23 (1984): 277–292.

Kash, Don E., and Ryecroft, Robert W. *The Complexity Challenge: Technological Innovation for the 21st Century*. London: Pinter, 1999.

Hirschi, Travis, and Gottfredson, Michael. *A General Theory of Crime*. Stanford, Calif.: Stanford University Press, 1990.

Hirschman, Albert O. "Rival Interpretations of Market Society: Civilizing, Destructive, or Feeble." *Journal of Economic Literature* 20 (1982): 1463–1484.

——. *The Passions and the Interests: Political Arguments for Capitalism Before Its Triumph*. Princeton, N.J.: Princeton University Press, 1977.

Hirshleifer, Jack. "Economics from a Biological Viewpoint." *Journal of Law and Economics* 20 (1977): 1–52.

——. "Natural Economy Versus Political Economy." *Journal of Social Biology* 1 (1978): 319–337.

Hodgson, Geoffrey M. "Institutional Economics: Surveying the 'Old' and the 'New.'" *Metroeconomica* 44 (1993): 1–28.

——, ed.*The Economics of Institutions*. Aldershot: Edward Elgar Publishing Co., 1993.

Hofstadter, Richard. *Anti-Intellectualism in American Life*. New York: Vintage Books, 1963.

Holland, John H. *Hidden Order: How Adaptation Builds Complexity*. Reading, Mass.: Addison-Wesley, 1995.

Homans, George C. *The Human Group*. New York: Harcourt, Brace, 1950.

Home Office. *Criminal Statistics: England and Wales*. London: Her Majesty's Stationery Office, various years.

Howe, D.W., ed. *Victorian America*. Philadelphia: University of Pennsylvania Press, 1976.

Huang, W. S. Wilson. "Are International Murder Data Valid and Reliable? Some Evidence to Support the Use of Interpol Data." *International Journal of Comparative and Applied Criminal Justice* 17 (1993): 77–89.

——. "Assessing Indicators of Crime Among International Crime Data Series." *Criminal Justice Policy Review* 3 (1989): 28–48.

Huberman, Bernardo A., and Hogg, T. "Communities of Practice: Performance and Evolution." *Computational and Methodological Organizational Theory* 1 (1995): 73–92.

Griswold, Charles L., Jr. *Adam Smith and the Virtues of Enlightenment*. Cambridge: Cambridge University Press, 1999.

Gurr, Ted Robert. "Contemporary Crime in Historical Perspective: A Comparative Study of London, Stockholm, and Sydney." *Annals of the American Academy of Political and Social Science* 434 (1977): 114–136.

Gurr, Ted Robert, et al. *The Politics of Crime and Conflict: A Comparative History of Four Cities*. Beverly Hills, Calif.: Sage, 1977.

Gutman, Herbert G. *The Black Family in Slavery and Freedom, 1750–1925*. New York: Vintage Books, 1977.

Hamilton, William D. "The Genetic Evolution of Social Behavior." *Journal of Theoretical Biology* 7 (1964): 7–52.

Hanifan, Lyda Judson. "The Rural School and Community Center." *Annals of the American Academy of Political and Social Science* 67 (1916): 130–138.

Hansmann, Henry B., and Quigley, John M. "Population Heterogeneity and the Sociogenesis of Homicide." *Social Forces* 61 (1982): 206–224.

Hardin, Garrett. "The Tragedy of the Commons." *Science* 162 (1968): 1243–1248.

Hardin, Russell. *Collective Action*. Baltimore: Johns Hopkins University Press, 1982.

Harrell, Stevan. *Human Families*. Boulder, Colo.: Westview, 1997.

Harrison, Lawrence E. *Underdevelopment Is a State of Mind: The Latin American Case*. New York: Madison Books, 1985.

Hayek, Friedrich A. *Fatal Conceit: The Errors of Socialism*. Chicago: University of Chicago Press, 1988.

——. *Law, Legislation and Liberty*. Chicago: University of Chicago Press, 1976.

——."The Use of Knowledge in Society." *American Economic Review* 35 (1945): 519–530.

Heiner, Ronald A. "Origin of Predictable Behavior: Further Modeling and Applications." *American Economic Review* 75 (1985): 391–396.

——."The Origin of Predictable Behavior." *American Economic Review* 73 (1983): 560–595.

Himmelfarb, Gertrude. *The De-Moralization of Society: From Victorian Virtues to Modern Values*. New York: Knopf, 1995.

Gartner, Rosemary, and Parker, Robert N. "Cross-National Evidence on Homicide and the Age Structure of the Population." *Social Forces* 69 (1990): 351–371.

Gazzaniga, Michael S. *Nature's Mind: The Biological Roots of Thinking, Emotions, Sexuality, Language, and Intelligence*. New York: Basic Books, 1992.

——. *The Social Brain: Discovering the Networks of the Mind*. New York: Basic Books, 1985.

——. "The Split Brain Revisited." *Scientific American* 279 (1998): 50–55.

Geertz, Clifford. *The Interpretation of Cultures*. New York: Basic Books, 1973.

Gelb, Joyce, and Palley, Marian Lief. *Women of Japan and Korea*. Philadelphia: Temple University Press, 1994.

Gellner, Ernest. *Conditions of Liberty: Civil Society and Its Rivals*. London: Hamish Hamilton, 1994.

Glendon, Mary Ann. *Rights Talk: The Impoverishment of Political Discourse*. New York: Free Press, 1991.

Glueck, Eleanor, and Glueck, Sheldon. *Unraveling Juvenile Delinquency*. New York: Commonwealth Fund, 1950.

Goldin, Claudia. "The Historical Evolution of Female Earnings Functions and Occupations." *Explorations in Economic History* 21 (1984): 1–27.

——. *Understanding the Gender Gap: An Economic History of American Women*. New York: Oxford University Press, 1990.

Goldsmith, Stephen. *The Twenty-first Century City: Resurrecting Urban America*. Lanham, Md.: Regnery Publishing, 1997.

Goode, William J. *World Changes in Divorce Patterns*. New Haven, Conn.: Yale University Press, 1993.

Government of Japan and Ministry of Justice. *Summary of the White Paper on Crime* (Tokyo, annual).

Grabher, Gernot. *The Embedded Firm: On the Socioeconomics of Industrial Networks*. London: Routledge, 1993.

Granovetter, Mark S. "The Strength of Weak Ties." *American Journal of Sociology* 78 (1973): 1360–1380.

Gray, John. *Enlightenment's Wake: Politics and Culture at the Close of the Modern Age*. London: Routledge, 1995.

——. "Sibling Incest." *British Journal of Sociology* 13 (1962): 128–150.

——.*The Red Lamp of Incest*, rev. ed. South Bend, Ind: University of Notre Dame Press, 1983.

——. *The Search for Society: Quest for a Biosocial Science and Morality*. New Brunswick, N.J.: Rutgers University Press, 1989.

Frank, Robert H. *Choosing the Right Pond: Human Behavior and the Quest for Status*. Oxford: Oxford University Press, 1985.

——. *Passions Within Reason: The Strategic Role of the Emotions*. New York: Norton, 1988.

Fukuyama, Francis. "Asian Values and the Asian Crisis." *Commentary* 105 (1998): 23–27.

——. "Capitalism and Democracy: The Missing Link." *Journal of Democracy* 3 (1992):100–110.

——. "Falling Tide: Global Trends and US Civil Society." *Harvard International Review* 20 (1997): 60–64.

——. "Is It All in the Genes?" *Commentary* (1997): 30–35.

——. *The End of History and the Last Man*. New York: Free Press, 1992.

——. *Trust: The Social Virtues and the Creation of Prosperity*. New York: Free Press, 1995.

Galbraith, John K. *The Affluent Society*. Boston: Houghton Mifflin, 1958.

Galston, William A. "Beyond the *Murphy Brown* Debate: Ideas for Family Policy." Speech to the Institute for American Values, Family Policy Symposium. New York, 1993.

Gambetta, Diego. *The Sicilian Mafia: The Business of Private Protection*. Cambridge: Harvard University Press, 1993.

——. *Trust: Making and Breaking Cooperative Relations*. Oxford: Blackwell, 1988.

Gartner, Rosemary. "Family Stucture, Welfare Spending, and Child Homicide in Developed Democracies." *Journal of Marriage and the Family* 53 (1991): 231–240.

——. "The Victims of Homicide: A Temporal and Cross-National Comparison." *American Sociological Review* 55 (1990): 92–106.

1991.
Demsetz, H. "Toward a Theory of Property Rights." American Economic Review 57 (1967):347–359.
Denzau, Arthur, and North, Douglass C. "Shared Mental Models: Ideologies and Institutions." *Kyklos* 47 (1994): 3–31.
Diamond, Larry. "Toward Democratic Consolidation." *Journal of Democracy* 5 (1994): 4–17.
Dunbar, Robin I. M. *Grooming, Gossip, and the Origin of Language*. Cambridge, Mass.: Harvard University Press, 1996.
Duncan, Greg J., and Hoffman, Saul D. "A Reconsideration of the Economic Consequences of Marital Disruption." *Demography* 22 (1985): 485–498.
——. "Welfare Benefits, Economic Opportunities, and Out-of-Wedlock Births Among Black Teenage Girls." *Demography* 27 (1990): 519–535.
Durkheim, Emile. *The Rules of Sociological Method*. Glencoe, Ill: Free Press, 1938.
Eberstadt, Nicholas. "Asia Tomorrow: Gray and Male." *National Interest*, No. 53 (Fall 1998): 56–65.
——. "World Population Implosion?" *Public Interest*, No. 129 (1997): 3–22.
Ellickson, Robert C. *Order Without Law: How Neighbors Settle Disputes*. Cambridge: Harvard University Press, 1991.
Eurostat. *Demographic Statistics*. New York: Haver Analytics/Eurostat Data Shop, 1997.
Farley, Reynolds. *State of the Union: America in the 1990s*. Vol. 2: *Social Trends*. New York: Russell Sage Foundation, 1995.
Federal Bureau of Investigation and Uniform Crime Reporting Program. *Crime in the United States*. Washington, D.C.
Flora, Peter, and Heidenheimer, Arnold J. *The Development of the Welfare State in Europe and America*. New Brunswick, N.J.: Transaction, 1987.
Fourastié, Jean. "De la vie traditionelle à la vie tertiaire." *Population* 14 (1963): 417–432.
Fox, Robin. *Reproduction and Succession: Studies in Anthropology, Law, and Society*. New Brunswick, N.J.: Transaction, 1997.

Chicago: University of Chicago, 1979.
Daly, Martin. "Child Abuse and Other Risks of Not Living with Both Parents." *Ethology and Sociobiology* 6 (1985): 197–210.
Daly, Martin, and Wilson, Margot. "Children Fathered by Previous Partners: A Risk Factor for Violence Against Women." *Canadian Journal of Public Health* 84 (1993): 209–210.
——. *Homicide*. New York: Aldine de Gruyter, 1988.
Daly, Martin, et al. "Male Sexual Jealousy." *Ethology and Sociobiology* 3 (1982): 11–27.
Damasio, Antonio R. *Descartes' Error: Emotion, Reason, and the Human Brain*. New York:G. P. Putnam, 1994.
Damasio, Antonio R., et al. *Neurobiology of Decision-Making*. New York: Springer, 1996.
Darwin, Charles. *The Expression of Emotion in Man and Animals*. New York: Appleton and Co., 1916.
Dasgupta, Partha. "Economic Development and the Idea of Social Capital." Unpublished paper. 1997.
Davis, Kingsley, and Van den Oever, Pietronella. "Demographic Foundations of New Sex Roles." *Population and Development Review* 8 (1982): 495–511.
Dawkins, Richard. *The Blind Watchmaker*. New York: W.W. Norton, 1986.
——. *The Selfish Gene*. New York: Oxford University Press, 1989.
de Boysson-Bardies, B., ed. *Developmental Neurocognition: Speech and Face Processing in the First Year of Life*. Netherlands: Kluwer, 1993.
de Vany, Arthur. "Information, Chance, and Evolution: Alchian and the Economics of Self-Organization." *Economic Inquiry* 34 (1996): 427–443.
de Waal, Frans. *Chimpanzee Politics: Power and Sex Among Apes*. Baltimore: Johns Hopkins University Press, 1989.
Deane, Glenn D. "Cross-National Comparison of Homicide: Age/Sex-Adjusted Rates Using the 1980s US Homicide Experience as a Standard." *Journal of Quantitative Criminology* 3 (1987): 215-227.
Degler, Carl N. *In Search of Human Nature: The Decline and Revival of Darwinism in American Social Thought*. New York: Oxford University Press,

Children's Defense Fund. *The State of America's Children Yearbook 1997*. Washington, D.C.: Children's Defense Fund, 1998.

Clark, John. "Shifting Engagements: Lessons from the 'Bowling Alone' Debate." *Hudson Briefing Paper*. No. 196, October 1996.

Cloward, Richard, and Ohlin, Lloyd. *Delinquency and Opportunity*. New York: Free Press, 1960.

Coase, Ronald H. "The Nature of the Firm." *Economica* 6 (1937): 386–405.

——. "The Problem of Social Cost." *Journal of Law and Economics* 3 (1960): 1–44.

Coleman, James S. *Foundations of Social Theory*. Cambridge: Harvard University Press, 1990.

——. "Social Capital in the Creation of Human Capital." *American Journal of Sociology Supplement* 94 (1988): S95–S120.

——."The Creation and Destruction of Social Capital: Implications for the Law." *Journal of Law, Ethics, and Public Policy* 3 (1988): 375–404.

Coleman, James S., et al. *Equality of Educational Opportunity*. Washington, D.C.: U.S. Department of Health, Education and Welfare, 1966.

Collier, James L. *The Rise of Selfishness in America*. New York: Oxford University Press, 1991.

Cordella, Peter, and Siegel, Larry. *Readings in Contemporary Criminological Theory*. Boston: Northeastern University Press, 1996.

Cowen, Tyler. *In Praise of Commercial Culture*. Cambridge: Harvard University Press, 1998.

Cready, Cynthia, et al. "Mate Availability and African American Family Structure in the US Nonmetropolitan South, 1960–1990." *Journal of Marriage and the Family* 59 (1997):192–203.

Curtis, James E., et al. "Voluntary Association Membership in Fifteen Countries: A Comparative Analysis." *American Sociological Review* 57 (1992): 139–152.

Dahlman, Carl. "The Tragedy of the Commons That Wasn't: On Technical Solutions to the Institutions Game." *Population and Environment* 12 (1991): 285–295.

Dahrendorf, Ralf. Life Chances: *Approaches to Social and Political Theory*.

of-Practice: Toward a Unified View of Working, Learning, and Innovation." *Organization Science* 2 (1991): 40–57.

Bryner, Gary. *Politics and Public Morality: The Great American Welfare Reform Debate*. New York: W.W. Norton, 1998.

Buchanan, James M. *The Limits of Liberty: Between Anarchy and Leviathan*. Chicago: University of Chicago Press, 1975.

Buchholz, Erich. "Reasons for the Low Rate of Crime in the German Democratic Republic."*Crime and Social Justice* 29 (1986): 26–42.

Bumpass, Larry L., and Sweet, James A. "National Estimates of Cohabitation." *Demography* 26 (1989): 615–625.

Burgess, Ernest W., Park, Robert E., and McKenzie, Roderick D., eds. *The City* (Chicago: University of Chicago Press, 1925).

Burns, Ailsa, and Scott, Cath. *Mother-Headed Families and Why They Have Increased*. Hillsdale, N.J.: Erlbaum, 1994.

Caldwell, B., and Ricciuti, H. H. *Review of Child Development Research*. Vol. 3, Chicago: University of Chicago Press, 1973.

Campbell, Bernard, ed. *Sexual Selection and the Descent of Man*. Chicago: Aldine, 1972.

Castells, Manuel. *The Rise of the Network Society*. Malden, Mass.: Blackwell, 1996.

Casti, John L., et al. *Networks in Action: Communications, Economies and Human Knowledge*. Berlin: Springer-Verlag, 1995.

Central Statistical Office and Ireland. *Statistical Abstract*, various annual editions (Cork).

Chandler, Alfred D. *Scale and Scope: The Dynamics of Industrial Capitalism*. Cambridge: Harvard University Press/Belknap, 1990.

——.*The Visible Hand: The Managerial Revolution in American Business*. Cambridge: Harvard University Press, 1977.

Cherlin, Andrew J. *Marriage, Divorce, Remarriage*, 2nd ed. (Cambridge, Mass.: Harvard University Press, 1992).

Cherlin, Andrew J., and Furstenberg, Frank F., Jr. "Stepfamilies in the United States: A Reconsideration." *Annual Review of Sociology* 20 (1994): 359–381.

American Enterprise 29.
——."Getting Used to Decadence." *Vital Speeches* 60, no. 9 (February 15, 1994), p. 264.

Berger, Peter L., "Secularism in Retreat." *National Interest* (1996): 3–12.

Bernhardt, Annette, et al."Women's Gains or Men's Losses? A Closer Look at the Shrinking Gender Gap in Earnings." *American Journal of Sociology* 101 (1995): 302–328.

Best, Michael. *The New Competition: Institutions of Industrial Restructuring*. Cambridge: Harvard University Press, 1990.

Bianchi, Suzanne M. "Introduction to the Special Issue, 'Men in Families.'" *Demography* 35 (1998): 133.

Bittner, E., and Messinger, S. L. *Criminology Review Yearbook*. Vol. 2. Beverly Hills: Sage, 1980.

Blank, Rebecca M. "Policy Watch: The 1996 Welfare Reform." *Journal of Economic Perspectives* 11 (1997): 169–177.

Blankenhorn, David. *Fatherless America: Confronting America's Most Urgent Social Problem*. New York: Basic Books, 1995.

Blau, Judith R., and Blau, Peter M. "The Cost of Inequality: Metropolitan Structure and Violent Crime." *American Sociological Review* 47 (1982): 114–129.

Bok, Derek. *The State of the Nation: Government and the Quest for a Better Society*. Cambridge: Harvard University Press, 1997.

Booth, Alan, and Dunn, Judy. *Stepfamilies: Who Benefits? Who Does Not?* Hillsdale, N.J.: Erlbaum, 1994.

Bound, John, and Freeman, Richard B. "What Went Wrong? The Erosion of Relative Earnings and Employment Among Young Black Men in the 1980s." *Quarterly Journal of Economics* (1992): 201–232.

Bowman, Karlyn, and Ladd, Everett. *What's Wrong: A Study of American Satisfaction and Complaint*. Washington: AEI Press and the Roper Center for Public Opinion Research, 1998.

Braithwaite, John. *Crime, Shame, and Reintegration*. Cambridge: Cambridge University Press, 1989.

Brown, John Seely, and Daguid, Paul. "Organizational Learning and Communities-

Government Publishing Service, 1995.

Austrian Central Statistical Office. *Republik Osterreich 1945–1995*.

Axelrod, Robert. "An Evolutionary Approach to Norms." *American Political Science Review* 80 (1986): 1096–111.

——.*The Complexity of Cooperation: Agent-Based Models of Competition and Collaboration*. Princeton, N.J.: Princeton University Press, 1997.

——. *The Evolution of Cooperation*. New York: Basic Books, 1984.

Axelrod, Robert, and Hamilton, W. D. "The Evolution of Cooperation." *Science* 211 (1981): 1390–1396.

Azrael, Jeremy R. *Managerial Power and Soviet Policy*. Cambridge: Harvard University Press, 1966. Banfield, Edward C. *The Moral Basis of a Backward Society*. Glencoe, Ill.: Free Press, 1958.

Barkow, J. H., Cosmides, Leda, and Tooby, John, eds. *The Adapted Mind*. New York: Oxford University Press, 1992.

Bateson, P. P. G., and Hinde, R. A., eds. *Growing Points in Ethology*. Cambridge: Cambridge University Press, 1976.

Becker, Gary S. *A Treatise on the Family*. Enl. ed. Cambridge: Harvard University Press, 1991.

——."Altruism, Egoism, and Genetic Fitness: Economics and Sociobiology." *Journal of Economic Literature* 14 (1976): 817–826.

——."Crime and Punishment: An Economic Approach." *Journal of Political Economy* 76 (1968): 169–217.

Becker, Gary S., et al. "An Economic Analysis of Marital Instability." *Journal of Political Economy* 85 (1977): 1141–87.

Becker, Howard S. *Outsiders: Studies in the Sociology of Deviance*. Glencoe, Ill.: Free Press, 1963.

Beirne, Piers. "Cultural Relativism and Comparative Criminology." *Contemporary Crises* 7 (1983): 371–391.

Bell, Daniel. *The Coming of Post-Industrial Society: A Venture in Social Forecasting*. New York: Basic Books, 1973.

——. *The Cultural Contradictions of Capitalism*. New York: Basic Books, 1976.

Bennett, William J. "America at Midnight: Reflections on the Moynihan Report."

參考資料

Aaron, Henry J., et al., eds., *Values and Public Policy*. Washington, D.C.: Brookings Institution,1994.

Akerlof, George A., et al. "An Analysis of Out-of-Wedlock Childbearing in the UnitedStates." *Quarterly Journal of Economics* 111 (1996): 277–317.

Alchian, Armen A. "Uncertainty, Evolution, and Economic Theory." *Journal of Political Economy* 58 (1950): 211–221.

Alchian, Armen A., and H. Demsetz, "Production, Information Costs, and Economic Organization," *American Economic Review* 62 (1972): 777–795.

Alexander, Richard D. *How Did Humans Evolve? Reflections on the Uniquely Unique Species*.

Ann Arbor: Museum of Zoology, University of Michigan, 1990.

Aoki, Masahiko. "Toward an Economic Model of the Japanese Firm." *Journal of Economic Literature* 28 (March 1990): 1–27.

Archer, Dane, and Gartner, Rosemary. *Violence and Crime in Cross-National Perspective*. New Haven, Conn.: Yale University Press, 1984.

——. "Violent Acts and Violent Times: A Comparative Approach to Postwar Homicide Rates." *American Sociological Review* 41 (1976): 937–963.

Arrow, Kenneth J. "Classificatory Notes on the Production of Transmission of Technological Knowledge." *American Economic Review* 59 (1969): 29–33.

——. "Methodological Individualism and Social Knowledge," *AEA Papers and Proceedings* 84 (1994): 1–9.

Arthur, W. Brian. "Increasing Returns and the New World of Business." *Harvard Business Review* 74 (1996): 100–109.

——. "Positive Feedbacks in the Economy." *Scientific American* (1990): 92–99.

Australian Bureau of Statistics. *Births. Catalog No. 3301.0*. Canberra: Australian Government Publishing Service, 1995.

——. *Marriages and Divorces. Catalog No. 3301.0*. Canberra: Australian

forces stationed in the area.

Sources: United Nations Department for Economic and Social Information and Policy Analysis, *World Population Prospects: The 1996 Revision—Annex 1—Demographic Indicators* (New York: United Nations Publications, 1996); United Nations Department for Economic and Social Information and Policy Analysis, Statistical Division, *Demographic Yearbook* (New York: United Nations Publications, 1965-1995); Council of Europe, *Recent Demographic Developments in Europe* (Strasbourg: Council of Europe Publishing, 1997).

Publications, 1996); United Nations Department for Economic and Social Information and Policy Analysis—Statistical Division, *Demographic Yearbook* (New York: United Nations Publications, 1965-1995).

Ireland

Sources: Jean-Paul Sardon, *General Natality* (Paris: National Institute of Demographic Studies, 1994); U.S. Bureau of the Census, *International Database*, International Programs Center.

Italy

Divorce Rates: Completeness of figures not specified from source.

Sources: Personal correspondence, April 17, 1998, Viviana Egidi, Direzione Centrale delle Statistiche su Popolazione e Territorio. Istituto Nazionale Di Statistica (ISTAT); United Nations Department for Economic and Social Information and Policy Analysis, Statistical Division, *Demographic Yearbook* (New York: United nations Publications, 1990-1995).

Netherlands

Divorce Rate: Figures include divorces by death and divorce.

Sources: Personal correspondence, march 4, 1998, Ursula van Leijden, Population Department, Statistics Netherlands.

Sweden

Sources: Jean-Paul Sardon, *General Natality* (Paris: National Institute of Demographic Studies, 1994); personal correspondence, June 11, 1998, Ake Nilsson, Statistics Sweden, *Population Statistics 1996, Part 4, Vital Statistics* (Stockholm: Statistics Sweden, 1997).

United Kingdom

Divorce Rates: Figures for 1964-1970 are for England and Wales only. Rates are computed on population including armed forces outside the country and merchant seamen at sea, but exclude commonwealth and foreign armed

Denmark

Divorce Rate: Data exclude Faeror Islands and Greenland.

Sources: Jean-Paul Sardon, *General Natality* (Paris: national Institute of Demographic Studies, 1994); U.S. Bureau of the Census, *International Database*, International Programs Center; United Nations Department for Economic and Social Information and Policy Analysis—Statistical Division, *Demographic Yearbook* (New York: United Nations Publications, 1965-1995).

Finland

Sources: United Nations Department for Economic and Social Information and Policy Analysis, *World Population Prospects: The 1996 Revision—Annex 1—Demographic Indicators* (New York: United Nations Publications, 1996); U.S. Bureau of the Census, *International Database*, International Programs Center; United Nations department for Economic and Social Information and Policy Analysis—Statistical Division, *Demographic Yearbook* (New York: United Nations Publications, 1965-1985); personal correspondence, January 23, 1998, Anja Torma, information Specialist—library; Statistics Finland, *Vital Statistics* 1996 (Helsinki: Statistics Finland, 1996).

France

Sources: Jean-Paul Sardon, *General Natality* (Paris: National Institute of Demographic Studies, 1994); Roselyn Kerjosse and Irene Tamby, *The Demographic Situation in 1994; Movement of the Population* (Paris: National Institute of Statistics—Economic Studies, 1994).

Germany/Former East Germany

Sources: Ministry for Families, Senior Citizens, Women, and Youth, *Die Familie im Spiegel der Amtlichen Statistik: Aktuel und Erweiterte Neuauflage 1998* (Bonn, 1997); United Nations Department for Economic and Social Information and Policy Analysis, *World Population Prospects: The 1996 Revision—Annex 1—Demographic Indicators* (New York: United Nations

Alaska included beginning 1959 and Hawaii beginning 1960. Rates per 1,000 population enumerated as of April 1 for 1950, 1960, 1970, and estimated as of July 1 for all other years.

Sources: S. J. Ventura, J. A. Martin, T. J. Mathews, and S. C. Clarke, *Report of Final Natality Statistics*, 1996, Monthly Vital Statistics Report, Vol. 46, No. 11 supplement (Hyattsville, Md.: National Center for Health Statistics, 1998); S. J. Ventura, Births to Unmarried Mothers: United States, 1980-1992, National Center for Health Statistics, Vital Health Statistics 21(53) (Hyattsville, Md.: National Center for Health Statistics, 1995); U.S. Department of Health and Human Services, *Vital Statistics of the United states*, Vol. 1; *Natality*, Publication No. (PHS) 98-1100 (Hyattsville, Md.: National Center for Health Statistics, 1996); S. C. Clark, *Advance Report of Final Divorce Statistics, 1989 and 1990*, Monthly Vital Statistics Report, Vol. 43, No. 8 supplement (Hyattsville, Md.: National Center for Health Statistics, 1995); National Center for Health Statistics, *Births, Marriages, Divorces and Deaths for 1996*, Monthly Vital Statistics Report, Vol. 45, No. 12 (Hyattsville, Md.: National Center for Health Statistics, 1997).

Japan

Sources: Japanese Ministry of Health and Welfare, Department of Statistics and Information.

South Korea

Divorce Rate: Completeness of figures not specified from source or data are deemed incomplete.

Sources: United National Department for Economic and Social Information and Policy Analysis, *World Population Prospects: The 1996 Revision—Annex 1—demographic Indicators* (New York: United National Publications, 1996); U.S. Bureau of the Census, *International Database*, International Programs Center; United National Department for Economic and Social Information and Policy Analysis—Statistical Division, *Demographic Yearbook* (New York: United Nations Publications, 1980-1995).

Analysis, Statistical Division, *Demographic Yearbook* (New York: United Nations Publications, 1965, 1975, 1981, 1986).

Sources for other data are given by country.

Australia

Total Fertility Rates: Excludes "full blood Aborigines" prior to 1966.

Divorce Rates: Excludes "full blood Aborigines" prior to 1996. The crude divorce rate is the number of decrees absolute granted per 1,000 of the estimated population at June 30 of that year. For years prior to 1994, the crude marriage rate is based on the mean resident population for the calendar year. In interpreting this rate, it must be kept in mind that a large and varying proportion of the population used in the denominator is unmarried or below the minimum age of marriage.

Sources: Personal correspondence, March 2, 1998, Christine Kilmartin, coordinator, Family Trends Monitoring. Australian Institute of Family Studies, Australian Bureau of Statistics, *Catalog No. 3301.0* (Canberra: Australian Government Publishing Service, 1995).

Canada

Divorce Rates: Data exclude annulments and legal separations unless otherwise specified. Rates are the number of final divorce decrees granted under civil law per 1,000 midyear population.

Sources: United nations Department for Economic and Social Information and Policy Analysis, *World Population Prospects: The 1996 Revision—Annex 1—Demographic Indicators* (New York: United Nations Publication, 1996); U.S. Bureau of the Census, International Database, International Programs Center; United Nations Department for Economic and Social Information and Policy Analysis, Statistical Division, *Demographic Yearbook* (New York: United Nations Publications, 1965-1995).

United States

Divorce Rates: Data refer only to events occurring within the United States.

圖 A.5　非婚生子比率，1950-1996

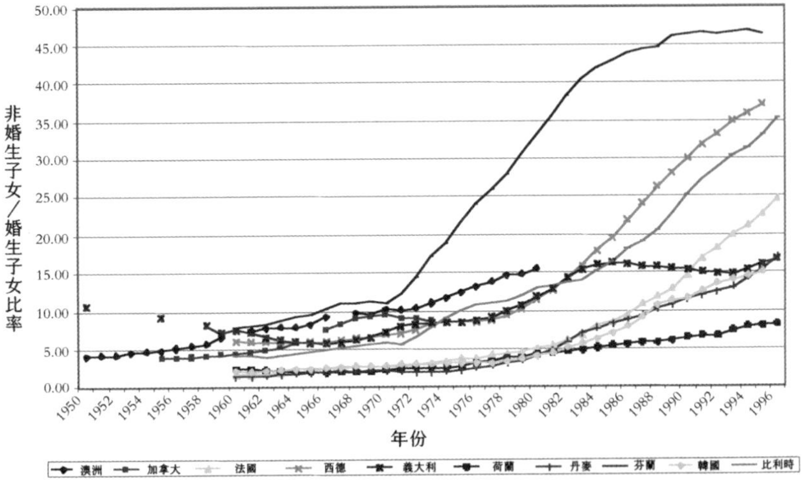

Theft Rates: For 1970 and 1975-1994, from Property Offenses un cases. Unclear as to what offenses are included.

Sources: National Statistical Office, Republic of Korea, *Social Indicators in Korea 1995* (Seoul, Korea: National Statistical Office, 1995).

Data on births to unmarried mothers for all European countries are taken from Eurostat, *Demographic Statistics* (New York: Haver Analytics/Eurostat Data Shop, 1997).

Data for Japan come from Japanese Ministry of Health and Welfare, Department of Statistics and Information. Sources for U.S. data are S. J. Ventura et al., "Report of Final Natality Statistics," Monthly Vital Statistics Report 46, No.11 supplement (Hyattsville, Md.: National Center for Health Statistics, 1996), and S. J. Ventura et al., "Births to Unmarried Mothers: United States, 1980-1992," *Vital Health Statistics* 21(53) (Hyattsville, Md.: National Center for Health Statistics, 1995). Source for data on Australia and Canada is United Nations Department for Economic and Social Information and Policy

圖 A.3　總生育率，1950-1996

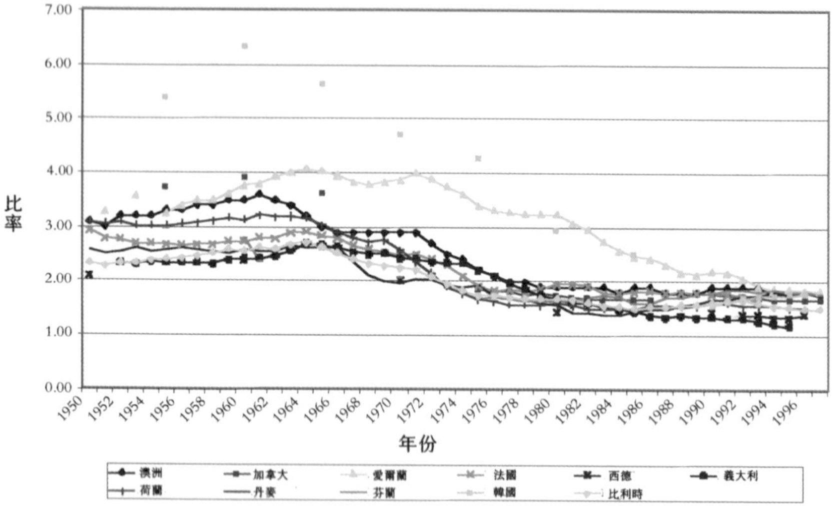

圖 A.4　離婚率，1950-1996

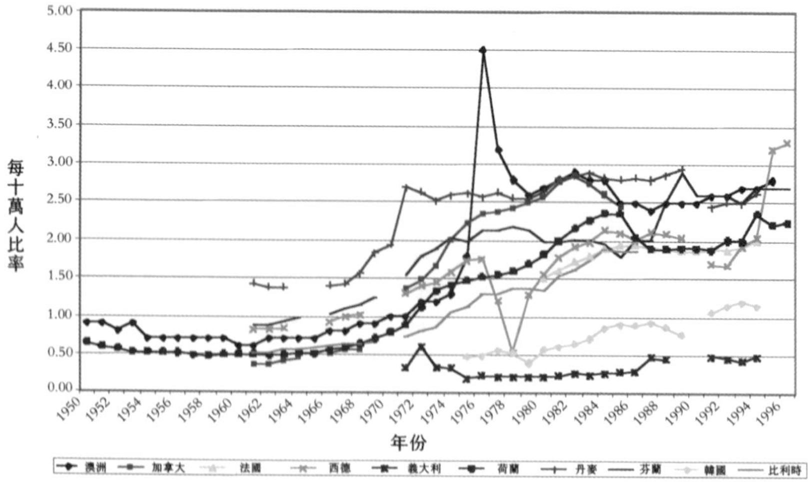

other wounding, etc., assault (after 1988 these were not included as they became summary offenses), abandoning a child aged under two years, child abduction, procuring illegal abortion, and concealment at birth. Sexual Offenses include buggery, indecent assault on male, indecency between males, rape, indecent assault on a female, unlawful intercourse with a girl under age thirteen, unlawful intercourse with a girl under age sixteen, incest, procuration, abduction, bigamy, and gross indecency with a child.

Theft Rates: From Class II Offenses Against Property with Violence (except for Robbery and Blackmail), 1950-1972, and Burglary categories, and Class III Offenses Against Property without Violence (excluding embezzlement, obtaining by false pretenses, frauds by agents, etc., and falsifying accounts) and Theft categories. Includes various types of burglaries and thefts.

Sources: Home Office, Criminal Statistics: England and Wales (London: Her Majesty's Stationery Office, various years).

Australia

Violent Crime Rates: From Crimes Reported to the Police. Includes homicide, murder and manslaughter (not by driving) (1971-1997 only), rape (1964-1987 only), robbery, and serious assault.

Theft Rates: From Crimes Reported to the Police. Includes burglary or break, enter, and steal (total); larceny/stealing; and motor vehicle theft.

Sources: For 1964-1973, statistics from Satyanshu K. Mukherjee, Anita Scandia, Dianne Dagger, and Wendy Matthews, *Sourcebook of Australian Criminal and Social Statistics* (Canberra: Australian Institute of Criminology, 1989), and for 1974-1997 from Satyanshu K. Mukherjee and Dianne Dagger, *The Size of the Crime Problem in Australia*, 2d ed. (Canberra: Australian Institute of Criminology, 1990) and personal correspondence with John Myrtle, Principal Librarian, Australian Institute of Criminology.

Republic of Korea (South Korea)

Violent Crime Rates: For 1970 and 1975-1994, from Violent Offenses in cases. Includes murder, rape, robbery, and aggravated assault.

Source: Koichi Hamai, senior research officer, First Research Department, Research and Training Institute, Ministry of Justice, Government of Japan translated the data taken from the annual White Paper on Crime. The full citation is: Government of Japan, *Summary of the White Paper on Crime* (Tokyo: Research and Training Institute, Ministry of Justice, annual editions).

Sweden

Violent Crime Rates: From source table. Includes murder, manslaughter, and assault resulting in death, assault and aggravated assault, sex crimes, and robbery.

Theft Rates: From source table. Includes property damage, burglary, and property crimes minus robbery and burglary.

Source: Statistics Sweden (Statistika Centralbyean), *Kriminalstatistik 1994* (Stockholm: Statistics Sweden, 1994).

United States

Violent Crime Rates: From Part I offense data. Includes murder and nonnegligent manslaughter, forcible rape, robbery, and aggravated assault.

Theft Rates: From Part I offense data. Includes burglary, larceny-theft, and motor vehicle theft.

Sources: Personal correspondence from the Program Support Section, Criminal Justice Information Services Division, Federal Bureau of Investigation, U.S. Department of Justice. Data are obtained on a voluntary basis through the Uniform Crime Reporting (UCR) program managed by the FBI.

England and Wales

Violent Crime Rates: From Class I Offenses Against Person category, 1950-1972, and Violence Against Person categories, 1973-1997; Sexual Offenses categories; and Robbery Offenses Against Person categories. Includes murder, manslaughter and infanticide (homicide), attempted murder, threat or conspiracy to murder child destruction, wounding or other acts of endangering life, endangering railway passengers, endangering life at sea, shops, warehouses, attempts to break into houses, shops, etc., threatening to publish or publishing with intent to extort, malicious damage to schools, other malicious injury to property, attempting to cause an explosion, possession of explosive substances, malicious injuries to property, and other offenses against property with violence. Also from Group 3 Offenses with Property without Violence (also called Larcenies, Etc.); includes (among many detailed types) various forms of larcenies and handling stolen goods. Excludes fraud related offenses.

Source: Central Statistics Office, *Statistical Abstract* (Cork: Central Statistics Office, annual editions).

Italy

Violent Crime Rates: From source table. Includes premeditated homicide and manslaughter, manslaughter, injury to persons, robbery, extortion, kidnapping, and offenses against the family.

Theft Rates: From source table. Includes theft.

Note: Offenses against the morality and public disturbance are excluded, as they seem to refer to criminal offenses that fall outside my major categories and to be consistent with other countries where they are excluded (e.g., the Netherlands).

Source: Personal correspondence from Claudia Cingolani, head, International Relations Department, Istituto Nazionale Di Statistica (ISTAT). Data from 1950-1985 form a publication and 1986-1996 from an internally generated table.

Japan

Violent Crime Rates: From source table. Includes murder, robbery resulting in death, robbery resulting in bodily injury, rape on the occasion of robbery, bodily injury, assault, intimidation, extortion, unlawful assembly with dangerous weapons, rape, indecent assault, indecent behavior in public, distribution of obscene material, arson, and kidnapping.

Theft Rates: From source table. Includes larceny.

rape, and robbery.

Theft Rates: From the able under offenses against the penal code. Includes theft/petty theft; aggravated theft; and unauthorized taking or theft of a motor vehicle.

Note: Legislation, penal code, or law amended for robbery in 1972, aggravated assault in 1972, unauthorized taking of a vehicle or theft of a motor vehicle in 1991, and fraud, embezzlement in 1991.

Source: Statistics Finland, *Yearbook of Justice Statistics* 1996 (Helinski: Statistics Finland, 1997), and Statistics Finland, *Crime Nomenclature* 1996 (Helinski: Statistics Finland, 1997).

France

Violent Crime Rates: From Offenses Against the Person category (no crime types provided).

Theft Rates: From Thefts (including handling stolen goods) category (no crime types provided).

Source: Personal correspondence, Bernard Gravet, the Directeur central de la police judicaire, Ministry of Interior, Republic of France. The source is listed as the French statistical agency, Institut National de la Statistique et des Etudes Economiques (IMSEE).

Ireland

Violent Crime Rates: From Group 1 Offenses Against the Person, includes (among many detailed types) murder, various types of manslaughter, various types of assaults, rape, other sexual offenses, kidnapping, abduction, intimidation, cruelty to children, and infanticide. Also from Group 2 Offenses Against Property with Violence, includes aggravated burglary, armed aggravated burglary, robbery and assaults with intent to rob, robbery with arms, assaults on dwelling houses using firearms or explosives, arson, killing and maiming cattle, and causing an explosion likely to endanger life or damage property.

Theft Rates: From Group 2 Offenses Against Property with Violence, includes sacrilege, burglary, possess article with intent, housebreakimg, breaking into

Netherlands

Violent Crime Rates: Available for 1978-1996 only. From the Violent Crime category. Includes completed and attempted offense against life (available for all years as offenses against life pre-1978); help with suicide and abortion (broken down only for 1992-1996); assault; threat (1992-1996 only); culpable of death or grievous bodily harm; rape; sexual assault; other sexual offenses; theft with violence; and extortion.

Theft Rates: From Property Crimes category. Includes simple theft; theft with breaking and entering (burglary); and other aggravated theft.

Note: Violent Crimes and Property Crimes categories do not equate with sourceprovided major crime types. Also, the problem of coverage of crime types and years makes it difficult to account fully for these major categories and crimes classified within them.

Source: Personal correspondence from Ministry of Justice, Netherlands National Bureau of Statistics, revised by Ministry of Justice, WDOC/SIBa, January 1998.

New Zealand

Violent Crime Rates: From the Violent Crime category, includes homicide, kidnapping and abduction, robbery, grievous assaults, serious assaults, minor assaults, intimidation and threats, and group assemblies. Also from Sexual Offences category, includes sexual attacks, sexual affronts, abnormal sexual relationships, immoral behavior, indecent videos, and films, videos, public classification.

Theft Rates: Taken from the Dishonesty category. Includes burglary, vehicle take/ interfere, theft, receiving, and fraud.

Source: Personal correspondence with P. E. C. Doone, Commissioner of Police, New Zealand Police.

Finland

Violent Crime Rates: From the table under offenses against the penal code includes manslaughter, murder, homicide, attempted murder or manslaughter, assault,

圖 A.1　暴力犯罪率，1950-1996

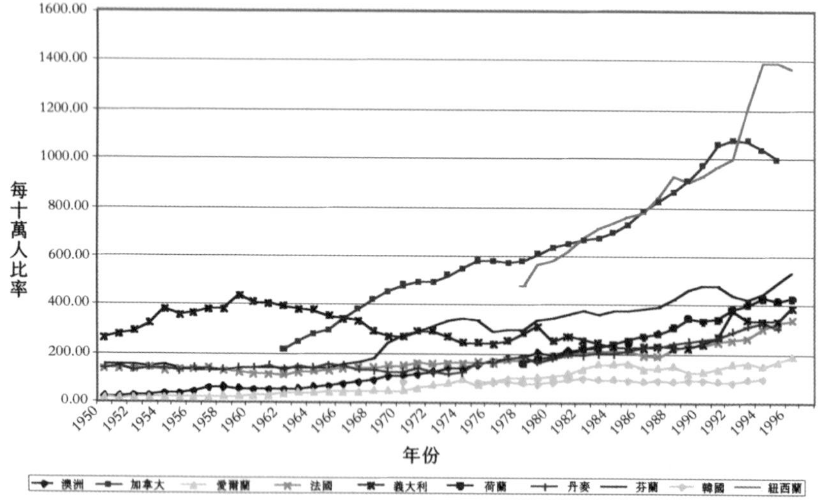

圖 A.2　偷竊比率，1950-1996

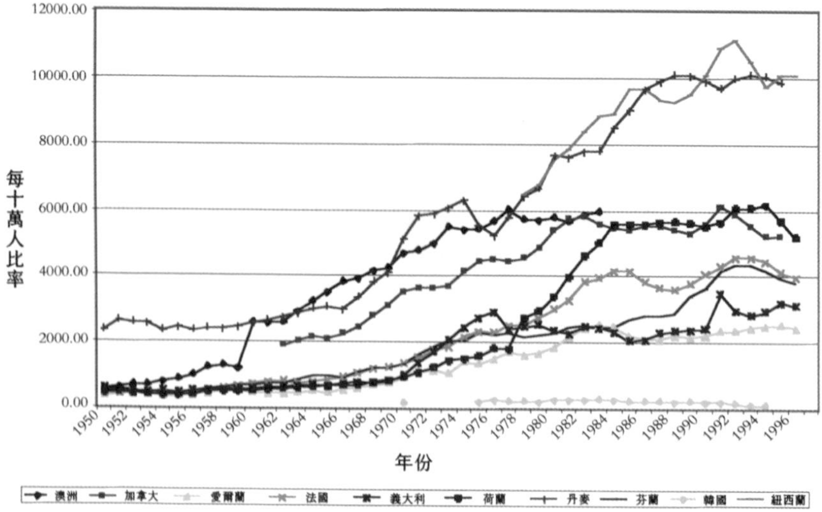

附錄

圖 A.1 至 A.5 部分顯示除文中提及的美國、英格蘭和威爾斯、瑞典及日本外，另外十個 OECD 國家的暴力犯罪率、偷竊率、生育率及非婚生子率亦包括在內。

本書中引用的其他數據資料可前往作者的網站查詢。

http://mason.gmu.edu/~ffukuyamy/.

Canada

Violent Crime Rates: From the Violent category. Includes homicide, attempted murder, various forms of sexual and nonsexual assault, robbery, and abduction.

Theft Rates: From the Property Crime category. Includes breaking and entering fraud, possession of stolen goods.

Source: Statistics Canada, Canadian Crime Statistics 1995 (Ottawa: Canadian Centre for Justice Statistics, 1995).

Denmark

Violent Crime Rates: From the Sexual Offences category, which includes rape and offenses against decency, and from the Crimes of Violence category, which includes assault versus public servant in discharge of his duties, homicide and attempted homicide, and violence against the person.

Theft rates: From the Offences Versus Property category. Includes forgery, arson, burglary, theft, fraud, robbery, theft of registered vehicles, motorcycles, mopeds, and bicycles, and malicious damage to property.

Source: Danmarks Statistik (Statistics Denmark), *Krriminalstatistik (Criminal Statistics*) (Copenhagen: Statistics Denmark, 1996)

NEXT 276

跨越斷層：人性與社會秩序重建

The Great Disruption: Human Nature and the Reconstitution of Social Order

作者　法蘭西斯・福山（Francis Fukuyama）
譯者　張美惠
註釋譯者　韓翔中
責任編輯　馮彩祁
校對　陳雪
責任企劃　林進韋
封面設計　許晉維
內頁排版　張靜怡
總編輯　胡金倫
董事長　趙政岷
出版者　時報文化出版企業股份有限公司
108019 臺北市和平西路三段 240 號 7 樓
發行專線｜ 02-2306-6842
讀者服務專線｜ 0800-231-705 ｜ 02-2304-7103
讀者服務傳真｜ 02-2302-7844
郵撥｜ 1934-4724 時報文化出版公司
信箱｜ 10899 台北華江郵政第 99 號信箱
時報悅讀網　www.readingtimes.com.tw
電子郵件信箱　ctliving@readingtimes.com.tw
人文科學線臉書　http://www.facebook.com/jinbunkagaku
法律顧問　理律法律事務所｜陳長文律師、李念祖律師
印刷　綋億印刷有限公司
二版一刷　2020 年 10 月 30 日
定價　新臺幣 520 元

ISBN　978-957-13-8391-0 ｜ Printed in Taiwan

時報文化出版公司成立於一九七五年，並於一九九九年股票上櫃公開發行，於二〇〇八年脫離中時集團非屬旺中，以「尊重智慧與創意的文化事業」為信念。

跨越斷層：人性與社會秩序重建／法蘭西斯・福山（Francis Fukuyama）著；張美惠譯 .
-- 二版 . -- 臺北市：時報文化 , 2020.10 ｜ 416 面；14.8×21 公分 .
譯自：The Great Disruption: Human Nature and Reconstitution of Social Order
ISBN　978-957-13-8391-0（平裝）｜ 1. 資訊社會　2. 社會變遷　3. 社會倫理 ｜ 541.415 ｜ 109014383